좋아하는
일을 찾은
전문코치들의
이야기

자신만의
스타일로
승부하라

코칭 윤리에 의거 코칭 사례에 등장하는 장면은 고객의 사전 동의에 의해 공개합니다.
도서에 글을 게재할 수 있도록 허락한 고객에게 감사드립니다.

— 『자신만의 스타일로 승부하라』 저자 일동

좋아하는 일을 찾은 전문 코치들의 이야기

자신만의 스타일로 승부하라

1판 2쇄 | 2012년 12월 5일

지은이 | 고현숙 · 고경일 · 고부일 · 구자호 · 김미나
　　　　김상임 · 김성수 · 임인상 · 윤지영 · 전수용 · 최선영
펴낸이 | 김경배
펴낸곳 | 시간여행
디자인 | 디자인홍시
등　록 | 제313-210-125호 (2010년 4월 28일)
주　소 | 서울시 마포구 서교동 394-66 동우빌딩 3층
전　화 | 070-4032-3664
이메일 | jisubala@hanmail.net

종　이 | 화인페이퍼
인　쇄 | 한영문화사

ISBN 978-89-967828-6-5 13320

값은 뒤표지에 표기했습니다.
잘못된 책은 구입하신 서점에서 바꾸어 드립니다.

이 책의 국립중앙도서관 출판시도서목록(CIP)은 e-CIP 홈페이지(http://www.nl.go.kr/ecip)와
국가자료공동목록시스템(http://www.nl.go.kr/kolisnet)에서 이용하실 수 있습니다.
(CIP 제어번호: CIP 2012004712)

좋아하는 일을 찾은
전문 코치들의 이야기

자신만의
스타일로
승부하라

시간
여행

코칭을 하는 것과 코치가 되는 것

타인의 삶에 영향을 미친다는 건 두려운 일이다.

처음에는 부하 직원에게 좋은 상사가 되고 싶어서, 리더로서 구성원들을 잘 육성하기 위해서, 혹은 자녀를 코치해 주고 싶어서 등의 이유로 코치 교육을 받기 시작한다. 그때는 '어떻게 해야 코칭을 잘할 수 있을까?'가 주된 문제 의식이다.

코칭을 잘하면 코칭받는 사람은 생각하지 못한 것을 발견하거나, 알면서도 빠져 버린 사고의 함정에서 벗어나 '아하!' 하는 전환을 한다. 이를 통해 원하는 삶의 방향을 분명하게 세우고, 코치와 함께 실행해 나간다.

멋진 일이 아닌가? 이렇게 좋은 코칭을 위해 코치들은 상대방의 얘기를 깊이 경청하고 성찰 질문을 던지고 격려하는 코치의 역할을 열심히 수행한다. 이게 '코칭을 하는 것doing coaching'이다. 그런데 코치로서 훈련

4

될수록 정말 중요한 것은 '코칭을 하는 것'이 아니라 먼저 '코치가 되는 것being a coach'임을 깨닫는다. 코칭을 어떻게 하느냐가 아니라 코치다운 삶을 사느냐의 문제인 것이다.

코칭을 하는 것이 일어나는 사건이라면, 코치가 되는 것은 존재 방식이고 사람에 대한 철학을 갖는 것을 의미한다. 코치들은 강력한 코칭 질문을 자신에게 적용한다. '어떻게 살 것인가?'라는 도전적인 질문 앞에 스스로를 계속 세워 보는 일에 다름 아니다.

나의 꿈은 무엇이고, 나에게 충만한 삶이란 어떤 것인가? 나는 사람들을 어떻게 대하고 있는가? 내 삶에 무엇이 더 있기를 원하는가? 자신에게 강력한 질문을 던지고, 나름의 답을 하면서 나아져 간다고 할 수 있으리라.

그런 의미에서 전문 코치가 되는 훈련 과정 중에 가장 큰 혜택을 보는 사람은 코치 자신이라고 생각한다. 과거에서 벗어나고 삶에서 소중한 일을 실천하는 것, 복잡한 삶을 단순화하는 것, 삶의 성실성을 회복하는 것 등 자기 개발을 위한 과제는 성찰을 요구하고 도전을 부추긴다. 어느 순간 겉으로는 말하지 않지만 자신이 못났다고 여기며 스스로를 제한해 온 내면의 방해꾼과 직면한다. 그 방해꾼이 자신에게 어떤 짓을 하는지 보고, 새로운 시각으로 도전하는 힘이 생긴다. 이것이 셀프 코칭의 결과다.

코칭의 성공담이나 무용담 못지않게 흥미진진하고 가치 있는 스토리는 '우리가 어떻게 코치가 되어 갔는가'이다. 우리 내면의 혁신 과정이라고 할 만한 이 스토리야말로 부정적이고 자기 파괴적인 사고나 행동 습관을 극복해 나간 과정이다.

다른 사람의 성장을 위해 헌신하는 교육자나 성직자는 인류의 가장 오랜 직업이다. 코치가 되는 것도 크게 보면 같은 범주의 일이다. 코치가 되려면 기준이 높아야 한다고 믿는 이유다. 여기서 기준이란 좋은 학벌과 높은 지위를 말하는 것이 아니다. 코치로서의 인격 수련, 끊임없이 자신을 개발하는 의지, 타인을 기꺼이 섬기는 서번트 리더십servant leadership 등 성숙한 성품을 말한다. 그게 없다면 코치는 코칭 기술자로 전락할 뿐이다. 코치가 되는 것은 사람들의 잠재력에 매료되고, 그것을 이끌어 내는 데 흔들림 없이 헌신하는 일이다.

이 책의 필자들은 전문 코치로서 그 일을 선택한 사람들이다. 최소한 자기가 머물던 안전 지대에서 벗어나 본 사람들이다. 코칭이라는 새로운 문을 열어 아직 돈벌이가 될지 어떨지도 모르고, 고객이 얼마나 있을지도 모르는 불안한 이곳으로 성큼 한발을 내디뎠다. 설령 보장된 미래가 없다 하더라도 코칭이 조직과 사회에 꼭 필요하다는 것을 알기에 널리 전하기로 마음먹고 실행에 옮겼다.

그래서 이 책은 코치가 된 과정을 따라간다. 처음 코칭의 문을 두드리고 새로운 길을 걸어가면서 무엇을 발견했는가를 정리했다. 코칭에 관심을 가진 사람들에게, 코칭을 좀 더 자세히 알고 싶고 조직이나 인간관계에 적용하고 싶은 사람들에게 그리고 코치로서 커리어를 준비하는 사람들에게 도움이 될 것이다. 더불어 코칭을 모르는 사람들에게 실제로 도움을 주는 책을 쓰는 것이 목표였다. 이 프로젝트는 우리의 열정을 불러일으켰다.

　우리는 코치가 되는 하나의 정답이 아니라 여러 가지 창의적 방향을 제시하고, 지금까지 코치로서 깨달은 지혜와 함께 코치들의 라이프 스토리를 담았다. 무엇보다 이 책은 2011년 가을부터 1년 동안 팀 작업을 해 온 '드림코치 11Dream Coach 11' 공동 작업의 성과물이기도 하다.

　'드림코치 11'을 시작할 때 우리가 함께 세운 목표는 세 가지였다. 첫째, 우리 자신을 기업 코치로 개발하는 것, 둘째, 코칭 마케팅 역량을 개발하는 것, 셋째, 성장 공동체가 되는 것. 첫 모임에 상기된 표정으로 참가했던 우리의 순수한 열정은 지금도 느끼고 만질 것처럼 생생하며, 그 에너지는 아직도 지속되고 있다.

　대한민국의 30대에서 60대까지, 갖가지 직업 경력을 가진 다양한 필자들이 어떻게 자기 삶의 안전 지대에서 벗어나 전문 코치가 되었는지, 돌이켜 볼수록 흥미로운 이야기가 펼쳐질 것이다. 또한 서로에게 평생 동지가 될 드림코치들이 가꾸어 가는 관계를 들여다보는 것 또한 우리의 삶이 기쁘고 충만해지는 기회가 될 것이다. 우리의 작업이 누군가에게 영감을 주어 또 다른 여정을 촉발하기를 감히 바라 본다.

2012년 10월
드림코치 11 고현숙

Contents

2장. 나는 왜, 경영 코칭을 하는가

코칭은 코치와 스스로 코칭을 받으려고 하는 개인 간의 강력하고 협력적인
관계로서, 발견 프로세스를 통해 목표를 설정하고, 행동 전략을 세우고, 특별
한 결과를 획득하게 한다.
코칭은 또한 인간의 능력 개발에 초점을 맞춘 지식 체계, 스킬, 연결 방식이다.
코칭은 코치와 코칭받는 사람 모두 발전한다는 점에서 상호 발전적이다.

1장
유쾌한 공감 코칭

코치는 섣불리 조언하지 않는다.

상대방이 자기 문제에 대한 해답을 스스로 갖고 있다고 보며 그 내면에 아직 나오지 않은 잠재력과 창의력이 있다고 믿기 때문에 코치는 그것을 이끌어 내는 역할을 하는 것뿐이다. 자신이 어디에 있고, 무엇을 원하는지 스스로 발견하게 유도하며, 원하는 것을 위해 어떤 행동을 할지 결심하도록 이끌고 실천하도록 지지한다. 코칭은 문제 있는 사람을 교정하는 방법이 아니라 내면의 잠재력을 이끌어 내는 과정이다.

고현숙

코칭경영원 대표로서 서울대 소비자학과를 졸업하고 헬싱키경제대학에서 MBA, 서울과학종합대학원에서 경영학 박사 학위를 받았다. 한국코칭센터 대표와 한국리더십센터 사장을 역임했다. 한국의 대표적인 경영자 코치로서 삼성전자, 제일기획, 호텔신라, CJ그룹, LG전자, LG이노텍, 두산인프라코어, 포스코, SK텔레콤, SK C&C, GS칼텍스, IBM, 듀폰 등 경영진 400여 명을 1:1로 코칭했다. 지금까지 400여 명의 전문 코치를 양성한 '코치들의 코치'로서, 코칭 분야의 스테디셀러 〈유쾌하게 자극하라〉〈티칭하지 말고 코칭하라〉의 저자다. 국민대 경영대학원에 '리더십 코칭 MBA 과정'을 개설, 국내 최초로 경영학 석사 과정에서 코칭을 가르치고 있다.

helenko@coachingi.com

1
왜, 지금 공감을 위한 코칭인가?

Being a Coach

고현숙

2012년 기준으로 한국코치협회의 인증 코치가 700명을 넘어섰다. HR 분야 전문가만 회자하던 코칭도 널리 알려지고 있다. 그 분야도 기업의 임원 코칭은 그룹 코칭과 학습 코칭, 커리어 코칭, 팀 코칭 등으로 분야를 넓히는 중이며, 참여하는 사람들도 기업의 관리자 출신은 물론 상담사, 컨설턴트 등 전문가에서 청년, 주부까지 다양하다. 2005년 『이코노미스트』지에서 예언한 대로 코칭은 가장 빠르게 성장하는 산업이 되었다.

인류 사회의 진화는 채집의 시대에서 농업의 시대로, 다시 산업의 시대로 발전했고, 이후 지식의 시대를 거쳐 마침내 지혜의 시대로 넘어간다고 스티븐 코비 박사는 말했다. 실제로 현대 지식 정보 사회에서 지식과 기술의 발달은 눈부시지만 그것으로 해결되지 않는 이슈도 그 속도에 정비례하여 쌓여 간다.

'내가 누구인가?'라는 정체성, 의미 있는 인간 관계, 사회나 환경과 나의 연결성 등 근본 사안들은 지식 기술이나 정보로 해결할 수 없다. 우리 내면의 성찰과 공동체의 지혜로 풀어야 하는 것이다. 하나의 해답만 존재하는 것이 아니라 관점에 따라 여러 가지 해답이 나올 수 있는 시대, 심지어 우리의 사고방식과 관점이 상대에게 영향을 미쳐 변화를 이끌어 내는 이런 시대에는 과거의 단선적인 패러다임으로 해답을 찾는 데 한계가 있다. 게다가 갈수록 세상살이는 불확실하고 미래는 예측하기 힘들다.

얼마 전까지만 해도 어떤 조직이든 윗사람은 명령하고 아랫사람은 따르는 상명하복top down이 통했다. 산업시대의 기업 혹은 관료 조직의 관행을 한마디로 표현하는 말이었다. 조직 형태 자체가 피라미드형 관료 체제여서 소수의 상급자들은 브레인 역할을 하고 하급자들은 손발이 되어 상사가 지시하는 대로 일사불란하게 수행했다. 하지만 이 방식은 더 이상 유효하지 않다. 상명하복이 가능한 물적 토대는 고급 지식과 정보의 독점이다. 당연히 지금은 아니다.

지식과 정보가 넘쳐나는 시대다. 생생하고 의미 있는 정보는 오히려 말단 직원들이 일하는 현장에서 오간다. 사회가 너무 빠르게 변화하다 보니 과거에 통하던 방식의 유효 기간 또한 짧아졌다. 시키는 대로만 하는 상명하복 관행이 조직에 뿌리내리면 구성원들은 수동적으로 움직이고, 아무런 책임도 지지 않으려 한다. 또한 조직은 변화에 적응하지 못해 경쟁력을 상실하며 시대에 뒤처지고 만다.

어떻게 하면 구성원마다 잠재력을 발휘하고 자기 성과에 책임을 다하는 자발적 문화를 만들어 낼 수 있을까? 그러한 문제의식에 대한 답이 바로 '코칭'이다.

사람들은 흔히 코칭을 '지도하는 것'으로 생각한다. 사실은 정반대의 관점으로 봐야 한다. 일방적으로 코치가 해결책을 제시하는 게 아니라 코치를 받는 사람이 해결책을 찾고 실행하도록 지원하는 것이다.

제대로 코칭하려면 우선 지시하고 훈계하는 것부터 중단해야 한다. 지시와 훈계는 가장 쉬운 방법이지만 상대의 동기를 꺾고 자발성을 묻어 버리기도 한다. 코치는 섣불리 조언하지 않는다. 상대방이 자기 문제에 대한 해답을 스스로 갖고 있다고 보고, 그 내면에 아직 나오지 않은 잠재력과 창의력이 있다고 믿기 때문에 코치는 그것을 이끌어 내는 역할을 하는 것뿐이다. 자신이 어디에 있고, 무엇을 원하는지 스스로 발견하게 유도하며, 원하는 것을 위해 어떤 행동을 할지 결심하도록 이끌고 실천하도록 지지한다. 코칭은 문제 있는 사람을 교정하는 방법이 아니라 내면의 잠재력을 이끌어 내는 과정이다.

사람들은 저마다 다양한 목적을 위해 코칭을 받는다. 비즈니스 성과를 높이기 위해, 리더십을 개발하기 위해, 진로를 결정하고 커리어를 준비하기 위해, 좀 더 충만한 관계를 위해 코치와 계약을 맺는다. 기업의 최고경영자와 임원들이 코치에게 1대1 코칭을 받는 것은 그들이 부족해서가 아니다. 누구보다 뛰어나고 전문성이 있지만, 더 나은 리더십과 탁월한 성과를 위해 코칭을 받는 것이다.

　세계적인 코칭 교육 기관인 CCU_{Corporate Coach U}는 "코칭은 코치와 스스로 코칭을 받으려는 개인 간의 강력하고 협력적인 관계로서, 발견 프로세스를 통해 목표를 설정하고, 행동 전략을 세우고, 특별한 결과를 획득하게 한다. 코칭은 또한 인간의 능력 개발에 초점을 맞춘 지식 체계, 기술, 연결 방식이다. 코칭은 코치와 코칭받는 사람 모두 발전한다는 점에서 상호 발전적이다"라고 코칭을 정의한다. 또한 전 세계 코치들의 가장 큰 연합체인 국제코칭연맹_{International Coaching Federation, ICF}은 코치가 하는 일에 대해 "사람들이 더 높은 목표를 정하고 그 목표를 달성하도록 도와주며, 고객들에게 스스로 하려는 것보다 더 많은 일을 하도록 요구한다. 또한 고객들이 좀 더 신속하게 결과를 생산해 내는 데 초점을 맞춘다. 성취도를 높일 수 있는 도구, 지원, 구조를 제공한다"고 규정해 놓았다.

잠재력을 이끌어 내는 강력한 코칭

　　　대학원 진학을 놓고 고민하는 직장인이 선배에게 도움을 구했다. 선배는 올바른 방향을 제시하기 위해 등록금이나 수업 내용, 전공 학위, 소요 시간 등을 물어보고 대학원 진학이 실질적으로 어떤 도움이 될지를 판단하여 조언할 것이다.

"경력을 제대로 쌓기 위해 대학원 진학을 생각하는데 어떻게 생각하세요?"

"음, 어떤 대학원을 가려고?"

"경영대학원에서 MBA 과정을 받아 볼까 싶어요. 직장 다니면서 남는 건 없고 시간만 가는 것 같아서요."

"MBA 경쟁률이 심하다던데… 등록금도 비싸고 말이야. 요즘 MBA가 너무 넘쳐나서 문제라는 말도 있어."

"아, 그런가요? 제가 잘 몰라서…."

"차라리 상담대학원은 어때? 요즘 상담받는 사람들이 늘어난다고 하잖아. 나중에 상담 교육도 할 수 있으니 괜찮을 거 같은데…. 내 친구도 상담대학원 나와 가지고 지금은 상담센터에서 아예 상근을 하던데 소개해 줄까?"

"아, 네… 아무래도 더 생각해 봐야겠어요."

코치는 대화법이 다르다. 우선 상대의 말을 깊이 있게 경청하면서 그가 어디에 있는지, 즉 대학원 진학을 고민하는 이유와 개인 사정 등을 전체적으로 파악한다. 그런 다음 스스로 시각을 넓히고 자신에게 가장 도움이 되는 결정을 하도록 의미 있는 질문을 던진다.

"앞으로 경력을 쌓으려면 대학원에 가는 편이 좋을 것 같은데 어떻게 생각하세요?"

"대학원 진학을 고민하는군요. 10년 뒤에 어떤 커리어를 갖고 싶은 가요?"

"글쎄요… 많이 생각해 보진 않았네요. 막연히 한 분야에서 전문가가 되고 싶다는 생각은 있어요."

"전문가가 된다는 건 어떤 거죠? 그게 왜 중요하게 느껴지나요?"

"음… 저는 특기가 없다고 생각해 왔으니까요. 제가 하는 일은 별 전문성이 없어서 누가 해도 되는 일, 가치 없는 일처럼 느껴지거든요. 전문가라면 적어도 한 분야에서 그 사람을 필요로 할 만큼 실력을 갖췄겠죠. 같은 분야 사람들끼리 네트워크도 있을 거고요…."

"참 중요한 의미를 두고 있군요. 만약 지금 무엇이든 마음먹은 대로 선택할 수 있다면, 어떤 분야의 전문가가 되고 싶나요?"

"음… 사실 흥미가 있는 분야는 마케팅 쪽이에요. 브랜드에 관심이 많거든요."

"마케팅 브랜드 분야의 어떤 면이 열정을 불러일으키나요?"

"사람들에게 뭔가를 멋지게 보여 주고, 콘셉트를 정하고 하는 게 참 재미있어요. 흥미진진할 거 같아요. 그거야말로 뭔가 창의적인 일이 아닐까요?"

"창의적이고 사람들에게 뭔가를 보여 주는 거, 그 일을 본인이 한다고 상상하면 기분이 어떻습니까?"

"완전 멋지죠. 제가 꿈꾸는 모습이에요!"

"그렇게 좋아하고 공명하는 것 자체가 당신이 그 일을 할 수 있다는 걸 보여 주네요. 열정을 발휘하면 분명히 이뤄 낼 겁니다. 그 모습을 이루기 위해서 지금부터 준비한다면 무엇이 필요할까요?”

“아, 제가 막연하게만 생각했는데, 꿈을 구체화해 봐야겠어요. 취직하는 데 급급해서 제 적성이나 하고 싶은 일을 찾는 건 사치라고 생각했거든요. 지금부터라도 진지하게 고민해 보고, 대학원 진학도 거기에 맞춰 선택해야겠다는 생각이 들어요.”

“좋은 생각이네요. 대학원 진학도 좋은 방법이죠. 지금 조건에서 브랜드 마케팅에 대한 실력이나 경력을 쌓으려면 어떤 방법이 있을까요?”

“사실 브랜드 마케팅 잡지도 늘 보고 그쪽 커뮤니티도 들어가 봤는데, 지금까지는 눈팅만 했거든요. 부러운 마음이 있지만 왠지 남의 동네 같아서요. 앞으로는 더 적극적으로 참여해도 좋겠다는 생각이 드네요.”

“그 밖에 다른 것은요?”

“우선 대학원을 염두에 두고 마케팅 분야는 어느 대학이 우수한지 알아봐야겠어요. 평판도 확인해 보고요. 구체적으로 목표를 세우고 준비해야겠네요.”

“그렇군요. 비전을 생생하게 꿈으로 그리고 초점을 맞추면 에너지가 생겨날 겁니다.”

“감사합니다. 막연했던 생각이 확실해지고 기운이 솟네요. 희망이 생겼어요.”

두 대화에서 드러나는 영향력이 확연하게 다름을 알 수 있다. 코칭 대화의 경우, 대학원 진학을 두고 막연히 갈까 말까 하던 고민을 자기 삶의 비전으로 확대한다. 나의 정체성, 즉 내가 누구이고 무엇을 하고 싶어 하는가라는 큰 질문을 받으며 이를 정리해 간다. 또한 원하는 미래를 위해 투자해야 할 것은 무엇이고 희생해야 할 것은 무엇인가를 명료하게 인식한다.

두려워하거나 회피해 온 대상이 무엇인지, 자신에 대해 쓰는 부정적인 각본이 무엇인지도 탐색하며 행동에 옮길 용기와 격려를 받는다. 단순한 조언이 우리 의식의 표면만 살짝 건드리는 것이라면, 코치의 질문은 내면에 깊숙이 들어가 성찰하도록 만들기 때문에 스스로 의식을 개발하는 과정이 된다. 조언의 결과와 코칭의 결과는 관점의 차이, 명료화의 차이, 다짐 정도의 차이가 있다.

삶에서 원하는 것이 많지만 포기하거나 외면하면서 사는 경우가 대부분이다. 삶에서 코치가 필요한 이유다. 스포츠 팀은 우승하기 위해서 코치를 고용하지만, 우리는 인생을 더 충만하게 살기 위해 코치를 고용한다.

직장 내 코칭, 기업 임원 코칭

상사가 부하를 코칭하는 것을 보통 직장 내 코칭workplace coaching이라고 한다. 단지 업무만 독려하는 게 아니라 성장을 위해 코칭하는 것은 리더의 중요한 역할이다. P&G, IBM, GE 등 글로벌 선도 기업들은 직장 내 코칭이 활발하게 이루어지도록 끊임없이 구성원을 교육하고 코칭하는 조직 문화를 장려한다.

상사가 부하를 코칭하면 어떤 점이 좋을까? 일단 구성원 개개인의 목표가 조직 전체의 목표와 같은 방향으로 정렬된다. 또한 일을 하며 바로 코칭과 피드백을 주고받기 때문에 그 자리에서 학습이 이루어지고 구성원의 역량이 커진다. 상사와 정기적인 코칭을 하는 많은 기업은 이직률이 낮다는 연구 결과가 있다. 상사와의 관계가 좋아지면서 조직에 대한 충성도와 만족도도 증가한다. 구성원 입장에서는 조직이 나의 성장을 도와주기 때문이다.

존 휘트모어 경은 그의 책 『성과 향상을 위한 코칭 리더십Coaching for Performance』에서 코칭의 핵심은 '의식과 책임'이라고 했다. 상사의 코칭을 통해 구성원의 자각과 의식 수준이 높아지고, 높아진 의식 수준에서 실행할 일을 스스로 결정하기 때문에 일에 대한 책임도 스스로 지는 게 코칭의 요체라는 것이다.

상사가 부하에게 일방적으로 업무를 지시하면 부하가 의식을 개발하지도, 책임을 갖지도 못한다. 예를 들어 보자.

"지난번 프로젝트는 왜 아직 보고가 없나?"

"고객사에서 아직 승인을 안 한 상태라 회신을 기다리고 있습니다."

"그렇다고 가만히 있으면 어떻게 하나? 고객사를 직접 방문해서 담당자를 만나 보게. 설명을 충분히 하고 나서 빨리 승인해 달라고 설득해야지."

"네… 알겠습니다."

"오늘 바로 고객사에 가서 회신을 받아 오게. 승인이 안 되면 즉각 보고해!"

"네….'

상사가 코칭을 한다면 대화는 이렇게 바뀐다.

"고객사가 왜 승인을 늦춘다고 생각하나?"

"글쎄요… 예산이 높다고 볼 수도 있고요, 저희 제안에 확신을 갖지 못하는 것 같기도 합니다."

"음, 우리가 어떻게 대응하면 그들이 빨리 승인하도록 영향을 미칠 수 있겠나?"

"일단 최대한 설득해 봐야겠죠. 저희 쪽에서도 제안만 보내 놓고 나서 충분히 설명할 시간을 갖지 못했거든요."

"그 밖에 다른 요인은 없나? 당신이 그 담당자라면 우리가 어떻게 대응하면 설득력이 높아질 것 같은가?"

"경쟁사와 비교해 우리의 제안이 어떤 점이 더 나은가를 좀 더 분명히 설명해야 할 것 같아요. 아, 지난번에 의문을 표시한 대목이 있는데 저희가 확실한 데이터를 입증하지 못했습니다. 그 때문에 그쪽 담당자가 상사에게 보고하는 게 어려웠을 수 있습니다.”

“일단 그런 가정이 든다는 거군. 그렇다면 무엇부터 해야겠나?”

“마케팅 팀에 있는 자료를 찾아서 좀 더 보충한 뒤 직접 만나 봐야 할 것 같습니다. 완전하진 않더라도 문제 제기한 부분에 대해 대답을 내놓고서 설득해야죠.”

“음, 그게 중요하겠군. 언제까지 방문하겠나?”

“오늘은 1차 자료 보충하고 내일 방문하겠습니다.”

“그래, 이 건이 중요하다는 건 자네도 알 테니 최선을 다하게. 잘되지 않으면 즉시 나에게 보고하기 바라네.”

이런 코칭 대화는 본인이 어떤 문제를 어떻게 해결해야 하는지 생각하고 실행할 과제를 도출하도록 만든다. 코칭을 통해 의식도 개발되고 일에 대한 책임감도 더 강해지는 것이다. 앞의 지시형 대화에서 상사가 시키는 대로만 따르는 수동적인 모습과 접근법으로 끝났던 것과는 결과도 매우 다르다.

상사가 부하 직원에게 정기적 비정기적으로 피드백을 주는 것도 코칭이다. 많은 직장인이 자신이 업무를 잘하는지, 개선점이 뭔지, 상사가 자신의 업무 성과에 얼마나 만족하는지 잘 모른다. 그만큼 피드백이 부족하다. 당장 벌어지는 일을 처리하기에도 바쁘다는 핑계로 다음에는 그 일을 더 잘하도록 피드백하는 일에는 소홀하다.

하지만 부하 직원의 역량을 키우기 위해서는 잘한 것, 부족한 것, 개선

된 것 등을 피드백하는 일이 매우 중요하다. 피드백을 하고, 강점을 인정하고, 부족한 점을 개발하기 위해 무엇이 필요한지 함께 정하고, 그걸 실천하도록 동기를 주고, 목표를 달성하기 위한 실행 계획을 세우고, 얼마나 실행했는지 점검하는 것이 직장 내 코칭이다.

실제로 부하 직원에게 존경받고 함께 일하고 싶은 상사는 무조건 잘해 주는 상사가 아니라 '내가 부족한 면을 보완해 주고 능력을 키워 주는 상사'라는 조사 결과가 있다. 우리는 편안하게 안주하기보다 더 성숙해지고 싶어 하기 때문이다. 이런 욕구에 적극적으로 부응하는 것이 상사의 피드백 코칭이다.

기업에서 외부 코치를 고용하는 이유는 무엇일까?

기업의 임원은 다양한 이해 관계자들의 다면적인 요구에 직면한다. 이들에게 비즈니스 성과를 내는 것은 필수, 리더십을 발휘하는 것은 기본 사양이다. 하지만 매우 바쁘고 다양한 현업의 이슈를 다루면서 중요한 과제에 집중하기란 쉽지 않다. 기업 코치는 임원들이 중요한 과제에 초점을 맞추고 전략적인 행동을 하도록 지원한다.

특히 신임 임원은 새로운 리더십을 정립해야 하는 도전에 직면한다. 과거에는 실무만 처리하고 책임지면 되었지만, 이제는 리더로서 비전을 제시하고 조직을 한 방향으로 정렬하는 역할과 직원들에게 동기를 부여하는 역할로 전환해야 한다. 코칭은 이러한 질적 전환을 효과적으로 수행하게 돕는다. 임원과 함께 어떤 전환이 필요한지 검토하고, 실행 계획을 세우며, 주기적인 코칭을 통해 실천해 나가는 일을 지원한다.

또한 임원의 리더십 효과를 높이기 위해 임원 코칭을 실시한다. 임원은 조직에 큰 영향을 미치기 때문에 정기적으로 임원의 역량과 리더십을 평가하고 개선책을 시행해야 한다. 이를 위하여 360도 다면 진단 같은 다양한 진단 도구를 통해 임원을 평가하고 피드백을 하며, 그 결과를 해결하기 위해 코칭을 활용한다. 그래서 많은 경우 임원 코칭은 진단과 함께 진행한다.

2008년 CCLCenter for Creative Leadership의 조사에 의하면, 기업에서 행하는 코칭의 58%가 핵심 인재를 대상으로 이루어지는 반면 문제가 있는 임원에 대한 코칭은 30%에 지나지 않았다. 2008년 임원 코칭을 활용한 기업에 이후의 코칭 계획을 물었을 때 53%는 더 많이 활용하겠다, 42%는 비슷한 수준으로 활용하겠다고 답한 데 반해 코칭을 줄이겠다는 응답은 3%에 불과했다. 대부분의 기업이 코칭 효과를 긍정적으로 보는 것이다. 국내에서도 임원 코칭은 대기업과 글로벌 기업을 주축으로 시작되어 지금은 중소 중견 기업까지 확대되고 있다.

코칭의 성과는 리더십 개발, 자기 인식 확대, 대인 관계 개선, 비즈니스 통찰력 증대 등으로 나타난다. 물론 기업 임원들은 산업 전문가이고 조직에 대해 코치보다 훨씬 잘 안다. 하지만 자신의 상황을 객관화하고 목표 달성을 위한 우선순위 업무에 집중하는 것은 코칭을 통해 효과적으로 지원받을 수 있다. 물론 코칭은 비즈니스 성과만을 목표로 하는 것이 아니라 그 이상의 영역을 다룬다. 삶 전체에서 커리어를 조망하며 조직에 어떤 기여를 할 것이고 그 의미는 무엇인지를 발견하기도 한다.

이런 면에서 코치는 임원의 조력자이자 지원자_{supporter} 역할을 한다. 고객의 생각을 되비춰서 스스로 보게 하는 거울 역할을 하기도 하고, 안전 지대에서 나와 다시 도전하도록 격려하는 역할을 하기도 하며, 가족에게도 다 하지 못하는 고민을 나누는 상담자 역할을 하기도 하면서 성장을 돕는 것이다.

우리는 물론이고 코치들조차 자주 빠지는 사고의 함정이 있다. 코칭은 뭔가 부족한 것을 채우기 위해서, 혹은 문제를 해결하기 위해서 존재한다고 보는 것이다. 코칭을 받는다면 모자란 사람인가? 코칭이란 뭔가를 교정하는 일이라고 보는 관점이 녹아 있기에 그런 생각을 하는 것이다. 물론 완벽한 사람은 없기 때문에 부족한 점도 코칭하지만 그게 코칭의 전부는 아니다.

잘하는 일을 더 잘하게 하는 것, 잠재력을 이끌어 내어 더 크게 성공하고 성장하도록 돕는 것, 전략적인 행동을 하도록 유도하는 것, 이것이 바로 코칭이다. 그렇기 때문에 CEO도, 전문가도, 심지어 코치 자신도 코칭을 받는다. 골프 황제 타이거 우즈가 골프 코치를 두는 것도, 세계적인 CEO들이 여러 명의 코치를 두고 자신의 견해를 깊이 있게 검토하는 것도 같은 이유다.

임원 코칭은 그의 개발 과제가 무엇인가에 따라 주제가 다양하다. 리더십 개발, 커뮤니케이션 역량 개발, 비즈니스 성과 향상, 전문성 촉진, 팀워크 증진, 신사업 개발 등이 자주 등장하는 주제다. 코치는 임원과 함께 조직의 니즈, 상사의 니즈, 본인의 니즈를 반영하여 코칭 목표를 세우고, 정해진 기간 내에 목표를 달성하기 위해 한 팀처럼 협력한다.

누가 코치가 되는가

기업의 임원을 코칭하는 코치들은 종종 이런 질문을 받는다. "코치님은 지금까지 이 분야에서 일해 봤나요? 이렇게 많은 직원을 지휘하는 직책을 맡은 적은 있습니까?"

제대로 코칭하려면 고객과 유사한 경험이 있어야 하지 않겠느냐는 전제가 깔린 질문이다. 국내에서 코칭을 시작하던 초창기에 직접 와서 전문 기업 코칭을 가르친 CCU의 러셀 롱 박사가 다룬 예가 떠오른다. 롱 박사는 교육생들을 향해 말했다.

"코칭할 고객은 당신이 경험해 보지 않은 중공업 회사의 부사장입니다. 담당자가 보내 온 고객의 프로필에 따르면, 그는 당신보다 열다섯 살이나 많으며, 최고의 대학을 졸업했고, 박사 학위까지 갖고 있습니다. 이 분야에서 25년을 일한 베테랑이죠. 담당자는 '코치님이 이 임원을 제대로 코칭할 수 있다고 믿을 만한 근거는 무엇인가요?'라고 물어 왔습니다. 어떻게 대답하겠습니까?"

교육생들 사이에서 "나는 훈련된 코치이고 바로 그런 사람을 코칭하는 데 전문가입니다"라는 대답이 나오는 순간 롱 박사는 "오, 바로 그거예요. 내가 원하는 대답입니다!"라고 외쳤다.

코치는 코치로서 훈련된 사람이지 그 산업의 전문가가 아니다. 그 분야와 비즈니스의 전문가는 오히려 고객이다. 코치는 그에게서 성찰을 이끌어 내고 그를 자극하고 도전 의지를 심어 주는 존재다. 물론 비즈니스 세계에 대한 이해, 조직에서의 리더 경험, 산업에 대한 기본 지식 등은 필요하다. 하지만 좋은 코칭의 핵심 요소는 코칭 역량이지 실무 경험이 아니다.

또 다른 시각에서는 코치를 직관으로 코칭하는 신비한 직업이라고 오해하기도 한다. 물론 누구를 만나든 빠르게 관계를 형성하고 고객이 말한 사실만이 아니라 말하지 않은 부분도 파악하여 그들을 변화시켜야 하므로 내공이 필요한 것은 사실이다. 하지만 혼자서 비법으로 도를 닦은 도사 같은 존재는 아니다.

첫눈에 꿰뚫어보고 촌철살인으로 상대방을 제압하는 사람이 아니라 체계적인 훈련을 통해 코치가 되고, 효과적인 코칭 도구를 사용하며, 국제코치연맹이 규정한 코칭 역량을 발휘하는 것이 기본 요건이다. 처음엔 누구나 초보 코치다. 고객을 만나 코칭 경험을 쌓고 계속 쇄신해 나가면서 좋은 코치가 되는 것이다.

선진국의 경우 컨설턴트, 상담사, 심지어 변호사들도 임원 코치로 전환하는 사례가 많다. 국내에서도 다양한 경력을 가진 사람들이 코칭에 관심을 가지고 전문 코치가 되는 추세다. 코칭 분야가 다양해질수록 코치가 되는 사람의 수나 경력도 다양해질 것이다.

어떤 사람이 코치라는 직업에 맞을까

먼저 오해하기 쉬운 부분을 짚어 보자면, 빠른 판단력과 날카로운 면은 오히려 좋은 코치가 되는 데 방해 요인이 된다. 사람은 누구나 어느 정도는 자기 중심적이지만, 특히 에고ego가 강하여 자기 생각이 옳다는 확신을 가지고 강하게 조언하는 사람일수록 코치로 전환하는 데 더 많은 노력이 필요하다. 코칭이란 철저하게 상대방을 중심에 두는 프로세스이기 때문이다.

남의 말을 잘 경청하며, 타인에게 호기심을 가지고 깊이 있게 관계 맺을 줄 아는 정서 지능이 높은 사람, 자기 개발을 위해 겸손하게 노력하는 사람이 코치라는 직업에 더 적합하다. 또한 남을 섬기는 서번트 리더로서 사람에 대한 애정과 헌신의 열정이 있어야 한다. 기본으로 사람을 좋아해야 하고, 고객이 어려운 상황이나 사각지대에 갇혀 있을 때도 신뢰를 잃지 않고 함께 나아갈 수 있는 낙관성이 필요하다. 따뜻한 유머 감각이 있다면 어려운 상황에서도 넓은 시각으로 대처하도록 도울 수 있을 것이다.

코치가 되는 데 학력이나 나이, 성별은 중요하지 않다. 다만 자신의 특성에 맞게 가장 잘 섬길 수 있는 코칭 분야와 고객을 개발하면서 자기만의 틈새niche를 만들어 가면 되는 것이다. 기업 임원으로서 조직을 성공리에 이끌어 본 사람이 경영자 코치가 되는 것은 참 바람직하다. 오랜 기자 생활 끝에 글쓰기 코치가 된 경우도 있다. 공익과 사회 공헌에 가치를 두었던 사람은 정치인이나 관료의 코치가 되거나, 청소년들에게 헌신하고 싶어 중고등학생들의 좋은 코치로 활동하는 사례도 있다.

신념이나 가치, 살아온 이력과 삶의 경험, 그동안 이룬 업적과 특이한 체험 등 자신이 가진 모든 것이 어느 분야에서 좋은 코치가 될 수 있는가를 말해 주는 요소다. 어느 분야의 코치가 될 것인가를 고민할 때, 바깥 시장을 탐색하는 것보다 더 중요한 일이 있다. 그것은 '내가 누구인가?' '어떤 분야에 열정이 있는가?'를 발견하기 위해 자기 자신과 나누는 진솔한 대화다.

코치 교육 중에 자신이 코치라는 걸 언제 알겠느냐는 질문이 있었다. '자신이 진짜 코치가 되었다는 걸 무엇을 통해 알겠느냐?'는 뜻이다. 교육생들이 자주 하는 답은 '자기도 모르는 사이에 깊이 경청하면서 상대에게 코칭 질문을 던지고 있으면'이었다. '의식하지 않고도 상대방을 중심에 두고 코칭 행동이 자연스럽게 나오면'이란 의미다. 매우 의미심장한 말이다. 학습의 가장 높은 단계는 무의식 능력, 즉 체득 단계이기 때문이다. 의식하지 않고도 저절로 코칭이 나오는 단계라면 진짜 코치가 되었다고 할 수 있지 않을까?

거의 날마다 코치라서 행복하다는 생각을 한다. 얼마 전에는 고객이 "코치님과 얘기하면 나도 모르게 속에 있는 말을 다 털어놓는다"면서 25년을 함께 산 아내에게도 하지 못한 얘기까지 다 한다고 고백했다.

이런 일이 가능한 이유는 코칭의 접근법 때문이다. 아내나 오랜 친구는 가까워도 이해 당사자라 내 생각을 있는 그대로 말하는 데 한계가 있다. 가까운 사람들에게 솔직하게 말하면 상처를 받을까 봐, 걱정할까

봐 염려해서 일부러 말을 하지 않기도 한다. 하지만 코치는 다르다. 마치 자기 자신과 대화하는 것 같다. 코치는 자신의 말을 깊게 들어 주고 자신의 생각을 거울로 되비춰 준다.

좋은 고객들과 내면의 여행을 떠나고, 그 안에서 새로운 생각과 창의적인 아이디어를 떠올려 내기도 하고, 머릿속으로 생각만 해 온 일을 실행하도록 붙잡아 주는 게 코치의 역할이다. 그래서 코칭은 힘이 들기보다 힘을 받는 과정이기도 하다. 코칭하는 데 많은 에너지를 쏟는다고 하면서도 코칭을 끝내면 더 에너지 넘치고 긍정적인 사고를 하는 이유다.

코칭 생태계의 빠진 고리

코칭이 알려지기 시작하면서 코칭의 혜택을 보는 사람도 늘어났다. 기업의 임원과 매니저, 학부모, 청년들이 코칭을 접하면서 자연스레 코치가 되는 데 관심이 높아졌다. 이들은 코칭을 가르치는 교육 훈련 프로그램을 찾는다. 외국에 나가 유명한 훈련 과정을 이수하거나 국제 코치 자격 혹은 국내 코치 자격을 갖추기 위해 노력한다. 하지만 그게 전부는 아니다.

코칭의 생태계를 그려 본다면, 잠재적 코칭 고객을 포함해서 코칭을 아예 모르는 사람과 코칭에 대해 들어 보고 아는 사람이 있다. 아는 단계에서 더 나아가 코칭에 관심을 가진 사람이 있고, 그보다 나아가서는 코칭 교육 프로그램에 등록하여 배우는 사람이 있고, 그 과정을 거쳐 코칭 교육을 완료한 사람이 있을 것이다. 마지막으로 이미 전문 코치로서 활발하게 활동하는 사람들이 있다.

이것은 나름의 코칭 생태계라고 볼 수 있는데, 이 생태계의 마지막 단계에 커다란 고리가 빠져 있었다. 코칭 교육을 마쳤다고 곧장 기업 코치로 활동할 수 있는 것은 아니었다. 이는 내가 직접 코칭 교육 과정을 가르쳐 왔고 코치를 양성해 내는 최전선에 있으면서 더욱 크게 아쉬움을 느껴온 부분이다. 어느 정도 교육을 받은 초보코치들에게는 또 다른 교육이 필요한 것이 아니라 실제 기업의 코칭 프로젝트를 함께 진행하고 실전 코칭을 분석함으로써 더 나은 코칭을 하도록 유도하는, 기업 코칭으로 나아가는 중간 단계가 필요한 것이다.

이 중간 단계를 나는 코칭 생태계의 빠진 고리missing link라고 생각했다. 분에 넘치게 '코치의 코치'라는 별명까지 얻다 보니 나는 이 빠진 고리를 누구보다 잘 볼 수 있었지만, 한국코칭센터와 한국리더십센터 사장을 역임하는 동안에는 이를 보완하는 노력을 하기가 어려웠다. 그러다가 코칭경영원이라는 신생 코칭 회사를 창립하면서 오랫동안 마음속에 품어 온 과제를 도전하기로 했다. 코치 훈련을 마친 사람들을 실제 기업 코치로 개발하면 코칭 생태계의 빠진 고리를 연결하고 채우는 일이 될 것이다.

코칭 교육을 받았다고 바로 기업 코치가 되는 것은 아니다. 단지 고객을 소개하는 것 외에 여러 가지 요소가 필요하다. 우선 기업 코치는 기업의 비즈니스 코칭 경험을 쌓아야 한다. 숙련된 기업 코치가 갖춰야 할 역량 중에 실제 경험을 통하지 않고서는 얻을 수 없는 것도 있다. 자신의 코칭을 평가하고 더 좋은 코칭을 위한 피드백과 새로운 시도가 없다면 코칭 발전 속도는 느릴 수밖에 없다. 또한 매 회 코칭 세션을 운영하는 것만 아니라 장기적인 코칭 프로세스를 어떻게 관리해야 효과적인가, 혹은 세션과 세션 사이에 어떤 행동을 해야 하는가 등은 실제 코칭에 투입되어 활동해 보지 않고는 구체적으로 알기도 고민하기도 어렵다.

코치들의 마케팅 역량 또한 개발해 나가야 한다. 아무리 코칭 역량이 뛰어나더라도 고객이 없다면 코치는 존재할 수 없다. 코치들은 용기 있게 코칭을 제안하고 거절을 당해 보면서 계약을 성사시키는 코칭 마케팅 경험과 능력을 갖춰야 한다.

코칭 역량을 쌓고 마케팅 능력을 강화해 나가는 실제 프로젝트는 혼자보다 팀으로 진행할 때 효과적이었다. 경험 있는 코치의 멘토 코칭과 결합하면 이상적이라고 생각하여 2011년 코칭경영원을 시작할 때, 다음 과제로 삼았다. 믿을 만한 코치들에게 연락하여 취지를 설명했고, 이에 동의한 멤버들이 바로 '드림코치 11'이다. 기업 임원, 강사, 컨설턴트, 벤처 기업 CEO, 다국적기업 한국 대표 등 드림코치들의 배경은 매우 다양했다. 한 가지 공통점이라면 코치로서 커리어를 만들어 가려는 의지가 있고, 그에 필요한 코칭 교육을 제대로 이수했다는 점이었다. 한마디로 헌신할 준비가 되어 있었다.

간혹 코칭에 관심이 있다고 하면서도 배우고 훈련하는 데 들어가는 시간과 비용을 아까워하는 사람들이 있다. 그들에게 물어보고 싶어진다.

미래의 고객에게 코칭료를 지불하고 코칭을 받으라고 할 것 아닌가? 자신이 먼저 자기 개발에 투자해 보지 않고서 어떻게 고객더러 코칭을 받기 위해 시간과 비용을 투자하라고 하겠는가? 코칭에 그만한 가치가 있다고 진정성 있게 설득하겠는가?

아무튼 체계적으로 코칭 교육을 충실히 이수한 코치들이 모인 드림코치 11의 여정은 그렇게 시작되었다. 우리는 강남 테헤란로 동훈타워에서 가진 첫 모임의 열기를 아직도 잊지 못한다. 희망과 열정이 가득하고 호기심과 긍정적인 열기가 가득 찬 자리였다. 우리는 모임 운영에 그룹 코칭의 원칙을 적용하기로 했다. 우선 그룹의 목적을 분명히 정하고, 그라운드 룰을 정하고, 모임 이름을 지었다. 1년에 걸친 드림코치들의 흥미진진한 공동 여정이 시작된 것이다.

이후 격주마다 오후 시간을 통째로 투자하여 코칭을 하고, 마케팅을 하고, 코칭 경험을 공유하여 다시 배우고, 분석하고, 도전하고, 어려운 사례를 함께 해결하는 실전 프로젝트 팀이 되어 코치로서 크게 발전할 수 있었다. 혼자서는 풀기 어려운 도전적인 코칭 사례도 함께 해결해 냈고, 기업에 코칭을 제안하고 드림코치들이 참여하는 코칭 프로젝트도 개발했다.

우리는 다양한 기업에 들어가 코칭을 분담해 가면서 실전 코칭 경험을 쌓았다. 중견 기업의 임원부터 NGO 리더들까지 코칭 고객이 되었고, 우리는 리더십 진단부터 코칭, 코칭 보고서 분석까지 전 과정을 함께 하면서 성장해 나갔다. 의미도 있고 재미도 있는 그야말로 새로운 도전이었다.

2
코치들의 코치라는
별명을 얻기까지

고현숙

처음 코칭을 만났을 때

내가 처음 코칭을 접한 건 2001년 미국 프랭클린코비사의 연례 컨퍼런스였다. 리더십의 새로운 트렌드를 소개하는 다양한 세션 가운데 하나가 코칭이었다. 그 무렵 코칭이란 말은 '지도한다'는 의미로 스포츠 분야에서 사용하는 정도였다.

그런데 코칭 세션의 발표 방식이 참신했다. 흔히 발표자들은 파워포인트 슬라이드를 넘겨 가며 주제를 설명하는데, 코칭 발표자는 나오자마자 청중석을 향해 자신을 도와줄 사람이 필요하다고 요청했다. 그러곤 손을 든 사람을 무대로 불러서 '매니저'라고 쓰인 모자를 쓰고 마주 앉았다. 청중들은 무대에서 진행되는 둘의 대화를 관찰하기 시작했다.

코칭 발표자가 청중석에서 올라온 남자에게 물었다.

"요즘 직장에서 해결하고 싶은 이슈가 있나요?"

"얼마 전 새로운 동료가 들어왔는데 문제가 좀 있는 것 같아요. 고객 업무 경력자라면서 자꾸 큰 실수를 반복하는 통에 제가 어떻게 해야 할지 모르겠어요. 그가 실수를 감추는 바람에 팀 전체가 바보같이 아무 소용 없는 일을 한 적도 있어요."

"그랬군요. 새로 온 사람도 적응하는 시간이 필요하지 않을까요. 본인이 모르는 걸 모른다고 말하기 어렵거든요. 그럴 때는 팀이 도와줘야 합니다."

"그렇긴 하지요. 하지만 그가 먼저 조언을 구하지 않는 터라 어떻게 말해야 할지 어렵네요."

"그럼 이렇게 해보세요. 내일 아침에 출근하면 커피를 들고 그 사람 자리로 가세요. 눈을 마주 보면서 '우리가 더 즐겁게 일할 수 있는 좋은 아이디어가 떠올랐는데 들어 볼래요?'라고 묻는 겁니다. 그런 다음 실수가 커지는 걸 방지하려면 실수했다는 걸 아는 즉시 솔직하게 말해서 팀원들이 공유해야 한다는 사실을 알려 주세요. 그의 실수를 당신이 먼저 거론하는 걸 창피해할 수도 있지만, 상황을 개선하려면 그 정도는 감수해야 하니까 너무 신경 쓰지 마시고요. 만약 그가 얼버무리려고 하면 분명하게 경고하세요. 그리고 약속을 받아 내세요. 어때요, 할 수 있겠죠?"

"글쎄요."

"좋아요. 내일 당장 해보고 저에게 결과를 알려 주세요."

"네…."

그는 대답을 하며 고개를 끄덕였지만 누가 봐도 걱정스러운 표정이었다. 그때 발표자가 잠깐 기다리라고 하더니 무대 뒤로 나갔다가 이번에는 '코치'라고 쓰인 모자를 쓰고 등장했다. 그러곤 대화를 다시 시작하는 것이었다.

"자, 이제 저는 매니저가 아닌 코치 역할을 해보겠습니다. 아까 새로 온 직원이 실수가 잦아서 걱정이라고 했죠? 신경 쓰는 것 같더군요."

"네. 팀에 영향을 미치니까요."

"당신이 원하는 팀의 모습은 어떤 건가요?"

"각자 자신의 일에 책임을 다하고 서로 도우며 즐겁게 일하는 거죠. 우린 프로니까요."

"아하! 책임과 협력, 즐거움이 중요하군요. 새로 온 직원과 즐겁게 일하려면 무엇이 필요할까요?"

"음… 좀 더 솔직하게 어려움을 털어놓고 함께 해결하는 분위기가 되었으면 좋겠어요. 지금 그는 방어하는 것 같아요."

"당신은 그동안 직장에서 얻은 지혜가 많습니다. 그 지혜를 가지고 제 물음에 대답해 주세요. 새로 온 직원이 솔직하게 어려움을 털어놓고 팀에 의존하려면 어떻게 도와줘야 할까요? 당신이 그 사람이라면 어떻게 대해 주기를 바라겠습니까?"

"그러고 보니 생각나는 게 있네요. 그가 처음 왔을 때 모두 바쁜 나머지 그 사람이 누구인지 관심을 기울이지 않았어요. 모르는 것을 물어보기가 어려웠을 겁니다. 저도 예전에 그런 적이 있어요. 친절하고 따뜻한 한마디가 절실할 때죠. 직장을 옮기면 누군가 먼저 다가와서 도움의 손을 내밀어 주길 바라게 마련입니다. 우선 저부터 먼저 다가가야겠어요.”

“그 사람의 어려움을 공감하는군요. 업무 실수에 대해서는 어떻게 하면 좋을까요?”

“매니저에게 도움을 요청하는 게 좋겠네요. 업무가 바쁘다고 너무 훈련 없이 투입하면 결국 시간이 더 걸리는 법이니까요. 내일 출근하면 매니저와 이 문제를 상의하겠습니다. 매니저도 좋은 방안을 찾을 수 있을 것 같습니다.”

“말하는 걸 보니 당신이 주도적인 분이라는 걸 알겠습니다. 지금 기분이 어때요?”

“이렇게 대화하다 보니 어떻게 해야 할지 명료해졌어요. 지금까지 그 사람 탓만 했는데 말이죠. 빨리 회사에 가서 해결하고 싶네요. 도대체 어떻게 한 거죠? 제 입에서 빨리 회사 가고 싶다는 얘기가 나오게 만들다니, 하하하.”

“이것이 코칭입니다. 제가 지시하지 않아도 당신 스스로 가장 좋은 해결책을 찾아냈군요. 자신의 지혜를 동원해서요. 축하드립니다!”

이 데모 코칭은 정말 인상적이었고, 덕분에 많은 것을 느꼈다. 무엇보다 재미있었다. 코칭 이론을 늘어놓으며 설명하는 대신 청중의 눈앞에서 코칭을 보여 줌으로써 코칭을 체험하게 한 것이다. 아무리 좋은 얘기라도 일방적으로 듣다 보면 집중력이 떨어지는데, 발표자가 코치의 모자를 쓰고 청중석에서 올라온 사람과 나눈 코칭 대화는 하나도 놓칠 수 없을 만큼 흥미진진하게 전개되었다.

에너지 수준이 완전히 달랐다. 매니저와의 대화에서는 고개를 끄덕이면서도 의구심을 가진 표정이었다. 뭔가 미진한 것이 있는데 말하지 않는 것처럼 보였으며 에너지 수준도 매우 낮았다. 하지만 똑같은 이슈를 가지고 코칭 대화를 하자 자기 생각과 느낌, 아이디어를 쏟아내며 대화를 주도해 갔다. 에너지 수준이 높아지는 것은 물론 표정까지 밝아져서 빨리 회사에 가고 싶다고 말하기에 이른 것이다.

나는 코칭의 파워와 매력을 유감없이 보여 준 데모 코칭을 보고 나서 본격적으로 배워 보겠다고 결심했다. 이후 CCU의 코치 훈련 프로그램에 참가해 교육받고 실습하면서 차근차근 코치의 길로 들어섰다.

나의 성향을 자극한 흥미
그리고 커리어

얼마 전 직장 후배가 "선배는 코치로서 커리어를 잘 개발하신 것 같아요. 코칭 교육과 코치 자격증도 충분하고, 강의도 하고, CEO 경력이 있어서 임원을 코칭하기에도 좋죠. 게다가 코칭으로 경영학 박사 학위까지 받았으니 정말 코치로서는 맞춤형 경력이에요. 나도 선배처럼 경력 관리를 잘하고 싶어요"라고 말하는 걸 듣고 내심 놀랐다. 오랫동안 나는 내 커리어는 중심이 없고, 심지어 난삽하다고 느꼈기 때문이다.

나는 1980년에 입학해서 학생 운동을 하다가 4학년 2학기 때 징계를 받는 바람에 제때 졸업하지 못했다. 소외된 이웃을 도우며 살리라 다짐한 터에 대학 졸업장이 뭐 필요하겠나 생각하다가, 결혼 후에야 마지막 한 학기를 마치고 졸업했다.

뒤늦게 사회에 진출해서는 NGO 실무자를 거쳐 잡지사의 프리랜스 번역가와 기자로 일하다, 만 서른이 되어서야 선배가 운영하는 출판 기획사에 들어가 커리어를 시작했다. 날마다 매출과 이익을 관리하는 일은 전혀 다른 차원의 재미와 열정을 안겨 주었다. 나는 제품을 생산하고 이익을 내는 일을 좋아한다는 걸 분명히 알 수 있었다.

그즈음 가장 매료된 것은 세계적인 컨설턴트들의 경영 혁신 이론이었다. 피터 드러커, 톰 피터스, 짐 콜린스, 마이클 해머, 피터 생개 등의 글을 읽으면서 경영과 조직 혁신에 대한 담론에 크게 공감했다. 매우 이상적이면서도 인간과 경영 조직이라는 긴장된 관계를 어떻게 조화해 나가야 할지 그 방향을 명료하게 제시하는 듯 보였다.

수 많은 기업이 쓰러지고 일어나는 스토리와 그에 대한 분석 결과에서 많은 영감을 받았다. 특히 조직 혁신과 인재의 중요성, 전략과 리더십의 영향 등은 계속 진보하는 새로운 시각을 보여 주었고, 인본주의적이고 이상적인 나의 성향을 자극했다. 내가 경영학 석·박사 과정을 선택한 계기였다.

이후 신문사의 계열 조직에서 일하다가 한국리더십센터에 스카우트

되어 '프랭클린 플래너'라는 제품의 본부장을 맡았다. 4년 동안 매출 규모가 9배로 늘어날 만큼 급성장한 시기였다. 일은 엄청나게 많았다. 상품 기획과 마케팅, 세일즈, 매장 관리 등 전 과정을 챙겨야 했다. 팀워크에서 성과 관리까지 매니저로서 경험해야 할 모든 것을 경험하고 배웠다. 그 과정에 함께 한 동료 후배들은 아직도 동지 관계다. 죽도록 고생하고 성공을 맛보고, 종종 터지는 큰 사고를 함께 해결해 가며 끈끈한 동지애가 생겼다.

플래너 담당 본부장이다 보니 처음으로 남들 앞에서 시간 관리 교육을 해야 했다. 한두 시간짜리 특강을 통해 삶의 우선순위를 정하고 인생에서 '소중한 것을 먼저 하라'는 메시지와 구체적인 시간 관리 기법을 전달하며 처음으로 강사가 된 셈이다. 한밤중에 남편 앞에서 강의 연습을 하고 강의 자료를 수정해 가며 새벽 2~3시를 넘기기 일쑤였다. 처음엔 떨렸던 강의도 몇 년을 하다 보니 안정되어 갔다. 그토록 오지 않을 것 같던 그 순간, '강의를 즐길 수 있는 시점'이 분명 왔다. 다만 예상보다 느리게 왔을 뿐이다.

병아리 강사 시절, 높아만 보이던 베테랑 강사들에게 "언제가 되면 강의가 편해지나요?"라고 묻곤 했다. 강의가 하도 부담스러워서 천재지변이 일어나 취소되기를 바란 적도 많았다. 강의가 그토록 부담스러웠던 본질적인 이유는 훨씬 나중에야 깨달았다.

내 관점으로 강의를 보기 때문에 긴장한 것이었다. 내가 제대로 강의 내용을 전달할 수 있을까, 떨지는 않을까, 부족해 보이지 않을까, 목소리는 괜찮을까 하면서 우려했던 것은 나에 관한 일이지, 나의 강의를 들기 위해 온 수강생들의 문제가 아니었다. 내가 어떻게 보이는가에 온 관심을 쏟으면서 나 중심의 시각으로 강단에 섰다는 의미다. 반대로 수강생들에게 집중하고 그들과 정서적으로 연결될수록 나 자신을 의식하지 않았고, 그만큼 긴장감도 줄어들었다. 강의가 수월해진 것이다.

강사로서 자신감을 갖기까지 나의 코치였던 헬렌 하우스는 나에게 큰 도움이 되었다. 그녀가 한국에 와서 직접 코액티브 코칭_{co-Active coaching} 교육을 할 때, 나는 강사로서의 핸디캡을 털어놓았다. 강의를 하긴 하지만 솔직히 강사로서 적합하지 않은 것 같다고 고백하자, 그녀는 왜 그렇게 생각하느냐고 물었다.

"나는 목소리가 조그맣고 체격도 작아요. 웅변조로 열변을 토하거나 끊임없이 웃음을 유발하는 강사가 많은데 나는 그런 파워가 없어요."

헬렌은 내 눈을 똑바로 쳐다보며 말했다.

"당신은 파워가 있어요."

나는 깜짝 놀라서 몇 번을 되물었다.

"정말요? 정말 그렇게 생각해요?"

"정말이에요. 나는 당신의 파워를 느낄 수도 있고 볼 수도 있어요. 당신은 정말 파워풀한 사람입니다."

코치의 대답이 얼마나 강력하게 다가왔는지 모른다. 우리는 때로 자신에 대해 확신을 갖지 못한다. 코치는 그런 우리를 붙잡아 주는 사람이다. 그 후 나는 강사로서 부적합하다고 자신을 괴롭히는 내면의 방해꾼을 버릴 수 있었다.

코칭의 전파자, 코치들의 코치

이후 한국코칭센터의 대표가 되면서부터 본격적으로 코칭을 하고, 기업의 리더와 교육자, 코치들에게 코칭을 가르치는 것이 주된 일이 되었다. 강의를 해 나가는 동안 몇 차례 큰 도전이 있었다.

2004년 대학 교수를 위한 코칭 워크숍을 처음으로 열었다. 교육자야말로 코칭 스킬이 가장 절실하게 필요한 사람이다. 일방적으로 가르치려는 자세에서 벗어나 학생들의 잠재력을 일깨우는 코칭을 할 때 교육자와 학생의 관계는 극적으로 변화하기 때문이다.

그런데 나에게 문제가 생겼다. 이미 학위를 가지고 있으며 자기 분야의 전문가인 그들을 가르친다는 건 엄두가 나지 않는 일이었다. 그때 한국리더십센터 김경섭 회장이 내게 코칭을 해 주었다.

"그들은 자기 분야의 전문가이고, 그런 면에서 존중받는 것은 당연합니다. 그러나 코칭에 관한 한 고 대표가 전문가예요. 당신이 아무리 코칭 전문가라도 필요하면 기꺼이 다른 분야에 대해 배울 자세를 가진 것하고 같아요. 그들은 코칭에 초보이고 당신은 코칭을 가르칠 자격이 있습니다."

나는 큰 자극을 받았다. 상호의존적인 세상에서 서로에게 배우는 것은 당연하며, 그들에게도 좋은 기회가 되리라는 것을 분명하게 깨닫자 용기가 생겼다.

결과는 대성공이었다. 이틀간 코칭을 설명하고 실습을 이끌고 피드백을 주면서 끈끈한 학습 공동체가 되어 갔다. 겸손하게 배우려는 자세를 보여 준 교수들은 수강생이었지만, 사실은 나에게 큰 가르침을 준 스승이었다.

아직도 최고의 평점을 받으며 워크숍을 마무리한 그날의 감동이 남아 있다. 내가 잘했다는 것보다 더 중요한 사실은 서로의 전문성을 존중해 준 그들의 관용과 겸손에서 더 크게 배웠다는 점이다. 아이가 어른으로 성장하듯이 나도 코치로서 성장해 갔다.

처음에는 코칭 클리닉이라는 기본 과정을 가르치고, 이후 CEP_{Core Essential Program}라는 전문 코치 입문 과정과 본격적인 기업 코칭 전문가 과정인 PCCP_{Professional Corporate Coaching Program}를 운영했다. 특히 PCCP는 국내 최초로 한국 코칭 기관의 이름을 걸고 국제코치연맹의 인증 코치 프로그램으로 승인받은 과정이라 자부심이 컸다.

역시 좋은 코치들이 합류했다. 기수를 더해 갈수록 코치들이 내는 시너지도 커졌다. 기업의 매니저와 CEO, 컨설턴트, 교수, 강사들이 훈련 과정에 들어왔다. 좋은 사람들을 강의실에서, 코칭 대화에서 만나며 나도 함께 성장해 갔다. 이 책을 함께 쓰는 드림코치 11의 코치들도 그런 인연에서 비롯되었다. 지향점이 같은 사람들은 결국 자석처럼 한 곳으로 모이는 법이다.

더불어 성장하는 코칭

사실 코치가 된다는 건 도전이다. 경영자로서 나는 대단히 과업 지향적이고 성격이 급한 편이다. 경청하고 공감하는 코치의 기본 자세를 타고난 사람도 있지만, 나에게는 끊임없이 노력해야 하는 일이었다. 느린 직원들을 참아 주기가 참 어려웠지만 그들의 말을 참을성 있게 들으려고 노력한 끝에 나의 일방적인 판단이 얼마나 위험했는지 깨달을 수 있었다. 상사는 부하 직원보다 현명하고 뭐든 잘 안다는 패러다임이 직원들을 얼마나 수동적으로 만들고 잠재력을 제한해 버리는지도 그제야 절감했다. 집에서는 두 아들에게 코치형 엄마가 되려고 노력했다. 그러면서 코칭이 직업이기도 하지만 본질적으로는 삶의 태도를 선택하는 문제이고, 평생 대인 관계에 작용하는 라이프 스킬임을 알 수 있었다.

코칭의 핵심은 상대방을 중심에 두는 태도를 갖는 것이다. 그렇기 때문에 코치 훈련 과정은 인간으로서 성숙해지는 일에 다름 아니고, 여전히 부족하지만 과거보다 아주 조금 더 나은 인간이 되어 가는 것은 나를 포함한 모든 코치들이 느끼는 '코치의 가장 큰 혜택'이 아닐까 한다.

기업의 리더들이 코칭을 배우고 적용하면서 하는 말이 있다.

"우리 직원들이 이렇게 똑똑한 줄 몰랐습니다."

리더가 훈계와 질책을 줄이는 대신 질문을 통해 스스로 해법을 찾도록 코치하면 주체적인 존재가 될 수 있다. 제발 주인 의식을 가지라고 입이 닳도록 훈계해도 소용없었는데 신뢰를 보여 주면서 방향을 잡도록 이끌자 어느새 주인 의식이 자라난 식이다.

코칭을 하면서 고객과 함께 울고 웃었다. 치매를 앓는 시어머니 때문에 고민하는 고객과 함께 울기도 하고, 아들이 학교 폭력의 피해자가 된 현실을 어쩌지 못해 안타까워하는 CEO고객과는 함께 가슴 아파하며 고민을 나누었다.

코칭의 내용은 철저히 비밀에 부치고 고객의 동의 없이는 공개적으로 언급하지 않기 때문에 여기서도 구체적으로 밝히기 어렵지만, 지난 10년간 코칭을 하면서 엄청난 감동의 순간, 고민의 순간, 꽉 막힌 듯한 문제를 함께 돌파한 순간들이 있었다. 그들은 스스로 해법을 찾으면서도 코치로서 함께 한 나에게 공을 돌렸다. 정말 벅찬 일이다.

한번은 기업 임원과의 코칭을 끝내는 날, 그 임원의 부인이 나에게 꽃과 선물을 보내 왔다. 늘 자기 위주로만 대하던 남편이 어느새 아내를 존중하고 인정하면서 연애 시절의 남자로 돌아왔다는 메모가 함께 들어 있었다. 코칭이 이런 효과를 발휘하는 것은 내가 유능한 코치여서가 아니다. 코칭의 접근법 자체가 자각self awareness을 통해 자연스럽게 행동 변화로 이어지도록 유도하기 때문이다.

행동 변화는 총체적이다. 인간이 총체적이기 때문이다. 영화《파이란》을 보면 밑바닥 인생을 전전하던 주인공이 자신과 위장 결혼을 했던 낯선 여인의 행적을 되짚어 간다. 그리고 여인이 자신을 얼마나 사랑했는지 확인하면서 완전히 다른 사람으로 거듭난다. 내면에서 시작하여 외부로 향하는 인사이드 아웃의 변화가 일어난 것이다. 누가 규율을 강제하며 변하라고 해서 얻어지는 것이 아니다.

그래서 코칭은 늘 그 사람의 인식과 내면에 집중한다. 그는 어떤 전제와 가정을 하고 있는가? 그의 잠재력을 제한하는 믿음은 무엇인가? 그

걸 찾아내어 깨 주었을 때 마치 알에서 깨어나는 것처럼 아하! 하는 전환이 일어난다. 코칭 이후 삶이 완전히 바뀌었다는 고객들의 말은 과장이 될 수 없다.

'하면 된다'는 신념으로 직원들을 독려하는 경영자가 있었다.

그는 경영자인데도 직접 실무를 챙기는 등 일일이 관여했다. 글로벌 관점에서 보면 아직 리더가 되지 못하고 실무자에 머무르며 사소한 것까지 챙기는micro management 스타일이었다. 그의 입장에서 보면 직원들은 아직 일하는 게 늘 미덥지 못하고 불만스러웠다. 이동 중에도 끊임없이 전화를 걸어 업무를 체크하고 채근하는 그의 직원들은 점점 수동화되고 불만이 가득한 채 마지못해 일하는 상황이었다.

다면 인터뷰를 해보니 경영자 때문에 받는 직원들의 스트레스가 위험 수준으로 높았다. 직원들이 아는 정보나 아이디어는 아예 사장되고 있었다. 괜히 완전하지도 않은 걸 말했다가 여러 사람 앞에서 날카롭게 비판받고 공격당하는 걸 봐 왔기 때문에 보고해야 할 일이 아니면 절대로 먼저 보고하지 않았다.

물론 그는 직원들이 미워서 공격한 게 아니었다. 일이 생각대로 진행되지 않는 데 대한 답답함을 표출했을 뿐이다. 스티븐 MR.코비는 『신뢰의 속도』에서 "사람들은 자신에 대해서는 의도로 평가하고 타인은 행동으로 판단한다"라고 했다. 경영자 역시 직원을 공격하겠다는 의도가 아니었기 때문에 자신의 행동이 직원들에게 부정적인 영향을 주는 줄 모르고 있었다.

다면 인터뷰를 통해 드러난 직원들의 속마음을 전달하자 그는 충격을 받았다. 하지만 무엇을 어디서부터 풀어야 할지 몰랐다. 코칭을 통해 그의 화를 촉발하는 요소가 무엇인지부터 점검했다. 일을 제대로 빨리 완수해야 하는데 잘 안 되고 있다는 생각, 직원들에 대한 불신과 불안감이 조급함을 불러왔고, 굳은 표정으로 화를 내는 요인임을 함께 알아냈다. 또한 자신의 과거 경험을 돌아보면서 어떤 때 가장 성장했는가, 어떤 환경에서 가장 동기를 가지고 일할 수 있었나를 성찰해 나갔다. 그 과정을 통해 직원들에게 가장 필요한 것은 경영자의 신뢰와 동기 부여이며, 부족한 면이 있을 때도 성마르게 질책하는 대신 차근차근 가르쳐 주었으면 한다는 걸 발견했다. 경영자는 약속한 대로 일지를 쓰면서 리더십 행동을 교정해 나갔다.

경영자의 높은 의욕과 업무 완수에 대한 몰입은 대단한 강점이지만 잘못된 리더십 행동으로 부작용만 낳았는데, 팀을 믿고 한발 뒤에서 코치 역할을 수행해 나가기 시작하자 직원들이 달라진 행동으로 보여 주었다. 가장 먼저 변화된 모습은 경영자가 부르기 전에 직원들이 먼저 찾아와서 보고하고 발견된 문제를 해결하기 위해 의논하는 것이었다. 심지어 고객 관계도 달라졌다.

리더의 역할은 지시 명령의 하달이 아닌 의욕을 북돋우는 것이다. 가르치기에서 코칭하기로, 정보information를 주는 역할에서 영향을 주는 influencing 역할로 전환해야 한다.

코칭을 하다 보면 지금껏 누구에게도 털어놓지 못한 고객의 마음속 열정과 고통, 갈등 등 모든 것을 나누게 된다. 그렇게 생각과 고민을 나누고 새로운 시각을 탐색해 가는 과정이 코치들에게는 인간으로서 성숙해지는 배움의 장이기도 하다. 코칭이 일방적인 지도의 과정이 아니라 코치와 코치받는 사람이 함께 성장해 나가는 상호 성장의 장이 되는 것이다.

나 역시 종종 코칭을 받는다. 중요한 선택을 해야 할 때, 예상치 못한 변화나 난관에 부딪혔을 때 혹은 의욕을 잃었을 때는 동료 코치들에게 코칭을 청하여 답을 찾아 갔다.

뭔가를 고민할 때는 대개 표면적인 문제에 매달리는데, 코칭을 통해 그걸 고민거리로 만드는 요인이 무엇인가를 직시하고 객관적으로 상황을 바라보면서 두려움과 원망 같은 부정의 감정을 정리할 수 있다. 코치들은 항상 나의 강점을 환기시키고 가능성을 믿어 주는 동시에 내가 현재에 안주하지 않고 더 큰 존재가 되도록 도전 과제를 주었다.

과학의 엄밀성과 보편성 획득하기

"50대가 되면 그때는 애도 크고 일도 여유 있게 할 수 있을 테니까 박사 학위를 따고 싶어요. 취직을 위한 공부가 아니라 순수하게 배움을 위한 학위, 어때요?"

10여 년 전, 정신과 의사였던 후배가 공부를 하겠다고 했을 때, 나는 그를 참 좋아했다. 아니, 그의 생각이 참 좋았다.

나는 주말을 이용해서 경영학 석사와 박사 학위를 마쳤다. 원래 배우는 것을 좋아하는 성향도 있었다. 나의 가치관을 탐색하면 '배움' '탁월함' '이상 품기' 등이 가장 높게 나타난다. 특히 코칭을 하는 동안 배움과 연구에 대한 갈증이 더 커졌다.

코칭은 실무에서 많이 적용되고 산업으로서 급속하게 성장하고 있지만, 그에 비해 학문 연구는 부족한 상황이었다. 내가 경험하는 코칭을 보편적인 학문의 세계에서 탐구하고 싶은 마음이 나를 박사 과정으로 이끌었다. 그렇게 여러 가지 역할을 하면서 바쁘게 지내다가 주말이 되어 학교를 향해 운전하고 가는 길은 늘 마음이 설렜다. 컨설턴트의 마인드로 살던 나에게 과학의 엄밀성을 요구하는 학문의 기준으로 코칭을 바꾸는 것은 힘들었지만, 박사 과정에서 코칭을 연구하는 과정은 힘든 만큼 가치가 있었다.

리더십에 대한 학문 연구를 접하고, 훌륭한 학자들과 그들의 연구 업적을 통해 배우는 것은 또 다른 신세계였다. 리더십과 코칭 분야에 대한 논문을 학술지에 발표하고, 학위 논문을 쓰면서 말석이나마 학문 연구의 세계에 발을 내디뎌 자리를 갖게 되었다.

이후 리더십 분야의 석학인 국민대학교 백기복 교수님과 의논하면서 국민대학교 경영대학원에 '리더십 코칭 전공 MBA' 과정을 개설했다. 대학에서 정식 학위 과정으로 코칭을 가르쳐야 한다고, 그래서 좀 더 코칭을 확산하고 보편성을 인정받아야 한다고 생각한 나의 미션과도 같은 일이 이루어진 것이다.

2012년 3월 석사 과정 신입생들과 첫 수업을 진행하면서 느낀 감동을 나는 마음속 깊이 새겨 두었다. 과목명 코칭의 핵심 역량 1, 학점 2학점,

수강생 25명. 많은 코치들이 대학원에서 학위 과정으로 코칭을 가르치는 데 공감을 보내 오고 직접 등록을 해 주었다.

코치로서는 시니어였던 오용호 코치협회 부회장을 비롯한 전문 코치 10여 명이 이 과정에 참여했다. 열정과 호기심, 열린 마음으로 가득 찬 수업은 매우 즐거웠다. 그야말로 꿈에 그리던 모습이 현실에서 이루어지는 순간이었다. 역시 코치인 이석재 박사님이 코칭심리학이란 과목을 개설하면서 리더십 두 과목, 코칭 두 과목을 첫 학기에 개설하는 석사 과정이 진행된 것이다. 앞으로 코칭과 리더십 분야에서 크게 활약할 인재들이 이 과정을 통해 계속 배출되고, 그들에 의해 이 분야가 지속적으로 발전할 것이라 믿는다.

나는 "이건 시작에 불과해!"라는 말을 좋아한다. 코칭은 지금까지 많은 진전을 이루었다. 그러나 향후 가야 할 길은 훨씬 더 많이 남아 있다. 코칭 분야는 연구도 비즈니스도 코치 양성도 모두 시작에 불과하다. 앞으로 창대하고 빠르게 성장할 커다란 미래가 남아 있다.

그동안 나의 가장 큰 보람은 전문 코치 양성이었다.

코치가 되려고 문을 두드리는 사람들은 대부분 인간에 대한 애정과 선한 의도를 가지고 있었다. 다른 사람의 성장을 돕는 코칭은 마치 자석처럼 그들의 가치관과 조응해서 끌어당기는 것 같았다. 앞으로 남아 있는 이 길, 이제 막 시작한 코칭의 길을 그들과 함께 서로를 이끌어 주며 집단의 지혜를 가지고 개척해 나가고 싶다. '코치들의 코치'라는 별명이 부끄럽지 않게 한국 사회의 코치가 되기를 다짐해 본다.

다른 사람을 아는 것은 지식이지만 나를 아는 것은 지혜다. 다른 사람을 지
배하는 것은 힘이지만 나를 지배하는 것은 진정한 능력이다.

— 노자 『도덕경』 제33장 변덕 중에서

2장
나는 왜, 경영 코칭을 하는가?

사람은 정상에 오르고 목표를 달성하는 데서 삶의 의미를 찾는 것이 아니라 오히려 그 과정이 더 중요하다. '지금 그리고 여기'라는 인생의 큰 부분을 송두리째 무시하고 산다면 당연히 인생의 크기도 그만큼 줄어들 것이다. 삶에서 진정한 행복과 의미를 찾으려면 '지금 그리고 여기'의 인생도 살아야 한다. '지금 그리고 여기'의 인생을 사는 가장 손쉬운 방법은 일상의 소소한 기쁨과 의미를 찾아보고 느끼는 것이다.

김성수

건설업과 제조업의 해외 비즈니스 전문가로 32년 간 재직한 그는 사우디아라비아, 독일, 영국, 포르투갈 등지에서 13년을 근무했으며 한라공조㈜에서 해외영업실장(전무)을 역임했다. 현재, 한라공조㈜ 고문이며 코칭경영원의 프로그램에 전문 코치로 참여하고 있다. 직장생활을 통해 다양한 문화를 접한 그는 사람들의 다양성을 존중한다. 직관과 통찰력을 활용한 코칭으로 기업에서 실질적인 성과를 창출한 경험이 있으며 감성, 공감 역량이 뛰어난 Co-Active Coaching 전문가이다. 새로운 것을 시작하고 경험하기를 좋아하는 그는 일과 삶의 균형을 추구하며 고객에게 롤 모델이 될 수 있는 코치가 되기 위해 진심을 다한다.
sskimpt@gmail.com

1

당장
시작하세요

Being a Coach

김성수

만약 위기라는
경계 지점이 있었다면

건설 업계에서 보면 1988년은 중동 특수가 끝나고 해외 건설이 20년간의 침체기로 접어드는 시점이었다. 해외 건설에 종사한 많은 인력이 다른 분야로 진출했다. 이 무렵, 나도 해외 근무를 마치고 귀국하여 해외 근무 7년의 경력과 호기심으로 다른 업종에서 직장을 알아보고 있었다. 우연히 공항에서 만난 대학 동창의 소개로 당시 한라그룹 주력 기업인 만도기계에 응시했고, 만도기계와 미국 포드자동차가 합작하여 세운 한라공조에 배속되었다.

건설 회사에서 이직한 자동차 부품업체의 첫인상은 '항상 바쁘다. 크고 작은 문제가 끊임없이 발생하고 그것을 바로바로 해결해야 한다. 고객사와 납품 업체의 관계가 훨씬 더 수직적이고 긴밀하다. 업무 주기가 건설업에 비교할 수 없이 짧다'라는 것이었다. 게다가 88서울올림픽을 개최하고 난 후, 자동차 시장이 활성화되면서 생산이 수요를 따라가지 못하는 상황이 왕왕 발생하는 터라 고객과 공장을 연결해 주는 유기적인 커뮤니케이션이 매우 중요했다.

그동안 2~3년이라는 건설 사이클에 익숙했던 나로서는 이러한 업무 진행이 매우 역동적이며 즐거웠다. 영업, 기획, 인사 등의 보직을 거치며 다양한 경험을 하는 행운을 누렸고, 회사에서 포르투갈 공장을 세우기로 결정하면서 1996년 초대 법인장이 되었다.

내 임무는 최대한 포르투갈 정부의 지원을 받아서 공장 부지를 매입하고 공장을 건설한 후 공장을 운영하는 것이었다. 지금 생각하면 아찔할 정도로 우리는 현지 사정에 문외한이었는데 내 특유의 긍정적인 사고방식과 직원들의 투철한 사명감과 노력 그리고 상당한 운으로 공장을 건설할 수 있었다.

그런데 예상하지 못한 문제가 발생하기 시작했다. 생산성이 쉽게 올라가지 않았던 것이다. 크고 작은 품질 문제가 끊이지 않고 발생하면서 고객들의 불만이 가중되었다. 결국 계획한 이익 목표를 달성하지 못해서 포르투갈 공장은 상당 기간 회사 전체의 가장 큰 걱정거리가 된 적도 있었다.

지금 생각해 보면 문제는 이미 예상된 일이었다. 고도의 기술 집약 산업인 자동차 부품 공장이 성공하려면 생산 설비도 중요하지만 이를 운영할 기술자와 근로자 그리고 외부에서 공장의 운영을 원활하게 해 줄 협력 업체들과의 협력이 일사불란하게 이루어져야 한다. 짧은 시간에 포르투갈 정부와 투자 협상을 끝내고 공장 건설을 마친 우리 팀은 정작 어떻게 공장을 효율적으로 운영할 것인지에 대한 고민이나 계획도 없이 그저 막연하게 공장만 완공하면 잘될 것이라고 믿었다.

사실 현지인 채용과 교육, 현지 협력 업체의 낮은 수준이 초기부터 문제점으로 부각되었지만, 나는 공장을 완공했다는 승리에 도취한 나머지 때가 되면 생산성도 자연스럽게 해결될 거라고 안이하게 생각한 터였다. 나와 함께 부임한 생산 책임자들 역시 장래가 촉망되는 훌륭한 엔지니어였지만, 때가 되면 문제가 해결될 것이라는 집단 낙관론에 빠져 있었다. 나는 법인장으로서 문제를 냉철하게 꿰뚫어 보고 구성원들의 경각심을 일으키지 않은 실수를 범했던 것이다.

한라공조는 자동차 공조 부품 전문 업체로 현대자동차, 기아자동차와 마쓰다, 포드, 크라이슬러, 폴크스바겐, BMW, 르노 등 세계 유수 자동차 업체를 고객으로 두었으며 창립 이래 지속적으로 고도 성장과 높은 수익을 내는 회사였다. CEO로 취임한 이후 20년 가까이 매년 경이적인 성장과 높은 이익이라는 두 마리 토끼를 잡아 온 신영주 회장님은 매해 연초가 되면 예상되는 시장 환경의 리스크를 진단하고 이를 극복하기 위해 직원들에게 분발을 요구했다. 매번 동일한 경고를 반복한다는 직원들의 불만을 잘 알고 있었을 사장님은 아무리 좋은 실적에도 쉽사리 샴페인을 터뜨리지 않았다. 나태한 마음가짐이 곧 경영 위기를 초래한다는 사실을 아주 잘 알았던 것 같다.

생산 문제는 결국 오랜 시간을 두고 한국인과 현지인들이 힘을 합쳐 조금씩 개선해 가며 해결할 수밖에 없었다. 그 과정에서 현지인과 함께 공동의 목표를 향해 크고 작은 성공과 실패를 거듭하면서 많은 즐거움과 배움이 있었다. 나는 2002년 말 후임 법인장에게 공장을 물려주고 귀국했는데 그때 경험에서 얻은 교훈은 10여 년이 지난 지금도 또렷이 살아 있다.

부하 직원들의 말을 끝까지 듣고 무슨 메시지를 전달하는지 이해해야 한다.
잠재된 문제는 결국 일어난다. 회피하거나 묻어 두지 마라.
현실을 직시하고 최악의 상황을 가정하라.
최악의 상황에 대해 구체적인 대책을 자세히 세워라.
어떤 일에 성공하면 다음 일은 실패할 확률이 높다는 것을 잊지 마라.
모르는 것은 모른다고 솔직하게 인정하고, 도움 청하는 것을 부끄러워하지 마라.
잘나갈 때가 곧 위기 상황이다.

귀국해서 맡은 보직은 해외 영업 담당 임원이었다. 최고경영진의 의지로 신설된 보직인데 내가 무슨 일을 해야 하는지 구체적인 절차와 규정이 없는 상태였다. 6년 전 포르투갈 공장을 세울 때처럼 또다시 무에서 유를 창조해야 하는 상황이었다. 게다가 포르투갈에서는 책임자로서 많은 재량권을 행사할 수 있었지만, 여기서는 모든 실무 능력이 뛰어나고 경험이 많은 팀장 중심으로 추진되었다. 내가 이것저것 관여해 봤자 프로세스에서 별다른 부가가치를 더할 것 같아 보이지 않았다. 그렇다고 새로 부임하여 그사이의 사정이나 히스토리를 잘 모르는 내가 부문장이나 사장을 대신하여 최종 결정을 내릴 수도 없는 상황이었다. 그러다 보니 여러 가지 의문이 들기 시작했다. '내가 여기서 왜 필요한가' '임원으로서 내 역할은 뭘까?' '어떻게 하면 팀장들의 업무 영역을 침해하지 않고 내 몫을 할 수 있을까?' '다른 선배들은 나 같은 상황에서 어떻게 했을까?'

우선 팀장들이 하기 어려운 일을 찾아냈다. 기존 고객과의 관계에 역동성을 배가하기 위해 상호 교류를 넓히면서 행사를 대폭 늘렸다. 지금까지 우리 수준으로는 만족시킬 수 없다고 생각했던 유럽 시장의 고객이나 시장이 전혀 존재하지 않는다고 믿었던 러시아의 고객들과 접촉했다. 마침 세계 자동차 부품 시장을 지배하던 일본계 업체들에 대한 의존도를 줄이고자 하는 고객들의 욕구와 우리의 영업 활동이 맞아떨어져 상당한 성공을 거둘 수 있었다.

이 과정에서 회사의 활동 영역과 시각이 대폭 넓어지고 직원들도 세계의 선두 주자들과 경쟁하여 승리할 수 있다는 자신감을 얻는 성과를 거뒀다. 특히 나보다 20년은 젊은 직원들과 함께 일하면서 어려운 목표에 대해 함께 고민하고 지적인 자극을 주고받으며 도전하는 과정을 통해 그들이 한번도 해보지 않은 일을 두려워하지 않고 주도하는 비즈니스맨으로 성장하는 것을 보았다. 그리고 이미 50대에 접어든 나는 나의 현실을 직시하고, 나에게 닥칠 최악의 상황은 무엇인가 생각해 보았다. '글쎄, 나에게 최악인 상황은 준비 없이 퇴직하는 것 아닐까? 내가 퇴직한다면 제2의 인생은 어떻게 살고 싶은가? 내가 회사에 남길 유산은 무엇인가?'

이러한 의문에 대한 답은 찾을 수 없었지만, 그동안 직장 생활을 통해 배운 것처럼 현실을 직시하고 냉정하게 최악의 상황을 생각하며 아무런 직함도 없는 자연인으로서 나의 강점과 가치를 찾아보았다. 자기 개발서와 미래 트렌드에 대한 책을 읽으면서 내가 좋아하고 잘하는 것을 찾아야 한다는 사실은 공감했으나 나의 미래에 대한 뚜렷한 비전과 목표는 잡히지 않았다. 다만 '누가 봐도 명확한 나만의 가치를 찾아야 하며, 잘되겠지 하는 안이한 생각으로 안주하지 말고 미래에 대해 위기 의식을 가져야 한다'는 긴장감이 생겨났다. 더불어 퇴직하면 몇 년 더 일해 보겠다고 협력 업체에 가서 후배들에게 아쉬운 소리를 하거나, 잘 알지도 못하는 사업에 투자해서 요행을 바라는 짓은 하지 않겠다고 결심했다.

가슴 짜릿한 순간을 위하여

그러던 어느 날 한국리더십센터에서 주관하는 'CEO를 위한 7Habit'이라는 교육 프로그램에 참가했다. 오랜 기간 해외 근무로 집, 사무실, 해외 출장의 단조로운 생활을 반복해 온 나는 2박 3일 동안 진행된 이 프로그램을 통해 다양한 직업과 개성을 지닌 사람들이 존재하고 이런 사람들과의 네트워크가 내 생활을 풍부하게 할 수 있다는 것을 발견했다.

처음 받아 보는 다면 평가 결과를 보며 객관적인 내 모습을 알았다. 나는 비즈니스맨으로 해외 주재 경험이 많으며 몇 개의 외국어를 구사할 줄 안다. 한국의 중년 남자로는 비교적 세련된 행동을 하고 부하들의 발전을 위해서 힘쓰는 리더라고 생각했다. 그런데 다면 평가 결과는 내 인식과 정반대까지는 아니더라도 부하와 상사가 보는 나는 내가 생각하는 것보다 쿨cool하지 않았다.

조급하고 이기적이라는 피드백을 받고 나 자신이 부끄러웠다.

그 부끄러움은 나에게 자극을 주었으며 3일 동안 이루어진 교육을 집중해서 경청하는 계기가 되었다. 교육을 받은 지 8년 가까이 되는 지금도 외부 자극에 대한 행동의 선택, 감정 계좌, 시간 관리의 4상한, 삶의 주도성 같은 가르침은 내 생활의 일부가 되었다. 특히 이 교육 기간 중에 프랭클린 플래너를 쓰기 시작했다.

이 과정은 당시 한국리더십센터의 박창규 교수가 진행했다.

그는 육군 방공병과의 장성으로 근무하다 방공병과가 공군으로 개편되는 바람에 육군과 공군의 장성을 역임한 특이한 경력을 지니고 있었다. 당시 군 장성이 퇴역을 하면 국영 기업체에서 근무하는 것이 관례였으나 김영삼 대통령의 문민정부가 들어선 후 이 같은 관례는 없어졌다. 그는 야인으로 지내면서 좌절감과 분노를 딛고 교수로서 코치로서 제2

의 인생을 일구어 냈다. 그의 스토리는 나에게 큰 감동을 주었다.

박 교수님의 모습은 자신감과 활기가 가득했다. 그는 매우 훌륭한 스토리텔러였다. 강력한 카리스마로 좌중을 압도하는 것이 아니라 참가자들이 스스로 참여하도록 분위기를 편안하게 조성할 줄 아는 연출자였다.

2박3일의 생경한 과정이 전혀 지루하지 않았다. 박 교수님의 스토리와 과정을 이끌어 가는 모습을 보면서 나도 모르게 교수님처럼 살았으면 좋겠다는 생각을 했다. 이런 생각은 한국리더십센터에서 실시하는 'CEO를 위한 Business 코칭'이라는 교육 과정으로 자연스럽게 이끌었다. 이 과정에서 처음으로 경청과 질문이 창조할 수 있는 강력한 힘과 가능성을 접했다.

나는 적극적으로 수업에 참여했다. 일단 코칭 교육장은 진지하고 열정적이며 에너지가 충만하다. 수강생들의 성장 욕구가 남다르고 타인을 존중하는 마음가짐이 넉넉하다. 교수진은 열정적이면서 지혜롭다. 타인에 대한 호기심에서 우러나오는 질문과 직관을 통한 인간의 발견. 무엇보다 어떤 말을 해도 비판받지 않고 존중된다는 것에 이끌려 점점 더 코칭의 마법 세계에 빠져들었다.

한참 코칭에 재미를 느끼고 나름대로 어느 정도 코칭을 이해했다고 생각하자 사무실에서도 지금과는 다른 코치형 리더가 되고 싶었다.

나는 시각형 리더였다.

다른 사람들보다는 상황 판단이 빠른 편이다. 설명도 금방금방 알아듣는다. 특히 해외 고객과의 관계는 여러 경로를 통해 많은 정보를 갖고 있다. 실무를 책임지는 부하 직원들보다 전체 상황을 정확하게 판단한다. 부하 직원들 얼굴만 봐도 무엇 때문에 고민하는지 꿰뚫었다. 이러다 보니 부하 직원들의 설명을 끝까지 듣지 않은 채 결정하고 업무를 지시하곤 했다. 그래서 세운 첫 번째 목표는 부하 직원들 이야기를 끝까지 듣고 코칭형 대화를 통해서 직원들이 좀 더 주도적으로 생각하는 환경을 만들며, 그렇게 도출된 직원들의 결정을 존중하는 조직 문화를 만들겠다는 거였다.

그런데 이야기를 들어 준다는 것이 쉬운 일은 아니었다. 직원들이 방문을 두드리면 내 머리는 컴퓨터처럼 돌아갔다. 대화가 시작되면 '이 친구가 무슨 문제 때문에 왔구나.' 하고 감을 잡았다. 직원들의 이야기를 끝까지 듣고는 있으나 내가 머릿속으로 내린 결론으로 유도하기 위해 어느새 유도 질문을 하고 있었다.

직원들은 이전과는 다른 나의 언행에 당황했다. 곤혹스러운 질문으로 자신들을 괴롭힐 것이 아니라 속 시원히 명쾌한 의견을 듣고 싶어 했다. 회식을 하다 보면 내 옆으로 다가와서 너스레를 떨다가 내 질문이 자신을 고민하게 만든다고 하소연하는 직원도 생겼다. 내가 코칭 과정을 다닌다는 것과 내 의도를 아는 일부 직원들도 얼마간 저러다 말겠지 하고 생각한 듯했다. 성질이 급하고 다른 사람들과의 차이를 잘 인정하지 않는 내 본연의 모습으로 돌아갈 거라고 생각한 것 같다.

나는 내 의도를 몰라주는 직원들이 섭섭했고 간혹은 나를 곡해하는 직원에게 분노를 느낄 때도 있었다. 무엇보다 직원들의 반응을 보면서 내가 원하는 모습으로 성장할 수 있을까 하는 의문이 들 때는 더욱 그랬다. 코치로서 성장이 불가능한 사람이 아닌가 하는 회의감은 나를 불안하게 만들었다.

다행히 프랭클린 플래너를 매일 사용하면서 일정을 정리하고 그날의 소감을 기록하는 습관이 자리 잡고 있었다. 플래너에 내 코칭형 대화의 잘된 점과 잘못된 점을 정리하면서 나 자신을 돌이켜 보고 마음의 평안을 찾았다. 결심을 하는 것도 중요하지만 매일매일 5분 혹은 10분간 시간을 내서 자신을 돌이켜 보고 격려하는 나만의 의식ritual이 필요하다는 것을 깨달았다.

이제 나는 코치가 되는 여정에 있다. 내가 미리 결정하는 것은 부하 직원에 대한 신뢰가 부족해서다. 우선 직원 개개인들에게 어떤 장점이 있는지 주의 깊게 보기 시작해야 한다. 때로는 직원 자신이 인식하지 못하는 장점을 찾아서 상기시키는 경우도 생기기 시작했다. 장점을 보고 진심으로 그들이 성장하고 성공하기를 바라는 마음가짐을 갖는 것이 중요하다. 나는 시간이 충분하다는 여유를 갖기 시작했다.

이때부터 나는 부하 직원들이 나보다 좋은 결정을 내릴 수 있다는 것을 조금씩 깨달았고, 부하 직원들이 결정하는 것을 지지하는 마음의 여유도 생겼다. 여유가 생기니 내가 알고 있는 것에 집착하지 않을 수 있었고, 직원들에게 호기심을 갖기 시작했다. 내가 모르는 것은 모른다고 말하고, 내 약점을 공개적으로 인정하는 용기도 생겼다. 때로는 직원들의 조력자가 되었고 때로는 지적인 도전과 고통을 공유하며 성공을 맛보았다. 그리고 이룩한다는 것이 어떤 것인가를 경험하게 해 주는 데서 희열을 느꼈다.

전문 코치가 된 지금 회상해 보면 내가 가장 보람을 느끼는 것은 부하직원들이 잘 수행한 일은 어떤 결과를 가져왔고, 그 과정에서 어떤 즐거움이 있었는지 경험하게 하는 것이었는데, 내가 회사를 떠난 지금도 이런 경험이 반복되기를 진심으로 원한다.

나는 새로운 고객을 만나면 항상 이 사람에게 어떤 장점이 있을까 하고 호기심을 갖는다. 내 고객의 내면에 숨어 있는 장점을 잘 다듬어서 빛나게 하는 상상을 하면 가슴이 짜릿해진다. 아직은 고객과 함께 길을 헤매고, 때로는 코치로서 자신감을 잃어버리는 때도 있지만 마음속의 보석은 어디로 사라지는 것이 아니다. 나에게는 그것을 찾고 다듬어 낼 수 있는 시간과 기회가 충분하다.

소소한 기쁨과 의미를 지금 그리고 여기에서

"시카고의 시청광장에서 피카소의 거대한 야외 조각 제막식에 참석한 적이 있었다. 얼마 전에 만난 유명한 민사 소송 전문 변호사와 함께 참석한 자리였다. 시장의 축사가 계속되는 동안 그 변호사는 중얼중얼 무엇인가 계산하고 있었다. 그에게 무슨 생각을 하느냐고 묻자 그 조각에 오르려다가 떨어져서 다친 어린이들이 시카고 시를 상대로 제기할 손해 배상 소송의 배상액을 계산하는 중이라고 했다.”

미국 심리학자 미하이 칙센트미하이의 저서 『플로우*Flow*』의 한 대목이다. 칙센트미하이는 변호사는 그가 직면하는 모든 현상을 한 가지 시각에서 자기의 전문 지식으로 해결할 수 있는 방식과 변형하는 능력을 지녔기 때문에 행복한 사람인지, 다양한 측면에서 사물을 볼 수 없기 때문에 더 성장할 기회를 상실한 사람인지에 대해 묻는다. 물론 여러 가지 대답이 존재할 것이다.

나는 ‘CEO를 위한 비즈니스 코칭’ 과정에서 ‘멘토 코칭’을 세 차례 받았다. 3일간의 짧은 교육 기간에 다른 사람의 말을 경청하는 것과 타인이 나를 존중하는 것에 대해 체험하자 코칭에 대한 호기심이 더 강해졌다. 멘트 코치의 권유로 그해 말에 시작하는 5개월간의 코액티브 코칭 과정에 참가하면서 코칭을 잘하려면 먼저 코치가 되어야 한다는 아주 당연한 진실을 깨달았다.

코치가 된다는 것은 무엇일까? 그때까지는 나도 칙센트미하이가 인용한 변호사처럼 내 삶의 몇 가지에만 초점을 맞추고 살았다. 남보다 늦지 않게 승진하는 것, 자식들 공부 잘하는 것, 건강한 것, 아내와 잘 지내는 것 정도가 삶의 큰 기둥이고 이것이 해결되면 나머지는 알아서 퍼즐 조각을 맞추듯 제자리를 찾아갈 거라고 생각했다.

과정 첫 시간에 인생에 대한 나의 생각을 에나모토 히데타케 코치와 나눌 기회가 생겼다. 나는 몇 번의 교육에서 사명서도 작성해 보고, 인생의 목표에 대해 써 보기도 했지만 진정으로 내가 원하는 것은 무엇일까 하는 물음에는 뚜렷한 답을 찾을 수가 없었다.

'회사와 집에서 내 몫의 갈등과 어려움이 있기는 했지만 모두 원만히 해결되었고 앞으로도 잘될 것이라는 막연한 낙관 속에서 살아왔는데, 글쎄 이렇게 살면 되는 것 아닌가? 몇 년 더 일하다 명예롭게 은퇴하고 자식들 결혼해서 잘사는 모습을 보며 늙어 가면 되는 것 아닌가? 꼭 인생의 의미를 찾아야만 하는가?' 하고 생각했다. 하지만 이렇게 아무 생각 없이 살다가 늙어서 아무것도 할 수 없을 때 지는 해를 바라보며 지난 삶을 후회하는 것은 아닐까 하는 불안감도 가져 보았다.

나는 운이 좋았던 만큼 다른 사람들보다는 좀 더 자주 성공의 기쁨을 맛본 것 같다. 임원이 되었을 때, 자식들이 좋은 소식을 전해 줄 때, 가족을 데리고 친척들의 부러움 속에서 유럽 행 비행기에 올랐을 때, 세계 최고의 업체들과 경쟁해서 승리했을 때는 정말 행복했다. 그러나 내가 느낀 행복과 환희는 과연 몇 시간이나 혹은 며칠이나 지속되었던가? 고통을 감내하면서 목표를 달성하고 고지에 오르면 모든 것이 해피엔딩으로 끝나야 되는데 나는 아직도 살아 있고 눈앞에 또 다른 고지가 보이지 않는가? 나는 끊임없이 고지를 오르는 행동을 반복해야 했다. 그러는 사이에 20여 년의 세월이 흘러갔다. 아이들은 훌쩍 커 버렸다. 이제 제2의 인생을 생각해야 할 것 같은데, 앞으로 남은 삶 역시 나도 모르게 휙 지나가 버리는 것은 아닐까?

내 말을 들은 에나모토는 그럴 거라고 단언했다. 사람은 정상에 오르고 목표를 달성하는 데서 삶의 의미를 찾는 것이 아니라 오히려 그 과정이 더 중요하다는 거였다. 그는 내가 '지금 그리고 여기'라는 인생의 큰 부분을 송두리째 무시하고 살았으며, 그래서 당연히 내 인생의 크기는 그만큼 줄어들었다고 했다. 삶에서 진정한 행복과 의미를 찾으려면 '지금 그리고 여기'의 인생도 살아야 한다는 것이었다. '지금 그리고 여기'의 인생을 사는 가장 손쉬운 방법은 일상의 소소한 기쁨과 의미를 찾아보고 느끼는 것이라고 말했다.

나는 일상에서 소소한 기쁨과 의미를 발견하고 느끼는 삶을 추구하며 플래너에 하루에 10분 정도 시간을 내서 그날의 흐름과 느낌을 차분하게 기록하기 시작했다. 처음에는 다른 사람과 주위의 문제 위주로 기록하던 내용들이 시간이 지나가면서 나도 모르게 내가 무엇을 해야 하는가, 다른 관점은 무엇인가, 긍정적인 부분이 있다면 무엇인가로 기록의 내용이 변하고, 더 나아가서 후회나 반성보다는 미래에 대해 더 관심을 갖게 되었다.

회사에서도 업무의 결과에 초점을 맞춘 리더십에서 추진 과정 자체를 즐기고 그 재미를 부하 직원들과 함께 나누려는 시도를 하기에 이르렀다. 이제 직장 생활의 마무리 단계에 들어선 나에게 가장 의미 있는 일은 부하 직원을 육성하고 그들이 의미 있는 삶을 영위하도록 도움을 주는 것이었다. 물론 때때로 몰두하던 일을 멈추고 양재천변의 녹음을 바라보면서 '아! 아름답다'라고 느낄 수 있는 마음의 여유도 생겼다.

코액티브 과정 중 데모 코칭 시간에 '주말을 어떻게 잘 보낼 것인가' 하는 주제로 과정 리더가 코치가 되고 내가 클라이언트의 역할을 했다. 내 문제는 주말에 가족을 위하여 보내는 시간과 나 자신을 위해서 쓰는 시간을 잘 조절하지 못해서 생기는 갈등이었다. 이 문제에 대해 코치와 대화를 주고받다가 '자신이 이기적인 사람이라고 생각하느냐'라는 질문을 받았다. 그 순간 머릿속에 밝은 불이 확 켜지는 느낌이었다. 그렇지, 내가 이기적이었지! 주말을 전부 가족들에게 할애한다면 갈등이 왜 일어날 것인가.

주말에는 가족을 위해 요리하기로 했다. 반신반의하며 만류하는 가족들을 뿌리치고 인터넷에서 조리법을 다운받고 장을 봐다 몇 시간을 끙끙거리며 음식을 만들었다. 맛을 본 가족들이 환호했다. 무엇인가 실질적인 결과가 이루어지자 짜릿하고 행복했다. 무슨 맛을 낼 것인가에 대해서 생각하고 이 음식을 먹었을 때 아름다웠던 추억을 떠올리는 시간이 즐거웠다.

조리법을 다운받아서 이해하고, 필요한 재료를 사기 위해 장을 보고, 조리법대로 음식을 만들어 내놓자 가족들이 매우 좋아했다. 때로는 너무 어려운 과제에 도전해서 가족들의 원성을 듣기도 했지만 소소한 재미와 행복이 나의 삶 속으로 들어왔다.

코액티브 코칭의 특징은 코칭의 기술보다는 인간적인 코치가 되어야 한다는 것이다. 코치와 클라이언트의 관계 설정은 대단히 중요하다. 그래서 코액티브 코칭은 코치가 이끌어 가는 것이 아니라 클라이언트와 코치가 함께 춤추는 관계다.

무엇보다 코액티브 코칭 과정의 가장 큰 특징은 과정을 지도하는 리더들의 수준이 매우 높다는 점이다. 실습과 데모 코칭에 많은 시간을 할애하는데 리더들의 직관, 스토리텔링, 메타포metaphor, 호기심, 정곡을 찌르는 강력 질문은 직접 경험하지 않은 사람들에게 설명할 방법이 없다.

코액티브 코칭 과정은 항상 두 명의 과정 리더가 진행한다. 내가 참가한 2006년 말 과정에는 국내에 인증받은 과정 리더가 없어서 외국인이 영어로 과정을 진행했다. 신청할 때는 100% 영어로 진행하는 것을 몰랐다가 막상 과정에 참가해서야 영어로 진행된다는 것을 알았는데, 해외 생활을 오래 한 나와 영어가 유창한 한국 록웰Rockwell의 김병준 부사장이 데모 코칭이나 디브리프debrief에 자발적으로 참여해서 과정을 활기 있게 만드는 데 기여했다.

나는 매 과정에 오는 과정 리더들을 볼 때마다 강렬한 인상을 받았다. 말로 설명할 수는 없지만 모든 리더가 개성이 강하고 진정성, 솔직함, 유머, 강력한 흡인력 등 말로 표현할 수 없는 그 무엇인가를 지니고 있었다. '무엇이 저들을 빛나게 하는가?' 하는 의문은 몇 년이 지나도록 떨쳐 버릴 수 없었다. 그래서 2011년 퇴직을 하자마자 미국으로 날아가서 '코액티브 리더 양성 기초 단계 10개월' 과정에 참가했다.

이 과정을 통해 코액티브 과정의 리더들이 인간적인 매력과 파워를 어떤 과정을 통해 발견하고 키웠는지 알았다. 10개월 동안 함께 참여한 미국과 캐나다의 동기생들과 자연스럽게 영원히 끊을 수 없을 것 같은 깊은 인간 관계가 형성되었다.

지금까지 안주하던 안전 지대에서 나와 자신이 할 수 없었던 행동을 하는 것이 과연 어떤 것인가를 알았고, 나에게 이것이 무엇을 의미하는가를 느끼는 희열, 나는 어떤 사람인가라는 질문에 대한 매우 명확하고 확고한 답 등 과정 중에 얻은 것이 아주 많다. 이제는 이 배움이 서서히 내 몸 구석구석에 지혜로 자리 잡는 시간이 필요하다.

솔직함으로
흥분과 열정을 되살리다

코칭을 처음 배우기 시작할 때의 이야기다.

우리 회사는 유수의 자동차 업체인 일본의 M사와 오랫동안 거래하고 있었다. M사는 새로운 모델의 차종을 시험 생산하고 있었고, 우리는 그중 일부 부품을 공급하기로 했다. 주요한 부품 업체는 시험 생산에 입회하여 발생하는 문제점이나 개선이 요구되는 사항을 직접 모니터링해서 양산 제품 생산에 반영하는 것이 시험 생산의 일반적인 관례였다.

회사에서는 일본으로 기술자를 보내야 하는 상황이었다. 보통 프로젝트 매니저인 영업 부서의 직원과 기술 부서의 직원이 출장을 간다. 이 프로젝트의 경우는 설계상의 문제는 모두 해결되고 제조상 품질 문제가 일부 미결된 것이 있어서 품질 부서의 기술자가 출장을 가기로 실무자들 간에 합의를 보았다. 그런데 출장을 떠나기 사흘 전, 국내의 다른 거래처에서 긴급하게 처리해야 할 품질 문제가 발생했다. 품질 부서 전 직원이 이 문제를 해결하는 데 투입되어 일본 출장이 불가능한 상태였다. 다시 실무자들이 모여 차선책으로 품질 부서 대신 설계 부서에서 참관하기로 하고 해당 설계팀장이 연구소장에게 보고해서 진행하기로 했다.

다음 날 연구소장이 출장 보내는 것을 거절해서 상황이 난처해졌다며 영업팀장이 나에게 보고했다. 기술 지식이 없는 영업사원만 보내는 것은 고객을 공개적으로 무시한다는 메시지를 줄 수도 있었다. 그런데 연구소장은 원리원칙이 워낙 확고한 분이라 한번 결정한 내용은 웬만해선 번복하지 않는 사람이었다. 팀장의 곤란한 사정을 보고 모른 척할 수도 없어서 전화를 걸었다. 연구소의 일은 아니지만 영업부 구성원만 시험 생산에 입회하는 것은 고객에게 불성실한 태도이니 도와줄 것을 요청했다. 연구소장은 연구소에서 출장을 가야 하는 여러 가지 이유를 나열하며 횡설수설하는 팀장의 보고가 석연치 않아 거절했다며 한마디로 승낙을 해주었다.

영업팀장에게 연구소에서 출장을 보내기로 했으니 진행하라고 했다. 영업팀장은 상황이 1분 만에 해결되자 안도를 하면서 한편으로 '코칭을 배운다고 하더니 무슨 신통한 기술이라도 익혔나?'라고 의아하게 생각하는 것 같았다.

처음 코칭 과정에 입문하면 코칭 스킬을 배우는 데 의미를 두지만, 점차 코칭을 이해하면 자신의 참모습에 충실한 것이 훨씬 더 중요하다는 사실을 깨닫는다. 내가 내린 결론이 항상 최선은 아니고, 부하 직원이 내린 결론이 더 좋을 수도 있다는 것을 인정할 수 있다. 내가 잘 모르는 것을 모른다고 인정하는 용기가 생긴다. 특히 나의 잘못된 지시, 불확실한 지시, 상호 오해 등으로 헛수고를 한 부하 직원들에게 책임을 지우지 않고 나의 잘못을 솔직하게 인정하고 문제점의 원인을 같이 찾으며 해결한다.

수십 년 어린 직원들과 배움을 같이하는 기쁨은 이미 50대 중반에 접어든 나에게 큰 즐거움이었다. 특히 새로운 일을 시작할 때는 부하 직원들과 상황 정보를 공유한 다음 상당한 시간을 들여서 이 일이 완성되었을 때의 모습에 대해 의견을 주고받는다. 이 과정에서 서로의 상상력을 자극하고 공동의 목표에 도달한다.

내가 해야 할 결정을 회피하는 것이 아니다. 목표를 설정하는 일에 모든 관련자가 참여하면서 직원들의 수준이 한차원 높아지는 것이다. 회사의 전체 목표가 정해지고 공감대를 가진 상황에서 내가 해야 할 일은 개인들의 목표를 제시하는 것이 아니다. 나의 노하우와 경험을 기초로 다양한 시각에서 목표를 바라보는 방법을 제시하여 같이 문제를 풀어나가는 것이 훨씬 효과적이고 크게 배울 수 있다. 직원들하고 지적인 도전과 자극을 주고받으며 최선의 결정에 접근할 때, 직원이 성장하는 모습을 목격할 때 그리고 직원이 고민에 고민을 거듭하여 목표를 세우고 창의적인 과정을 거쳐 일을 마무리한 뒤 앞으로 이런 식으로 일하면 되겠다는 자각을 하고 회심의 미소를 지을 때 선배로서 대단한 보람을 느꼈다.

2011년 32년간의 직장 생활을 마치고 퇴직했다. 다른 대기업에서 오퍼가 들어와 잠시 고민하기는 했지만, '다른 회사에 가서 얼마나 더 할 수 있을까? 지금 그 회사에 가면 내가 가장 나이 많은 임원일 텐데 과연 내가 원하는 일인가'를 고민하다가 가지 않기로 했다.

아내도 내 결정을 지지해 주었다. 나는 직업 코치를 하기로 했다. 아무리 퇴직 후를 대비했다 하더라도 어찌 마음이 착잡하지 않겠는가? 여러 가지 교육을 받기는 했지만 과연 내가 진정한 코치의 역량을 가지고 있는 것인지, 코칭을 직업으로 하려면 수입이 있어야 할 텐데 과연 누가 나에게 돈을 주면서 코칭을 받으려고 할 것인지⋯ 현직에 있을 때는 피부에 와 닿지 않았던 현실의 문제를 극복해야 하는 상황이었다.

어떻게 시작해야 할지 몰라서 선배 코치들에게 조언을 구했으나 딱히 시원한 대답은 없었다. 현직에 있을 때는 유명한 코치들을 만나는 것이 매우 편안했는데 막상 코치로 나서고 보니 그분들과 나는 이미 큰 차이가 있었다. 나 자신이 작아지고 움츠러드는 것을 느끼지 않을 수 없었다. 성공한 코치들을 만날 때마다 '아, 나는 정말 코치로서는 가장 밑바닥에 있는 사람이구나.' 하는 자괴감이 들었다.

엄밀하게 말하면 나는 백수였다. 점점 움츠러드는 나를 보면서 퇴직자들이 의기소침해지고 대인기피증이 생기는 데 공감했다. 그런 어느 날 나에게 코칭을 가르치고 코액티브 코칭 과정을 함께 이수한 고현숙 코치를 만났다. 이런저런 이야기 끝에 이제 코치로서 나서고 싶다는 것과 혹시 내가 코치가 되기 위해서 더 받아야 할 교육이 있다면 어떤 것이 있겠느냐고 물었다. 고 코치는 대뜸 내가 더 이상 받을 교육은 없다면서 단언했다.

"당장 코칭을 시작하세요."

그렇다. 그녀의 이야기가 맞았다. 러시아니 유럽이니 새로운 시장을 개척할 때 모든 조건이 성숙돼서 시작했던가? 지금 하려고 하는 코칭은 조건은 더 좋고 리스크는 낮지 않은가? 집에 오자마자 아내에게 내가 코치가 되었음을 알렸다. 그리고 코칭이 무엇이고 내가 어떤 코치라는 걸 설명한 메일을 작성해서 지인들에게 보냈다. 아무도 회신을 하지 않으면 어떻게 하나 싶어 잠깐 고민에 빠지기도 했으나 의외로 나의 코칭에 관심을 보이는 사람이 많았다.

이후 코칭을 하면서 나의 코칭에 자신감이 생겼다. 나름대로 코치로서 나의 장점과 특징을 인식할 수 있었다. 조금씩 영역을 넓혀 나가는 중에 좌절과 희열을 맛보기도 했지만 어느새 코치라는 자신감이 머릿속에 확고히 자리 잡았다. 앞으로 코치로서 얼마나 성공할 것인가는 나에게 달려 있다. 중국, 러시아, 유럽, 인도 등 새로운 시장을 개척할 때의 흥분과 열정을 되살려 본다.

사업을 하고 싶은데
자본금이 없어요

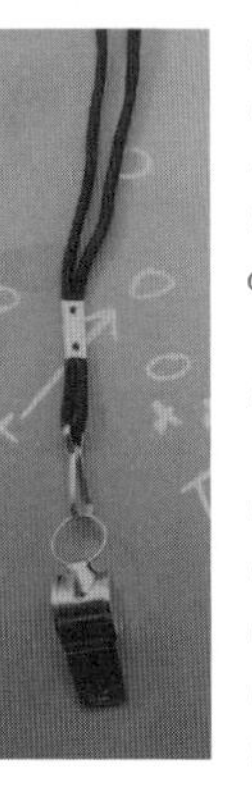

초보 코치에게 가장 짜릿한 순간은 고객이 막다른 골목 같은 상황에 몰렸을 때 함께 대화를 나눔으로써 자기 발견을 하고 새로운 시각을 찾는 것이 아닐까? 아래의 에피소드는 나와 고객이 무릎을 탁 친 '아하!'의 순간이다. 그 짜릿했던 순간을 회상해 본다.

입사 11년 차인 M차장은 최근 고민에 빠져 있다. 그는 상사의 간섭을 받지 않고 주도적으로 일을 처리할 수 있는 위치인 데다 동료들과의 관계도 원만해서 직장인으로는 황금기를 보내는 중이었다. 하지만 직장 생활을 계속하는 것이 자신의 미래를 위해서 맞는 것인지 회의하고 있었다. 성격이 직선적이며 세련되지 못하고 돌출 행동을 많이 하기 때문에 회사의 고위 간부로서는 맞지 않는 타입이라고 생각하여, 자신의 가치를 생각하고 정말 재미있게 할 수 있는 일은 무엇인가에 대해 고민했다.

커피 애호가인 그는 오래전 직장 생활을 하기 전에 잠깐 커피숍을 운영한 적이 있었다. 그때의 경험이 매우 보람되고 즐거웠던 기억이 아직도 남아 있었다. 마음

한편에서 언젠가는 크지는 않지만 세련되고 분위기 좋은 커피숍을 운영하면서 사람들과 교류하는 꿈을 꾸었다. 지금보다는 수입을 늘려서 아이들에게 좀 더 나은 환경을 만들어 주고 싶기도 했다.

마침 아내가 집 근처에서 작은 커피숍을 운영했다. 그는 자신의 노하우와 열정을 아내의 커피숍에 접목시키면 수입 또한 늘어날 거라고 보고, 커피숍 운영에 참여해 사업 규모를 키우는 것이 자신의 가치에 가장 충실한 행동이라고 생각했다. 커피숍의 상황을 면밀히 검토한 결과 우선 매출을 두 배 정도 늘리는 것을 1차 목표로 삼고 계획을 세웠다.

그는 자신의 계획이 성공할 가능성이 꽤 높다고 보았다. 가장 큰 난관은 아내를 설득해서 매장의 규모를 확장하는 데 필요한 자금을 마련하는 일이었다. 자금을 마련하는 방법은 유산으로 받은 시골의 땅을 처분하거나, 은행 대출을 받는 것인데 별다른 재산이 없는 상황에서 아내의 반대가 거셀 것이 뻔했다.

그와 나는 이 문제에 대해서 코칭 세션을 갖고 있었다.

"커피숍의 규모를 늘리려면 2억이 필요한데, 그 돈을 마련하는 문제로 고민하고 있습니다."

"투자금을 마련하는 방법에는 어떤 것들이 있나요?"

"은행 대출을 받거나 부모님에게 물려받은 시골의 땅을 처분하는 방법이 있는데, 보나마나 아내의 반대가 거셀 것 같아서 말도 꺼내지 못하고 있습니다."

"M차장님은 돈 외에 어떤 자산을 가지고 있나요?"

"무슨 말씀이신가요?"

"M차장님은 지금 성공적인 직장 생활을 하고 있는데 지난 10년간의 직장 생활에서 어떤 것들을 배워 무형의 자산으로 만들었습니까?"

"차분히 계획을 세우는 능력, 복잡한 상황을 단순화하는 능력, 다수의 관련자들과 이해 관계를 조정하는 능력, 상황 파악과 조사 능력 같은 게 있을 것 같네요."

"제가 보기에는 끈기와 어려운 상황에서 낙심하지 않는 것도 M차장님의 중요한 자산입니다."

한참의 침묵 후에 그가 말했다.

"아, 코치님, 내일부터는 아침 5시 30분에 일어나겠습니다."

"아, 그래요? 그게 무슨 이야기죠? 좀 더 자세히 말해 주세요."

"커피숍의 규모를 늘리는 데 가장 중요한 자산이 돈이 아닐 거라는 생각이 문득 들었습니다. 제가 그동안 얻은 자산을 전혀 활용하지 못한 것 같습니다."

"아침 일찍 일어나서 무엇을 하겠습니까?"

"우선 운동을 하고 책을 읽을 생각입니다. 건전하고 성실한 마음가짐을 갖는 것이 중요한 것 같아요. 직장 동료들과의 술자리도 줄이고 집에 일찍 와서 아내를 도우며 가게 일을 배우도록 하겠습니다. 인터넷에서 커피숍 운영에 관한 사이트도 조사하고 커피숍 운영 세미나가 있으면 참가해서 우선 사업 운영의 기본부터 이해하겠습니다."

그 순간 나는 가슴이 탁 트이는 기분이었다. 이 사업의 결과가 어떻게 될지는 아무도 모르지만 M차장은 자신이 가진 무형의 자산을 돌이켜보는 동안 가장 중요한 것을 발견했다. 커피숍 운영에 별 경험이 없으면서 규모부터 키우려고 투자만 생각했다는 것도 자각했을 것이다.

부부가 서로를 도와 가면서, 서로의 이상과 꿈을 공유하면서 M차장이 회사에서 배운 목표 달성의 노하우를 커피숍 운영에 적용해 손님이 많아지고 수입 또한 늘어나 지금의 매장 규모로는 도저히 감당하기 어려운 상황이 오면 부부가 마음을 합쳐 문제를 해결할 수 있지 않겠는가? 목표를 달성한 M차장이 별로 중요하지도, 필요하지도 않았던 투자금에 집착하여 고민했던 자신의 모습을 회상하며 쓴웃음을 짓는 모습도 상상해 본다.

조직의 발전을 위해 어떤 일이 필요한지 항상 생각하는 사람은
인재이자 리더다. 리더십은 조직을 항상 생각하게 하는 능력이
다. 그것을 위해 리더는 직원들의 능력을 알아내고 그 능력을 더
확장시켜야 한다. 또한 직원들이 망설임을 극복하고 잠재력을 최
대한 발휘하도록 도와야 한다. 조용히 경청하고 마땅히 가야 할
길에 대하여 무언의 지지를 보내 주는 것. 경청하는 리더 앞에서
모든 구성원은 스스로 어디로 가야 하는지를 깨닫고, 판단하고,
실행한다.

전수용

IT벤처 1세대로서 한국의 대표 벤처 기업 이니시스를 임직원들과 더불어 지속성장시킨 주역 CEO로서 코칭
리더십을 자기자신과 현장, 조직에 적용한 사업가이다. 항상 자기자신의 역량과 한계를 자각하면서 그 대안을
준비하고 찾고 추진하는 진성한 열정을 갖고있다. 또한 벤처기업 모빌리언스 CEO를 겸직하였으며 기업문화
와 구성원, 고객을 소중히 여기는 코칭경영 실천가이다. 코액티브코칭 5단계, PCCP과정을 수료했다.
jeonsooyong@naver.com

2

코칭으로 세상을
연결하라

Being a Coach

전수용

조바심에서 평온을 얻기까지

'이니시스'는 다양한 결제 수단을 제공하여 소비자가 온라인으로 상품을 구매하거나 결제할 때, 논스톱으로 이용할 수 있는 서비스를 구현하기 위해 1999년 말 창업했다.

온라인에서 상거래가 이루어질 때, 소비자가 편리하게 대금 결제를 하려면 안전한 전자 결제가 필요하다. 그러나 소비자들은 오프라인 시장에서 이미 익숙해진 경험치의 연장선상에서 온라인 지불 산업을 이해하려 했다. 전자 결제에 대한 법률이 정비되지 않은 상태이다 보니 이니시스를 카드깡 업자로 오해하는 고객이 있는가 하면, 심지어 국세청이나 검찰은 수차례 조사를 나와 실무자들을 불편하게 했다. 카드 대금 청구

서에 기록된 카드 사용 내역을 확인하려는 소비자의 문의 전화도 빗발쳤다. 한동안은 문의 전화를 응대하느라 전 직원이 경황이 없었다. 수많은 오해와 사기 사건, 신사업 도전에 대한 실패로 인해 직원들은 점점 무력해졌다.

새로운 사업 모델에 대한 열정과 몇 번의 새로운 도전은 사회의 인식과 제도라는 벽에 번번이 부딪쳤다. 회사가 가야 할 방향은 명확했으나 가야 할 길이 보이지 않았다. 어느 곳에 길을 개척해야 하는지 누구도 확신하지 못했다. 임직원들의 의욕과 열정 그리고 새로운 비즈니스 모델을 만들어 낸다는 자부심은 어느새 자취를 감추었다. 잦은 실패가 이어지자 새로운 도전은 엄두도 내지 못한 채 깊이 침묵했다. 임직원 누구도 나서서 책임지려 하지 않았다.

나는 이 무렵에 CFO에서 CEO로 선임되었다.

회사가 가야 할 방향은 명확한데 가야 할 길은 여전히 보이지 않았다. 나는 혜안을 열망했고 허기심虛基心으로 가득 차 있었다. 관점이 애매한 상황을 정의하기 위해 집요하게 천착했으며 내가 중요하다고 생각한 것은 끝까지 토론해서 개념을 설정하기 위해 노력했다. 야근을 하던 직원들과 우연하게 시작된 토론이 새벽까지 이어지는 일이 빈번했다. 그러나 모든 일이 그렇듯 열망이 문제를 해결하는 것은 아니었다. 여전히 시간은 흘러갔고 길은 보이지 않았다.

더구나 이니시스의 성장 동력은 대·중소호몰 영업과 마케팅이었다. 그러나 회사의 영업 관리 능력은 미흡했고 역량이 뛰어난 인재를 확보하고 유지하는 것도 어려웠다. 나는 영업과 프로모션 그리고 기술을 경험하지 못한 터라 답답했고 회사의 미래를 책임져야 한다는 사실이 두려웠다. 산적한 문제를 풀어내고 회사의 미래를 담보해야 한다는 조바심과 갈증이 일어났다. 감정을 조절하지 못해 회의 중에 소리를 지르거나 버럭 화를 내는 일이 빈번해지더니 일상이 되었다. 나는 대화와 소통을 시도하는 것이 아니라 업무를 확인하고 지시하며 직원들에게 일에 대한 책임을 요구했다.

밝고 좋은 이야기를 많이 접한 날은 아무리 업무가 바빠도 마음이 즐거운데 어둡고 나쁜 이야기를 많이 접한 날은 몸과 마음이 깊은 나락으로 한없이 떨어지는 기분이었다. 화를 내고 나면 평상시보다 10배 이상 에너지가 소모된 듯 피곤했다. 버럭 화를 내는 것은 잠깐이지만 화를 내면서 다친 마음의 평정을 회복하기 위해선 몇 십 배 더 많은 에너지와 시간이 필요했다. 그런데도 마음은 완치되지 않았으며 화를 낸 원인 또한 해결하지 못했다.

조직의 능률은 점점 떨어지고 과다한 에너지 소모는 나의 건강을 잠식했다. 무엇을 어떻게 해서 회사에 변화를 줄 것인지 막연할 뿐이었다. 주변의 지인들에게 자문을 구하고 경영학 도서를 보면서 길을 모색하고 리더십과 성공하는 사람들의 7가지 습관 교육을 받으며 이니시스에 어떻게 적용할 것인지 고민했으나 회사의 역량은 쉽게 바뀌지 않았다. 그러던 중 우연히 CEO을 위한 비즈니스 코칭 프로그램을 접했다.

나의 문제점은 경영이나 비즈니스가 아니라 리더십에 있었다.

이상적이거나 너무 비전 중심이면 사람들은 우선 열광하나 현실이 나아지지 않으면 쉽게 실망한다. 존재하는 많은 문제들이 해결되지 않은 상태로 유보되어 있다면 인내심은 한계에 도달한다.

일반적으로 중소기업 종사자는 꿈을 꾼다. 비록 현재의 근무 여건이 만족스럽지 않더라도 미래에는 크게 나아질 거라고 생각하며 조직에 헌신한다. 하지만 바뀌지 않거나 바뀌는 속도가 기대에 한참 못 미친다면 그때의 이니시스 구성원들처럼 낙담하거나 좌절해서 침묵한다.

현실화될 수 있는 일을 진행할 때, 리더십도 발휘되는 것이다. 흔히 역량 있는 리더가 있어서 훌륭한 리더십을 발휘하고 조직원들이 충실하게 업무를 수행하면 그 조직은 성공한다고 생각한다. 물론 그럴 수도 있다. 그러나 진정한 리더십은 리더뿐만 아니라 조직원 개개인이 주어진 방향성과 목표점을 이해하면서 방향을 일관되게 지향하고 여기에 각자의 생각을 더할 수 있어야 현실적인 추진력이 생긴다.

일이 되게 하는 방법을 생각하는 것이 전략이라면 무엇이 중요한가를 생각하여 우선순위를 정하는 것은 전술이다. 조직의 발전을 위해 어떤 일이 필요한지 항상 생각하는 사람은 인재이자 리더다. 리더십은 조직을 항상 생각하게 하는 능력이다. 그것을 위해 리더는 직원들의 능력을 알아내고 그 능력을 더 확장시켜야 한다. 또한 직원들이 망설임을 극복하고 잠재력을 최대한 발휘하도록 도와야 한다.

올바른 리더십은 이정표를 세우는 것이 아니라 나침반이 되어야 한다. 방향을 제시할 수 있는 능력이 있어야 한다. 같이 보고 같이 이해하는 방향 제시가 되어야 한다. 나만의 나침반, 이정표라면 조직에 스며들지 않을 것이며 리더십을 발휘할 수 없다. 조용히 경청하고 마땅히 가야 할 길에 대하여 무언의 지지를 보내 주는 것, 경청하는 리더 앞에서 모든 구성원은 스스로 어디로 가야 하는지를 깨닫고, 판단하고, 실행한다.

"시작은 나부터다. 다른 사람을 아는 것은 지식이지만 나를 아는 것은 지혜다. 다른 사람을 지배하는 것은 힘이지만 나를 지배하는 것은 진정한 능력이다"라는 노자의 말에 공감한다. 나는 누구인가, 내가 진정으로 원하는 것이 무엇인가, 나는 왜 살고 있는가, 나는 왜 이 일을 하는가, 나는 어떤 때 행복한가… 끊임없이 질문하고 답을 찾아보았다. 그 답을 통해서 나의 내면을 들여다보고 어떤 삶을 살아가야 할지 정리하며 생각을 확장해 나갔다.

그동안 발생한 시행착오의 원인은 사업 환경과 임직원들이 아니었다. 나에게 있음을 인정해야 했다. 나에 대한 성찰이 필요했다. 그 성찰을 통해 숨어 있는 나를 발견하고 역량을 들여다보았다. 내가 해야 할 일과 역할 그리고 책임에 비해서 내가 가진 역량은 너무나 미흡했다. 역량이 많다고 무조건 좋은 것도 아니고 역량이 적다고 나쁜 것도 아니다. 자신의 역량이 어느 정도인지 알고 모자란 부분을 보완하는 대안을 찾아내야 한다.

데이비드 호킨스의 『의식혁명_Power VS Force_』에서 거론한 의식 지도를 보면 깨달음은 사랑과 용기에 비해 에너지 수준이 두 배에서 다섯 배 이상 크다. 깨달음과 자각은 한순간이다. 이 순간이라는 지점에서 모든 일이 새롭게 시작된다. 나도 모르는 무의식 상태에서 많은 행위를 하고 다시 반복한다.

나는 깨달음을 통해 깨어 있는 삶을 살아야 한다. 내가 가고자 하는 방향으로 나아가기 위해 의식적으로 노력하는 삶을 추구하고 싶다. 우리에게 배움의 기회가 없다면 직장 생활이나 인간 관계를 유지하는 데, 개개인이 삶을 발전해 나가는 데 엄청난 문제가 발생할 것이다. 이런 배움의 기회가 없다면 좀비처럼 나의 삶 또한 몸은 움직이나 정신은 잠자고 있을 것이다. 깨어 있는 삶을 위해 프레임을 전환해야 한다. 그리고 가장 공명이 가는 프레임을 선택해야 한다. 이것이 나의 셀프 코칭 방식이다.

나는 언제부터인가 셀프 코칭을 하고 있었다.

김형경 작가는 『만가지 행동』에서 "변화란 삶의 외형이나 행동 방식을 바꿔서 얻을 수 있는 게 아니다. 인식, 관점, 사고의 틀이 바뀌는 지점에서 성취된다"고 했다. 무엇을 바꿀 것인지, 나는 무엇을 원하는지 스스로 깨닫는 것이 중요하다. 프레임을 바꾸면 세상이 다르게 보인다. 좀 더 다양하게 생각하고 좋은 선택을 하려면 대상을 바라보는 관점을 다양하게 파격적으로 전환해야 한다.

그렇다면 나의 역량은 무엇이며 회사의 역량은 무엇일까? 어떻게 역량을 체크할 것이며, 역량을 신장하는 방법은 무엇일까?

생각을 거듭한 끝에 가까이 있는 임직원의 내면에 깊숙이 숨어 있는 잠재력을 인식할 수 있었다. 나는 우리의 창의성, 무한한 잠재성과 각자의 전인적인 역할을 믿기로 했다.

빙산의 일각이라고 했던가. 빙산은 90%가 물속에 잠겨 있고 10% 정도만 사람들 눈에 보인다. 사람들의 창의성, 잠재성도 대부분 내면에 잠재하고 지극히 일부분만 외부로 나타난다. 나는 직원들의 숨은 능력을 믿기로 했다.

코칭은 한 개인이나 그룹을 현재 있는 지점에서 그들이 원하고 바라는 만족스러운 지점으로 나아가도록 인도하는 행위이자 기술이다. 코칭은 개인과 그룹이 잠재 능력을 발휘할 수 있도록 서포트하는 것이다. 어떤 사람이건 내면에는 무궁한 자원이 있고 누군가의 도움을 받으면 아름답게 꽃피울 수 있다.

나는 비즈니스에 관한 이슈나 업무만 바라보던 습관을 버리고 사람을 보기 시작했다. 개개인의 사명과 존재 그리고 삶의 의미와 가치를 생각했다. 이니시스의 임직원 한명 한명은 이미 무한한 가능성과 잠재력을 가지고 있으며 나는 그것이 발휘되도록, 그들이 뛰어놀 수 있도록 해야 한다. 아무리 좋은 제도와 사상도 마음으로 받아들이지 못하면 유지되지 못한다. 사람들의 다양한 마음 상태가 평온해지도록 나 또한 마음을 다해야 한다. 나는 한 바가지의 마중물이 되어 그들의 에너지가 솟구치게 해야 한다.

나는 코칭 리더십을 경영 현장에서 실행하기로 했다.

조직은 리더에게 리더의 역할, 동료 직원을 대하는 자세 그리고 사회적 의사 소통 능력에 대해 항상 생각하고 성찰할 것을 요구한다. 가장 먼저 리더 자신에 대해 아는 것이 중요하다. 어떤 경우든 자아 성찰의 방법을 배우고 또 연습해야 한다. 코칭 리더십은 스스로 임무를 완수하고 문제를 해결할 수 있도록 직원의 학습 능력을 키워 주는 리더십이다. 데일리 리포트를 통해 다양한 분야의 소재를 가지고 직원들과 소통했다. 동영상을 보면서 각 구성원들과 소감을 나누고 각기 다른 관점에 대해 자유로운 토론을 했다. 그리고 마라톤 대회나 둘레길 걷기를 통해 회사에서 하는 일에 스스로 참여하도록 유도해 나갔다.

우리는 우리가 진정으로 원하는 것이 무엇인지 모른다. 사람들은 문제를 가지고 있지만 그 문제가 무엇인지 구체적으로 모른다. 또한 원하는 것이 무엇인지도 구체적으로는 정리되지 않았다. 우리는 원하는 것이 무엇인지 구체화해야 한다. 전 직원이 참여하는 전사적인 미션과 비전을 만들고 각 팀별 미션과 중장기 비전을 만들었다. 그리고 이를 기반으로 임직원 개개인의 목표 정의서를 작성했다.

글로 만들어서 표현된 사명서는 본질적으로 회사의 구성원과 기업의 존재 이유다. 이것은 개인의 삶에서 자신의 길을 찾고 자신이 선택한 사명을 확인하는 열쇠와 같다. 명확한 사명서는 모든 활동의 시작과 평가 그리고 개선에 영향을 미치는 조직의 지침이 된다.

삶을 지배할 수 있는 원칙은 가치와 믿음에 근거한다. 이러한 지배 원칙이 삶의 방향을 제시하고 내면에 영향을 미치는 것이다. 원칙은 가치와 결합되어 진리처럼 확실하다고 생각하는 믿음이다. 이 원칙은 아주 중요해서 그대로 운에 맡겨 둘 수 없다. 원칙을 개발하고 원칙을 알기 위한 시간을 가져야 한다.

나를 성장시킨 대화법과
스토리 경영

나는 원칙들을 찾기 위해 화법을 바꾸기로 했다.

3단계 대화법이 내 몸에 익숙해질 때까지 '질문한다' '듣는다' '요청한다'는 수순을 밟으며 대화를 진행하고 내 자세가 흐트러지지 않도록 노력했다. 많은 변화가 일어났다. 질문은 생각을 자극하고, 정보를 나누고, 마음을 여는 힘이었다. 가장 놀라운 점은 질문 받은 사람의 내면을 들여다보는 계기가 되는 것이다.

도시인의 일상은 대체적으로 분주하다. 많은 사람들이 내면의 자원을 충분히 의식하지 못하고 들여다볼 틈도 없이 생활한다. 갑자기 질문을 받는 사람은 그제야 자신의 내면을 들여다본다. 질문은 의식의 흐름을 바꾸고 생각하게 만드는 힘이 있다.

개개인의 경험이란 것이 시간과 공간이 무한한 우주 전체의 지혜에 비하면 얼마나 보잘것없고 왜소한가. 질문에 대한 대답이 내 의견과 같으면 충분히 인정하고 공감을 표현한다. 이와 다를 경우에는 정중하고 부드럽게 나의 의견을 구체적으로 요청한다.

급한 업무가 있어서 보고 지시를 했는데 기한을 넘겼을 때 "왜 아직 보고하지 않지요? 능력이 그것밖에 안 되나요?"라고 했던 것을 "지시한 일이 지금까지 얼마나 진행되었나요?"로 바꾸었다. 그리고 답변을 듣는다. 그 후 일이 더디게 이루어지는 이유가 무엇인지, 장애 요인이 있는지 질문한다. 그리하여 직원 스스로 문제의 원인을 찾게 유도한다. 그 내용을 인정하면 공감한다. 생각이 다르면 나의 의견을 말하고 요청한다. 앞으로 이 문제를 어떻게 극복할 것인지, 현재 상황에서 할 수 있는 방안은 무엇인지, 내가 도울 일은 무엇인지, 언제까지 완성할 수 있는지 질문한다.

나는 '비폭력 대화'를 참고해서 만든 이 3단계 대화법이 익숙해지도록 노력했다. 비폭력 대화는 현재 일어나는 사실을 있는 그대로 살펴보는 관찰과 자신의 마음 속에 있는 욕구와 느낌의 표현, 상호 제안의 순서로 이어지는 대화 방식이다.

대화를 나누면서 '좋다' '나쁘다'를 떠나 눈앞에 펼쳐진 상황을 있는 그대로 읽어 주는 것으로 대화자의 말을 해석하지 않고 판단을 배제한 채 관찰해야 한다. 그리고 나의 욕구와 느낌을 '~하기를 원했는데, 지금 그러지 못해서 ~하다.' 형태로 부드럽고 정중하게 표현한다. 부탁할 경우에는 명확하게 구체적으로 말하는 것이 좋다. 더불어 듣는 사람이 그 내용을 어떻게 이해했는지 반드시 확인해야 한다.

코칭을 알기 전에는 임직원이 실수하면 "미쳤어요? 그 정도밖에 안 됩니까?"라고 핀잔하거나 호통을 쳤다. 그러나 코칭을 알고 난 후에는 "그 일을 통해 무엇을 배웠나요? 다음엔 어떻게 다르게 할 건가요?"라고 질문했다.

사람들은 실수를 통해 배우려 하지 않는다. 흔히 '다시는 실수하지 않겠다'고 다짐한다. 이러한 반응은 학습의 한 형태다. 더 나은 학습의 형태는 '다시는 이런 식으로 일하지 않겠다'라고 하는 것이다. 무엇이 잘못되었는지 스스로 평가하고 다음에는 더 현명한 선택을 하도록 자신을 유연하게 놓아 둬야 한다. 그리고 다시 올바른 시도를 할 수 있는 기회가 왔을 때 실수하지 않아야 한다.

나는 실수를 두려워했다. 그래서 더 많은 도전을 하지 못했다. 그러나 지금은 긍정적 실수를 인정하고 권장한다. 실수를 통해 배웠고 그 경험을 통해 더 잘할 수 있다는 확신을 얻었다.

사람은 누구나 실수하게 마련이다. 무언가 잘못된 원인을 짚어 보면 대부분은 사람의 실수다. 비행기 사고, 자동차 사고, 직장에서 일어나는 사고의 대부분은 행위자들의 실수 때문에 일어난다. 따라서 비난받는 대상도 사람이다. 하지만 실수한 당사자를 비난하는 순간, 적절한 해결책에서 멀어진다. 그래서는 안 된다. 적어도 그 실수를 반복하지 않으려면 비난이 능사는 아니다.

회의를 하다 보면 임원이나 팀장조차 질문하거나 토론하는 일 없이 그저 보고만 한다. 우리는 코칭을 도입하면서 그라운드 룰을 만들었다. 이제는 누구나 맞지도 않고 틀리지도 않은 이야기를 한다. 발제자는 중요하다고 생각하는 것을 발표한다. 앞으로 어떻게 할 것인지, 어떤 협조를 받을 것인지, 무엇을 논의할 것인지 발제하고 답하며 회의를 진행한다. 다른 참여자는 발제자의 설명을 판단하지 않고 경청하거나 관찰하며 그 소감을 나누고 토론한다. 이견은 건설적으로 충돌시키고 차이를 긍정적으로 유도하며 토론자를 벼랑 끝으로 내몬다.

갈등은 사람을 당황스럽게 한다. 인간 관계를 불편하게 한다. 그러나 객관적 시각에서 바라보면 갈등은 자연스러운 현상이고 이해 당사자들 간에 접점을 찾아내는 데 꼭 필요한 과정이다. 갈등을 긍정적이거나 부정적으로 인식하는 것은 그 경험에 우리의 견해와 주관을 개입시켰기 때문이다. 갈등을 구성원 사이에서 일어나지 말아야 할 일 혹은 관계를 악화시키는 것으로 본다면 그 갈등은 부정적 갈등이 될 것이다. 갈등을 부정적으로 보면 갈등을 회피하거나 완화하고 제거해서 없애 버리기를 바란다. 그러나 갈등을 일어날 수밖에 없는 것으로 간주하고 관계를 강화하는 기회로 본다면 긍정적인 갈등이 된다.

갈등은 행동의 변화를 야기하는 가장 큰 원동력이다. 갈등을 긍정적인 관점으로 볼 때, 우리는 갈등에 대해 자유롭게 대화하고 표현하며 갈등을 정면으로 마주한다. 또한 갈등을 풀기 위해 필요한 조치를 할 수 있다. 더불어 갈등을 일으킨 사람들이 기대하는 것을 얻을 수 있다. 갈등을 무시할 때는 조직 내에 부정적 결과가 나타나지만 갈등을 해결하면 조직 구성원들의 팀워크가 더욱 단단해진다.

열린 마음을 유지하는 것이 쉬운 일은 아니다. 그러나 열린 마음을 가지면 끊임없이 자신을 방어하지 않아도 되기 때문에 스트레스가 낮아진다. 열린 마음으로 인한 손실보다는 이익이 많아서 서로 발전해 나가는 접근 방법을 촉진한다.

이니시스는 인재 육성 과정이 미흡했다.

공식적으로 이루어지는 피드백 프로세스가 없어서 불평불만이 뒷얘기처럼 사내에 흘러 다녔다. 도저히 방임하고 있을 수가 없었다. 회사에서 좋았던 일과 보완했으면 하는 일에 대해 분기별로 구성원들과 개인 면담을 했다. 진심을 말할 수 있는 분위기를 만들어서 공식적으로 사람이 아니라 행동에 대한 피드백을 했다. 피드백은 가능한 한 정중하게 했다.

나는 피드백을 하기 전에 피드백을 해야 할 내용에 대해 숙고한다. 피드백 받은 내용이 영향을 미칠 수 있는 요소를 생각하고 개인의 관점이 아니라 객관성을 최대한 확보한 내용을 전달한다.

진정한 용기는 두려움이 없는 상태에서 도전하는 것이 아니라 두려움이 있지만 도전하고 시도하는 것이다. 두려움을 긍정의 이름으로 바꾸면 도전과 꿈이 된다.

우리의 무의식은 90%가 부정적이다. 긍정의 무의식은 10%일 뿐이다. 부정의 무의식을 긍정의 이름으로 전환해서 부르면 긍정 의식이 확장되어 무의식에 영향을 미치며 행동을 변화로 이끌어 낼 수 있다. 임파워먼트empowerment는 기다림이다. 조급함을 잘 관리해 기다림으로써 주도적으로 행동하게 하려면 신뢰가 전제되어야 한다.

이니시스는 2003년 코스닥 상장을 했다. 2006년부터는 매년 30% 이상 성장하고 있다. 지금은 서비스 매출 연 2000억 원이 넘는, 대한민국의 전자 지불 산업을 이끌어 나가는 대표 기업이다.

이러한 성장 배경에는 시대 흐름에 따른 환경도 있었겠지만, 스스로 업무를 주도하고 참여한 임직원이 있었다. 목표 수립, 회의 방식, 대화 방식 등에서 코칭 리더십을 기반으로 한 코칭 경영을 사내 문화로 정착한 결과였다. 나는 코칭 경영을 이니시스에 접목하기 위해 몇 개의 코칭 과정을 수료했고, 코칭경영원 고현숙 대표에게 1대1 비즈니스 코칭을 수십 차례 받았다.

산업과 시장이 성숙해지면서 경쟁 관계는 더욱 치열해지고 있다. 이를 극복하려면 상품의 상대적 차별화, 절대적 차별화를 꾀해야 한다. 지포 라이터와 합격 사과, 커플 사과, 에비앙 같은 감동 스토리가 이니시스에도 필요했다. 무엇이든 하루아침에 이루어지는 것은 없다. 꾸준하게, 절실하게, 간절한 마음으로 원하는 스토리를 만들어야 한다.

나는 1등 기업을 만들고 유지해 왔다. 또한 산업을 리딩하는 비즈니스 스토리를 만들어 왔다. 상대적 차별화를 위해 영업인데이, 개발자데이를 만들어 고객을 위한 스토리 발표 경진 대회를 열었고, 절대적 차별화를 목표로 미래사업본부를 설치하여 미래의 시나리오를 만들기 위해 꾸준히 연구하고 시도했다. 창의와 차별화는 만 시간의 법칙처럼 익숙함이 무르익어 성숙되었을 때 그것으로부터 떨어져 나와 묻어나는 것이다.

나는 회사의 성장과 더불어 개인의 성장을 지지한다. 참여와 소통, 주도적 자발성이 넘치는 기업 문화를 추구한다. 이를 위해 스토리가 살아 있는 기획을 선호하고 구성원들이 더 많이 참여하는 행사가 되기를 희망하며 그런 행사를 실행했다. 스토리는 사람에게 감동을 주고 오랫동안 기억할 수 있는 단초가 된다.

마라톤 대회와 걷기 행사는 전 직원이 참여한다. 같이 소통하고 연결한다. 혼자는 도전하기 힘든 것을 함께 함으로써 스토리를 만든다. TV

프로그램 〈1박2일〉을 모방해서 편성한 팀원들과 2박3일 동안 함께 경험하고 그 경험을 공유하며 이니시스에서 하나가 되는 스토리를 만들었다.

나는 코칭을 통해 스토리를 만든다. 사업이 성장해 나가고 구성원 개개인의 삶이 긍정적으로 변화하는 모습을 즐긴다. 나와 그들과 우리라는 단편 혹은 장편의 스토리를 독자적이면서 하나로 연결되는 대하 스토리로 만들고 싶었다.

코칭을 기반으로 기업 문화, 조직 문화를 가꾸어서 비즈니스의 꽃을 피울 것이다. 성숙한 사업가로서, 성찰하는 코치로서 내 삶이 내적으로 충만하고 가만히 있어도 빛이 어리는 이야기로 거듭나게 하고 싶다. 어두운 거리에서 행인들이 가로등의 도움을 받는 것처럼 이젠 어두운 거리의 모퉁이에 가로등으로 서 있고자 한다.

멀티플레이어 & CEO, 코치, 연결자

나는 혼자였다. 그래 왔다. 아무런 취미도 없었다. 지독한 워커홀릭이었다. 밤낮없이 일에 몰두했다. 마음의 여유가 조금도 없었다. 그런 어느 날, 나는 '뭐지!' 하는 의문과 함께 '왜 이렇게 살지!' 하는 반문을 가졌다.

나를 위해 무엇이든 해보고 싶었다. 나도 취미를 갖고 싶었다. 취미 활동을 하면서 나와 다른 많은 사람들과 관계를 맺고 교류하고 싶었다. 사진이 마음에 들었다. 수많은 사람을 만나고 헤어지지만 사진은 추억을 잊지 않고 기억하기에 아주 좋은 장치였다. 사진을 촬영함으로써 취미 생활을 하고 사진을 나눔으로써 사람들과 교류하기로 했다. 마침 나의 프로필 사진을 촬영한 고 홍봉의 작가에게 레슨을 받는 인연이 닿았다.

마음에 드는 사진을 골라서 나와 교류하는 모든 사람들에게 포토 메일을 보냈다.

많은 사람들이 나의 포토 메일 팬이 되었고 사진을 통해 내 삶에 연결되었다. 사람들은 마음이 편안해지는 아름다운 사진을 받아 보면서 편안하게 메일을 회신했다. 나는 커뮤니케이션의 끈을 놓치지 않기 위해 열심히 사진을 촬영했다. 사진에 대한 메일을 자주 주고받다 보니 오랜만에 만나는 사람도 어제 본 듯 친숙하게 느껴졌다. 많은 고객을 효율적으로 관리하는 뛰어난 홍보 도구coverage tool로서 사진 보내기는 큰 활력이 되었다.

영업·마케팅본부 전 직원에게 사진 보내기의 효과를 소개했더니 사진, 책, 유머, 동영상, 좋은 글 등을 매개체로 자신만의 고객 네트워크를 형성하며 회사의 영업력을 향상시켜 2007년 이후 매년 30%를 웃도는 매출과 수익 성장의 동력이 되었다.

사진 보내기를 통한 영업력 향상의 결과를 리더십 관점에서 살펴보면 다음과 같다.

첫째, 리더십이 현실화되었다.

어려운 경제 환경에서 이니시스는 시장을 압도하는 매출과 이익 성장을 이뤄 냈으며 영업력과 고객 관리 역량 향상이라는 과제를 성공리에 완수했다. 역량이 향상된 이니시스의 영업·마케팅 인력은 관련 산업군에서 좋은 평판을 받았으며, 경쟁사를 포함한 주요 기업 어디를 가더라도 스카우트된 이니시스 출신을 쉽게 찾아볼 수 있다.

둘째, 리더를 포함한 조직 전체에 학습하고 생각하는 문화가 정착되었다. 상명하복의 푸시 방식이 아니라 조직원 스스로 받아들이고 변형하여 독자적으로 발전시켰으며 그 효과를 체험했다.

셋째, 이정표가 아닌 나침반 역할을 했다.

자신이 직접 경험한 내용을 소개하고 과정과 결과를 공유했다.

사람들은 다양한 관심사로 묶여 있다. 경영을 하다 보면 그것이 골프나 술이 될 가능성이 높은데, 나에겐 사진이 그 역할을 해 주었다. 사진은 내게 소중한 고객, 직원들과 나누는 소통의 채널이며 사람과 사람을 묶어 주는 끈이었다. 예전에는 사진을 잘 찍기 위해 노력했다면 지금은 사진에 스토리를 담으려고 한다. 내가 지금까지 경험하고 얻은 것을 어떻게 많은 사람들과 관계하고 나누고 연결할 것인가? 사진 이야기photo story를 통해서 자연스럽게 우주와 모든 사람들에게 연결시켜 나가고 싶다.

요즘 사람들은 업무를 보거나 식사를 하면서, 혹은 이동을 할 때도 스마트폰이나 PC를 만지작거린다. 문자, 인터넷, 카톡, 페이스북, 트위트 등 IT 커넥션이 중심이 되고 있다. 나는 사진을 통해서 개입하고 IT 커넥션을 통해 피플 커넥션으로 한걸음 더 나아갈 것이다. 마음과 마음으로 연결되었을 때, 우리는 사람들을 소중하게 여기고, 격려하고, 그들 내부에 있는 위대성을 발견한다.

소통하고 실천하라

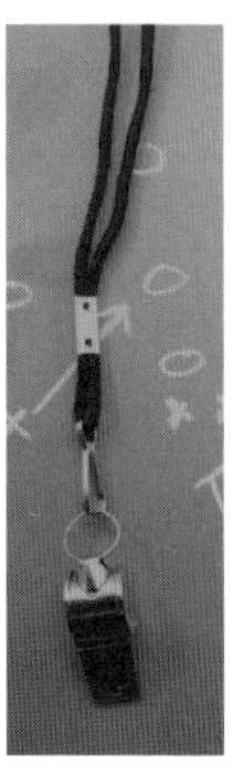

코칭 받으면서 가장 많이 느낀 점은 '남을 긍정적으로 바꾸기 위해서는 나를 먼저 바꿔야 하는구나.' 정도였습니다. 나를 먼저 바꾼다는 것을 머릿속으로만 생각하고 실전에는 활용하지 못했습니다. 단지 마음 관리 측면에서 끝나 버렸지요. 당연히 실무에 적용하기가 힘들었습니다. 제가 경험하지 못했으니 다른 사람이나 조직에 전파하는 것은 더더욱 힘든 일이었습니다. 그러다 박사님을 만나면서 제 생각의 오류를 새롭게 인식했습니다.

"사상누각."

이번 박사님과의 코칭 시간을 통해 내린 저 자신에 대한 코칭 평가였습니다. 코칭을 위한 스킬이나 기술보다는 근본적으로 해야 할 것들이 있었는데 그것을 정리하지 못했기 때문에 생각에만 머물고 코칭을 제대로 활용하지 못한 것 같습니다. 박사님 덕분에 제가 달라진 부분을 말씀

드립니다.

첫째, 저 자신을 알았습니다.

다른 사람을 긍정적으로 변화시키기 위해서는 먼저 나를 알아야 합니다. 하지만 다른 코칭 교육에서는 나에 대해 알아 가는 과정보다는 남과의 관계로 발생하는 상대적인 관점에서 나를 찾아가는 과정 위주로 학습했습니다. 따라서 '나를 먼저 알아야 하는 것이 중요하다!'는 것을 알고는 있으나 우선순위에서 밀리고 구체적인 방법이나 고민의 시간 역시 부족했습니다.

관심이 생겨야 보이고, 비로소 무언가를 발견할 수 있습니다. 현재 내가 어떤 상황이며 무엇이 중요하고 필요한지 나를 알아야 관심이 생깁니다. 즉 소통을 위한 첫 번째 단추는 나를 알아 가는 것이며 그래야만 다른 사람들과 긍정적인 소통을 할 수 있습니다.

코칭의 기본이 되는 나를 알아 가는 과정에 대해 합리적이고 다양한 접근 방법을 발견하는 것이 가장 중요합니다. 거울은 먼저 웃지 않습니다. 먼저 다가가고 인정해야 다른 사람과 진정한 일치를 이뤄 낼 수 있습니다.

둘째, 구체적인 방법을 알았습니다.

나를 알아 가는 과정 역시 말은 쉽지만 어떻게 해야 할지 막막한 주제이긴 매한가지였습니다. 하지만 박사님과 함께 한 과정에서 작성한 '개인 & 회사 목표' '삶의 목표'는 저를 찾아가는 데 최고의 시간이었습니다.

일에 치이고 가정에 치인 나머지 삶의 목표는 추상적으로 생각하다가 그나마 시간이 지나면 언제 그랬냐는 듯 잊어버리고 살았는데 말이죠. 2

주 전 박사님께 코칭받으며 작성한 '개인 & 회사 목표' '삶의 목표'를 주위 사람들에게 전달했습니다. 한번 보면서 당신들도 정리해 보라는 의미였죠. 반응은 폭발적이었습니다.

"그동안 왜 삶이 재미없고 스트레스 덩어리였는지 알았다."

대부분의 사람들이 저처럼 머리로만 생각하고 살더군요.

누구나 자신이 누구인지, 무엇을 원하는지 명확하게 알지 못했습니다. 방법을 몰라 그냥 묻어 두었던 것 같습니다. 사명서를 작성해 본 사람들이 시원한 표정으로 밝은 웃음을 보여 주더군요.

포스트잇을 활용한 의사 결정 방법은 코칭이나 리더십 교육에서 많이 사용한 경험이 있습니다. 이 또한 교육장에서만 사용하는 방법이라고 생각했죠. 그런데 박사님과 함께 한 조직원들과의 포스트잇 커뮤니케이션은 발상의 전환이 보여 준 새로운 충격이었습니다. 이러한 커뮤니케이션을 통해 소통과 참여가 이루어지고 그로 인해 회의 문화와 업무에 임하는 태도들이 바뀌었습니다. 물론 포스트잇은 방법일 뿐 근본은 소통과 참여입니다. 하지만 그 자세한 방법에 대해 코칭해 주는 곳은 없었습니다.

– IMI 신동준/게임사업본부장

적당히 그을린 피부에 상체가 잘 발달된 중년 남성이 몸에 착 달라 붙는 옷을 입고 지나간다. 사람들의 반응은 '우와'에서 '왕재수' 까지 다양하다. 이런 시선을 받는다면 기분이 좋을 수도, 무덤덤 할 수도, 나쁠 수도 있다. 하지만 남자라면 내면의 욕망은 동일할 듯싶다. 나도 저 사람처럼 몸매가 멋졌으면 좋겠다. 반응은 정반 대로 나타날 수도 있겠지만 욕망은 동일한 것이다. 정반대의 반응 에서 시작하면 합의점을 찾기 어렵지만, 욕망에서 시작하면 금방 공통 분모를 찾을 수 있다.

고부일

목고박치과의 원장이다. 병의 치료뿐 아니라 예방하고 진전을 막기 위해 환자가 스스로 계획을 세우고 실천하도록 돕는 데 힘쓰고 있다. 현재 치과를 두려워하는 사람들을 위한 특별한 진료를 준비 중이며, 통합적인 발전을 돕는 코칭을 하고 있다. 코칭도 고객 스스로 목표를 달성할 계획을 세우고 실천하도록 돕는 과정이라고 말한다. 한국코치협회 KPC이며 CEP와 PCCP 과정을 수료했다.
rapoever@gmail.com

3
멈추지 않는
행복을 위하여

Being a Coach

고부일

나의 경계를 명확하게 하라

 페이스북을 시작한 지 얼마 되지 않아서였다.

코칭을 시작하면서 일과 관계가 복잡해지자 꼭 해야 하거나 하고 싶은 일은 우선순위에서 밀리고 있었다. 마침 신민구 박사를 통해 21일간 꾸준히 실천하면 뇌에서 베이비뉴런이 형성되어 그 행동이 몸에 익숙해지고 습관이 된다는 것을 알았다. 언제부터 좋은 습관 만들기를 실천할까 고민하다가 페이스북 담벼락에 글을 올렸다.

운동하기, 책 읽기 등 습관을 형성하기 위한 행동들을 나열해서 선언했다. 그런데 제주도에 사는 분이 함께 하고 싶다며 동참했다. 우리는 페이스북에서 '내면 건강'이라는 그룹을 만들고, 오프라인 모임과 21일 실천기를 올리면서 활동을 전개했다. 거의 아무도 안 보는 공간이지만 인터넷으로 생중계를 하다 보니 처음에는 떨리기도 하고 글을 쓰는 일이 부담되었다. 그러나 이건 도전이었다. 공개된다는 두려움에 정면으로 맞섰다. 이 모임에서 자기만의 브랜드를 구축하려는 사람들을 돕는 게 나의 미션이었다.

나는 에니어그램에 관한 책을 요약 정리하고 발표했다. 내면의 복잡한 문제를 해결하려는 회원들이 자신만의 분야를 구축하고, 그 방면에 일가를 이루어 가도록 돕고 싶었다. 하지만 내가 쏟아 붓는 열정과 시간에 비해 결과는 생각만큼 나타나지 않았다.

'내가 지금 뭘 하는 거지?' 하고 고민하는 중에 고현숙 코치와 저녁을 하게 되었다. 고 코치는 내 고민을 듣고 물었다.

"그 모임을 진행하는 것이 어떤 이득이 있나요? 나중에 그 일이 잘되고 난 후의 모습이 어떻게 그려지나요?"

나는 대답을 못 하고 한참을 생각했다. 아, 그렇구나. 내 일로 정리하지 않았구나. 그들이 관심을 갖는 속도로 진행하지 못했구나. 나의 경계가 불분명하구나.

그녀의 말대로 내가 타고난 코치라면 '코치가 되겠다'라는 나의 경계를 분명히 했어야 했다. 주위 사람들을 돕겠다는 생각을 가졌다면 코칭 교육에 전념했어야 했다. 전문 의료인이지만, 그래서 한계가 있을 거라는 생각으로 시작한 나의 어설픈 관점이 문제였다.

크리스마스이브에 초등학교 친구들과 연극 공연을 하던 중 회랑을 가득 메운 사람들 앞에서 대사를 잊어버린 적이 있다. 나는 무대에서 온전히 혼자였고 아무것도 보이지 않았다. 아무 소리도 들리지 않았다. 어떻게 시간이 지나갔는지, 집에 언제 도착했는지도 기억하지 못했다. 그 후 나는 사람들 앞에 나서는 것이 두려웠다. 아니, 무서웠다. '사람들 앞에 서는 것은 나와 어울리지 않아. 다시는 안 나설 거야.' 나는 스스로에게 다짐하고 또 다짐했다. 다행이랄까 아버지 또한 그랬다.

젊은 시절 아버지는 제주도와 목포에서 해방의 격동기를 보냈다. 많은 친구들이 곡절을 겪고 피해를 입는 걸 보면서 아버지는 내가 사람들 앞에 나서지 않기를 바랐다. 학교에서 반장을 하는 것도 싫어했으며 내가 주의주장을 펼치면 화를 냈다. 연극에서 맛본 황당한 경험과 세상을 바라보는 아버지의 관념은 자연스럽게 나의 삶을 적당히 중간쯤에서 자기 의견이 없는 사람으로 자리하게 했다.

서울대학교에 들어가 무사히 졸업했다. 치과 의사가 되어 병을 치료하려면 환자 자신의 의지가 절실하다는 것을 알았다. 환자 스스로 병을 관리하고 주체적으로 참여하는 것이 치료의 시작이자 마지막이었다. 그래서 환자와 의사의 대화가 중요한 치료 과정이었다. 그리고 환자의 치료 과정에 의사보다 더 많이 참여하고 교육하는 것이 병원의 스태프였다. 환자가 자신의 몸을 스스로 돌볼 수 있도록 어떻게 도울 것인가? 코치가 되고 난 후 의료인들이 올바른 역할을 하도록 코칭하는 것이 중요한 일이 되었다.

'정기적인 관리를 받던 환자가 왔을 때, 어떻게 대화를 시작할까?' 환자와 인사하기, 불편한 점은 없는지 묻기, 구강 검사 후 문제점이나 개선점 이야기하기, 자기 건강을 책임지는 사람으로서 잘한 점을 인정하고 칭찬하기, 스케일링할 때 불편하면 알려 달라고 이야기하기, 시술 중 환자의 손이나 몸동작을 잘 살피기, 마무리 후 잇솔질 방법 교육하기, 수고와 협조에 감사하고 개선 사항을 알려 달라고 말하기…. 스태프의 자발적이고 헌신적인 참여가 이루어져야 진료가 올바르게 진행된다. 어떻게 해야 그들이 적극적으로 참여하고 창의적으로 행동할까?

원장은 그들이 주연이 될 수 있도록 도와야 한다. 권위를 부여하고, 환자를 위해 스스로를 전문화하도록 자극해야 한다. 그러한 변화 속에서 스스로를 세울 수 있도록 칭찬하고 지지해야 한다.

나 스스로 진화하는 코칭

50대 신사가 진료실에 들어왔다. 수행원이 있는 것으로 보아 대기업 임원인 듯하다. 차팅charting을 하는 동안 신사는 '예' '아니오'로만 대답한다. 여름도 아닌데 진땀이 난다. 이런 사람들은 십중팔구 치과에 대한 두려움이 깊다.

"치과 치료를 받은 적이 있나요?"

"그 경험 때문에 힘드신가요?"

이 신사는 어린 시절의 경험 때문에 나이가 든 지금도 치과는 여전히 무서운 곳이라고 생각한다. 나는 요즘은 치료 과정에서 통증이 수반되지 않는다고 설명한다. 약을 바른다. 마취약을 체온과 비슷하게 데운다. 가는 바늘을 쓴다. 천천히 주사한다. 치료 중에 고객이 반응을 보이면 멈춘다.

마취를 할 때, 주사는 환자와 의사 사이의 소통이다. 다리와 어깨에 들어간 힘을 빼 주기 위해 나는 무얼 하나? 문제와 고민에 휩싸인 고객을 대할 때 어떻게 해야 하나? 그가 문제와 이슈에 집중하는 걸 어떻게 넘어서게 할까?

아마도 같은 과정이리라. 코칭 국면을 찬찬히 잘 설명하고, 함께 넘어가는 것이라는 걸 이야기하듯이 고객 스스로 잠재력을 극대화하여 스스로 설 수 있도록 돕는 것이다. 스스로 통찰하고 실행에 옮기도록 하는 것이 코칭이다. 현재에서 미래로 나아가도록 돕는 것이 코칭이다.

신사에게 치과병원을 방문하면서 어린 시절과 지금의 차이가 무엇일 것 같으냐고 질문을 한다. 신사는 대답을 하지 않는다. 지금의 치과에서 고객은 돈을 직접 낸다. 치료를 멈출 수 있다. 요구 사항을 이야기할 수 있다. 그리고 치과 의사나 병원을 바꿀 수 있다고 설명한다.

회사에서 하는 일을 묻는다. 역시 예상대로 임원이다. 임원은 의사 결정을 한다. 프로젝트를 진행한다. 나는 신사에게 요청한다. 치과 진료 프로젝트를 함께 진행하는 팀원이 되어 줄 수 있는지. 신사의 경직됐던 얼굴이 점점 풀린다. 내원 횟수가 늘어날수록 편안해진다. 치료를 마치는 날 미국 출장을 길게 갈 예정이지만 이곳으로 치료받으러 오겠다고 한다. 정말 귀한 칭찬이고 힘이 난다.

"갈비 뜯고 계시나요?"

잇몸 질환 치료제를 선전하는 광고다. 잇몸 질환은 잇몸과 치아 사이 주머니의 세균에 의해 일어난다. 예방이나 치료도 세균 관리다. 원래 대부분의 세균들이 내 세포와 함께 진화해 왔다.

세균 숫자를 줄일 수는 있어도 없앨 수는 없다. 유익하거나 무해한 세균은 환경 변화에 민감해서 잘 죽는다. 유해한 세균은 악조건에서 무해 세균이 죽으면 그 틈을 타서 번성한다. 그런 상황이 반복되면서 잇몸이 나빠진다. 잇몸 관리는 치주낭에 있는 세균을 잘 조절하는 것이다. 잘 닦고 공기가 잘 통하게 하는 것이다. 그래서 세균이 균형을 유지하도록 하는 것이다.

고객과 이슈를 정한다.

지금까지 시도해 본 것 가운데 잘된 것을 이야기하라고 한다. 이 일이 잘되도록 하는 데 나의 어떤 강점을 사용할 수 있는지 묻는다. 이 일을 잘하는 것이 나에게 얼마나 중요한가, 나는 어떤 가치를 중요하게 생각하는가 등의 질문을 통해 주제를 정하고 가능성을 돌이켜 본다. 그래서 해볼 수 있는 일을 찾도록 한다.

생각하는 것과 그 생각을 잘 정리해서 말로 하는 것은 큰 차이가 있다. 스스로 계획을 세우고 실천하도록 하는 것은 남이 만들어 준 계획을 실천하는 것과 큰 차이가 있다. 그 계획을 실행하는 데 장애물은 없는지 살펴보게 하고 마무리한다. 마무리에서 코칭을 통해 무얼 느꼈는지, 계획을 어떻게 언제 실행할지, 그것을 코치에게 어떻게 알려 줄 것인지를 나누고 마친다. 보통 많이 사용하는 코칭 모델이다.

전설의 명의 편작에게는 두 형이 있었다.

사람들은 중병을 치유하는 편작의 의술을 높이 샀다. 하지만 그는 초기나 중기의 질환을 후유증이 없이 치료할 줄 아는 작은형은 자기보다 더 훌륭한 의사이고, 사람들의 안색이나 기색만으로 병이 다가올 기미를 알고, 섭생의 변화로 병을 예방하는 큰형이야말로 진짜 대단한 명의라고 했다. 아마도 편작의 큰형은 코칭을 했으리라.

스스로 개선할 부분을 찾게 하고, 그 실행 계획을 세우도록 도왔을 것이다. 그래야만 진정한 의미에서 병을 예방할 수 있기 때문이다. 그래야만 진정으로 그가 몸의 주인이 되기 때문이다. 몸의 주인이 그라면 당연히 마음의 주인도 그임을 자각하도록 편작의 큰형은 도왔을 것이다.

지금 이 순간, 하루만 더 살 수 있다면

에크하르트 톨레의 『지금 이 순간을 살아라 *The power of Now*』는 마음이 일으키는 고통과 두려움에서 벗어나 지금 이 순간의 충만함을 만끽하도록 안내해 주는 영혼의 지침서다.

톨레가 아니더라도 '여기'와 '지금'을 이야기한 사람은 많다. 살면서 부족함을 느끼지도 않고, 경제적 정신적 빈곤이나 갈증이 없다면 삶의 형태를 쉽게 바꾸지 않는다.

톨레는 이혼과 실직 등 오랜 방황 끝에 전혀 다른 선택을 한다. 그의 책을 가지고 치과에서 매주 한 번씩 강구영 박사의 도움을 받으며 셀프 리더십 프로그램을 진행했다. 간단히 책 몇 쪽을 읽은 뒤 생각을 나누고, 실천기를 공유하고, 서로를 격려했다.

3년여를 진행하면서 '나 돌아보기'를 생활화하려고 노력한 것 같다. 지금과 여기에 깨어 있기. 쉽지 않은 일이다. 과거 현재 미래라는 시간의 흐름으로 보는 현재가 아닌, 지금 자기가 있는 곳에서 일어나는 일을 통찰하는 현재를 직시하는 걸 말한다. 생각의 흐름, 감정의 변화를 지켜보는 것은 긍정적인 변화였다. 하지만 슬프거나 분노하는 감정을 잘 알아차리고, 그런 알아차림이 다음의 더 큰 고통체를 몰고 오는 걸 막기는 하지만, 늘 그 상황에서 머무른다는 한계가 있었다.

모임에서 위안을 받고 평온을 가질 수는 있으나, 현실은 각자의 현장에서 요구받는 일에 대처하는 능력을 배양해야 한다. 수행자의 길을 간다면 톨레의 길도 의미 있는 길이리라. 그러나 현실의 다양한 요구에 직면하고 그걸 풀어 가려는 노력을 하는 사람이라면, 자신이 처한 상황과 역량에 기반을 둔 해결책을 찾는 것이 중요하다.

에릭슨은 심리학자이며 정신과 의사로 획일화된 이론을 거부하고, 개인의 특성에 기반을 둔 치료 목적의 의사소통을 주장했다.

그는 열일곱 살 때 소아마비를 앓아 생명이 위독한 상태였다. 하루를 넘기지 못하리라는 절망적인 이야기를 들었지만, 오늘만 넘기면 살 수 있다는 생각에 필사적으로 지는 노을을 바라보았다. 그렇게 하루를 넘기고 이틀을 보내며 병을 이겨 냈다. 그 후 어린 동생의 걸음마를 보며 걷기 훈련을 하고, 침대에 누워 있는 많은 시간 동안 사람들의 이야기 패턴과 비언어 표현을 연구했다.

대학 시절에는 신문사에 원고를 보내 용돈을 벌었다. 일찌감치 잠들었다가 한밤중에 일어나 무의식 상태에서 타이핑한 원고를 신문사에 보낸 것인데, 몇 개월이 지난 후 신문사에 투고된 자신의 글을 우연히 보고는 누군지 참 좋은 글을 썼다고 평했다.

프로이트는 무의식은 비도덕적이고 무정형적이라고 분석했다. 에릭슨은 무의식이야말로 무한한 자원의 보고라고 믿었다. 무의식과 라포르rapport를 잘 형성하면 개인의 성장과 치유에 큰 도움이 된다고 믿었다. 에릭슨은 무의식의 긍정적 자산을 믿었고 실천했다. 자신을 찾아온 환자들에게도 똑같이 무의식에서 나아가고자 하는 긍정의 자원이 있음을 믿었고, 그 자원을 함께 찾으며 치료에 활용했다.

코치로서 나는 스스로의 성장을 믿으며 고객의 잠재적 성장을 돕는다. 무의식의 영역이든 의식의 영역이든 정말 그 자리에서 더욱 큰 모습으로 돋음한다는 에릭슨의 말을 믿는다. 의식으로 무의식으로 믿고 지지한다.

욕망의
공통 분모를 모아서 합의점 찾기

집 근처에서 지인을 만날 때면 늘 고민이었다. 먼 곳까지 나가서 만나기는 번거롭고, 가까운 곳에는 우리가 앉아서 이야기를 나눌 만한 공간이 없었다. 그러던 차에 새로 지은 건물에 예쁜 케이커리 숍이 생겼다.

치즈케이크이나 고구마케이크, 피칸파이 등이 주력 상품인데 케이크나 파이를 조각으로 팔면서 음료도 판매했다. 커피 전문점이 아니지만 나름 커피의 맛과 향이 좋았다. 매장을 연 지 얼마 안 되어서인지 자리도 쾌적하고 한산해서 자주 이용했다. 만나서 즐거운 사람과 달콤한 케이크를 앞에 두고 커피를 마시는 기분은 해본 사람만이 아는 기쁨이다.

잠깐 비라도 내려 대지에 음이온이 깔리고 마른 먼지 냄새가 나는 날이면 커피와 케이크의 흥취는 더욱 배가된다. 수차례 다니는 동안 이제는 얼굴을 익히기도 했으련만 케이커리 주인은 처음 방문했을 때와 똑같은 표정이다.

고객에 대한 한순간의 서비스가 기업의 이미지나 생존을 결정할 수 있다. 이 순간이 리처드 노먼이 말한 MOT, 즉 진실의 순간moments of truth이다. 이는 투우 경기에서 투우사와 흥분한 황소가 맞서는 결정적인 순간이다. 이 케이커리 숍의 '진실의 순간'은 언제일까? 고객이 문을 열고 들어오는 순간, 유리창과 손잡이의 청결 상태와 문턱의 유무가 '진실의 순간'일 수도 있고 고객을 맞는 첫인사도 그런 순간일 것이다.

손님을 위한 지극한 마음가짐과 자세로 자리를 안내하는 순간, 주문을 받는 순간. 주문한 커피와 케이크를 자리로 공손히 나르는 순간, 즐거운 시간을 보내라는 진심 어린 말을 남기는 순간, 고객이 청하기 전에 미리 알아차리고 커피의 리필 여부를 물어보는 순간, 고객이 계산하려고 하는 순간이 '진실의 순간'일 수 있다. 이때 주인이 해야 할 일은 무엇일까? 맛있게 드셨는지, 불편함은 없었는지, 포인트를 적립할 건지를 묻는 순간 그리고 계산한 뒤 정성스레 카드를 돌려주고 또 내방할 것을 부탁하는 순간 등 주인의 언행 하나하나에서 '진실의 순간'은 발생할 수 있다.

미팅이 끝나자 나는 계산을 하면서 주인에게 물었다.

"케이크가 일품입니다. 집 앞에 좋은 곳이 있어 참 좋네요."

"예, 저희 케이크는 매일 구워서 항상 신선합니다."

여기까지는 그럭저럭 넘어가도 좋을 응대다.

"손님이 많이 오셔서 가게가 빨리 안정되면 좋겠어요."

"그래야지요."

자주 오면서 느낀 점으로 보아 장사를 잘할 것 같진 않았다. 오히려 너무 구태의연하게 장사하는 주인이 안쓰러웠다.

"저, 여기 여러 차례 왔는데 혹시 아시겠어요?"

"많은 손님을 다 외울 수는 없지요. 제가 손님에게 그럴 이유도 없는 거 아닌가요?"

나는 여기서 대화를 멈췄다. 몇 달 후 케이커리 숍은 아쉽게도 안경점으로 바뀌었다. 그 후 나는 좀 더 먼 곳에서 차를 마신다.

나는 처음 온 환자와 인사를 나누는 순간부터 금방 친해진다. 그런데 '나서지 않기'로 살아온 사람들과 '완고한 중년 남성'은 쉽게 친해질 수가 없었다. 그들과 관계 맺기는 정말로 어려웠다. '원래 이런 사람들하고 잘 안 맞았어.' 이렇게 생각하며 그 근원에 아버지의 완고함과 강한 주장이 있다고 믿었다.

그런데 내가 중년이 되어 가면서 아버지를 다시 본다. 밥상에 뭔가 구미 당기는 음식이 있기를 바라고, 늘 사양하면서도 정작 선물을 받으면 매우 좋아한다. 특히 병석에서 어머니한테 기대고 투정 부리는 모습을 보며 문득 나의 생각이 무척 왜곡되었다는 걸 알았다.

아버지는 그냥 평범하게 살아왔을 뿐이다. 가족을 위해 헌신한 이 시대 아버지들의 특성을 그대로 갖고 있을 뿐이었다. 어찌 보면 아버지는 순박하고 단순하다. 나는 왜 그런 아버지를 완고하고 대화할 틈이 없는 사람으로 여겼을까? 나의 좌절과 분노를 합리화하기 위해 아버지를 완고한 사람으로 여긴 것은 아니었을까?

아버지에 대한 통찰이 있고 난 후 아버지를 둘러싼 단단한 벽이 부서지면서 어느덧 완고해진 내 중년의 모습도 나타나지 않았다. 이젠 나를 봐 주기 원하는 중년 남성이 있을 뿐이다. 내 생각이 잘 이해되기를 바라는 목소리 큰 남자가 있을 뿐이다. 아버지의 완고함이라는 벽을 넘어서니 '중년의 우김'이 부탁으로 들린다.

적당히 그을린 피부에 상체가 잘 발달된 중년 남성이 몸에 착 달라붙는 옷을 입고 지나간다. 사람들의 반응은 '우와'에서 '왕재수'까지 다양하다. 이런 시선을 받는다면 기분이 좋을 수도, 무덤덤할 수도, 나쁠 수도 있다. 하지만 남자라면 내면의 욕망은 동일할 듯싶다. 나도 저 사람처럼 몸매가 멋졌으면 좋겠다. 반응은 정반대로 나타날 수도 있겠지만 욕망은 동일한 것이다. 정반대의 반응에서 시작하면 합의점을 찾기 어렵지만, 욕망에서 시작하면 금방 공통 분모를 찾을 수 있다.

　개업 초기에는 모든 것이 문제다. 어떤 일이 어떻게 다가올지 늘 불안하다. 작은 규모의 중소기업 대표 또한 마찬가지다. 내가 일하는 목고박치과는 여의도에 있다. 동업한 지 13년 차이고, 내 파트너가 개업한 것은 20년이 넘었다. 우리는 치료보다 예방을 위해 나름 노력했다. 고객의 구강 관리를 개인의 습관과 문화로 정착시키기 위해 노력하고, 예방 교육을 실천했다. 그러나 세월이 지나면서 뭔가 부족한 걸 느꼈다.

　작은 기업일수록 최소의 기능만을 갖춘다. 의원에서 데스크는 고객과 일정을 조율하고 정산하는 것이 주 업무라면, 진료실은 치료하기와 병에 대한 교육 기능을 우선시한다. 진료 준비와 스태프들의 교육이 이루어지지만 의원을 찾는 고객을 관리하는 개념은 많이 부족하다. '목고박치과에서는 어떻게 실천해야 하는가?' 고객을 위해 원장과 스태프는 무엇을 어떻게 해야 할까. 스태프들과 갖는 아침 미팅의 주제를 바꾸었다. 내방객을 맞이하는 준비는 좀 더 집약적으로 하고, 전날 있었던 일에 대해 의견을 나누고 정리하기로 했다. 팀장의 사회로 팀원들이 돌아가면서 이야기를 한다. 전날의 어려움을 함께 공감하면서 하나의 팀이라는 의식이 높아지고 있다. 즐거운 소통, 환자를 위해 노력하기 위한 기본 준비가 스스로 이루어진다. 회의 방법을 바꾸면서 팀장의 리더십이 증가했고 팀원들은 의원의 업무 흐름을 이해하고 대응하는 능력이 개선되었다.

공감하고 되돌려 주기

나는 말이 적은 편이다. 적어도 그렇게 믿었다. 그런데 어느 워크숍에서 말할 기회를 찾고 있는 나를 보았다. 가치관에 따라 다른 주장을 할 수 있는 논제였다. 어느 주장도 특별히 틀렸다고 할 수 없고, 선택한 주장이 분명히 옳다고도 할 수 없기 때문에 갑론을박 흥미진진한 토론이었다. 그 후 녹화된 토론 과정을 다시 시청했다.

워크숍의 주제가 경청인데, 경청은 온데간데없고 주장만 난무했다. 상대의 말을 잘 경청하고, 그의 말뿐 아니라 맥락에 숨어 있는 의미도 알아차리자는 목표는 까맣게 잊어버린 듯했다. 녹화한 화면을 통해 내 이야기만 하고 내 이야기를 하기 위해 듣고 있는 날 보면서, 자신의 생각이 옳다고 여길 경우 그 주장을 펼치기 위해 얼마나 노력하는지 알 것 같았다. 지금도 코칭을 할 때면 떠올린다. 고객이 충분히 이야기하도록 돕는지, 아니면 내 이야기를 하기 위해 듣는지를.

코칭에서는 고객과 코치가 한 방향을 바라보는 파트너십을 갖는 것이 중요하다. 고객의 이야기를 잘 경청하고 행간을 읽고 공감하는 것이 라포르를 형성하는 데 필수 요건이다. 사람의 유형에 따라 인정과 칭찬은 잠재가능성을 키워 준다. 충분한 공감과 수용이 성장을 돕고 신뢰 관계를 형성한다.

DISC Dominance 주도형, Influence 사교형, Steadiness 안정형, Conscientiousness 신중형 성격 유형 검사에서 주도형이나 사교형의 경우는 인정받고 칭찬받을 때 훨씬 힘을 얻는다. 안정형이나 신중형의 경우에는 인정과 칭찬을 불편하게 생각하여 오히려 거부감을 갖는다. 자신은 아직 부족해서 좀 더 나은 모습이 되기 위해 노력해야 하는데 멋지고 훌륭하다고 추어올리니 불편한 것이다.

유형 분석 후 고객의 현실과 불안에 대해 이해하고 고객의 욕구를 함께 알아본다면 코칭의 깊이가 훨씬 깊어진다. 공감과 수용을 통해 코치와 고객 간의 라포르가 강화된다.

김수형 원장은 전형적인 신중형이다.

성공한 개업의인 그는 최근 경기가 좋지 않기도 하지만 체인형 병원이 늘면서 병원의 재정 구조가 나빠지는 것을 불안해한다. 스태프들과 원활하게 소통하지 못하는 것도 불만이다.

첫 코칭 세션에서 김 원장의 노력과 성과의 탁월함을 인정하고 칭찬했다. 그런데 코칭이 시너지가 나고 에너지가 솟는 것이 아니라 턱을 넘어서지 못하고 계속 반복되는 느낌이 들었다. 코칭 후 정리를 하면서 스스로 되물었다. 무엇이 문제였을까? 프로세스나 주제나 모두 잘 진행된 것 같은데 코칭 결과는 만족스럽지 못했다.

두 번째 세션에서는 다른 이야기를 하지 않고 공감에서 공감으로 끝내기로 했다. 그의 어려움을 잘 듣고, 그의 말로 되돌려 주고, 공감하자 마음의 문이 충분히 열리면서 이후 코칭 세션이 잘 진행되었다.

이지현 과장은 사교적이다. 에너지가 충만하다.

사람들과 관계 맺기를 잘하고 두루 잘 챙긴다. 사람들과의 관계를 잘 이끌면서 많은 일을 조화롭게 진행하고 싶다는 것이 그의 코칭 이슈다. 첫 만남에서 나는 그의 이야기를 경청하고 공감하며 잠재력을 넓힐 수 있는 주제를 정하기 위해 질문했다. 세션은 잘 정리된 논문처럼 말끔하고 고객의 평가도 좋았다. 그런데 집으로 돌아오는 동안 에너지가 차분하게 가라앉았으며 어딘가 미진하다는 생각이 들었다. 무엇을 보완해야 할까? 나의 잔잔한 말투가 안정감을 주기는 하지만 고객을 활기 있게, 힘차게 하지는 못한다는 동료 코치의 지적이 떠올랐다. 다음 코칭 세션에서 목소리 톤 바꾸기와 이 과장의 말을 요약해서 이 과장의 언어로 되돌려 주기paraphrasing를 적극적으로 실천해 보았다.

"지난번 코칭보다 훨씬 강력한데요. 힘과 자신감이 생깁니다."

세션이 끝나자 이 과장이 감탄하며 말했다.

간절한 것은 단순하게

중학교 2학년 때 나는 키가 부쩍 컸다. 1년 동안 키가 다 자란 것 같았다. 모든 에너지가 크는 쪽으로 집중되었다. 먹으면 졸리고, 먹고 돌아서면 바로 배가 고팠다. 반면, 지적인 사춘기는 대학교 2학년 때부터 시작해 지금도 지속되고 있다. 진리에 대한 갈망과 '나'에 대한 이해는 여전히 진행형이다. 뭐가 진리인지는 아직도 불분명하지만 나에 대한 이해는 점점 더 높아지고 있다.

나는 몇 가지 일을 동시에 하지 못했다. 일이 복잡하게 다가오면 어쩔 줄 몰라서 허둥거렸다. 그리고 내내 고민했다. 왜 그런지 너무 힘이 들었다. 알고 보니 나는 에니어그램 9번 유형으로 평화주의자였다. 모임에서 사람들과 다투는 것이 싫고, 분명하게 나의 입장을 밝히는 것이 불편했다. 내 모습을 솔직하게 인정하고 사랑하는 것이 어려웠다. 아침에 일어나 오늘 중에 해야 할 일을 정리하는 것도 힘들었다. 그럼에도 불구하고 꾸준히 노력했다. 처음엔 힘들었지만 노력하다 보니 점점 더 내가 원하는 일들이 생활의 일부가 되고 편해졌다.

전문 코치 교육 중에 생활의 경계를 분명히 하기란 대목이 있다. 받아들이기 어려웠지만, 자신의 영역을 분명히 하고, 불편하다고 느껴지면 상대에게 이야기하여 더 큰 불편함을 방지하는 것이다. 호불호의 태도를 분명히 하고 그날 할 일의 우선순위를 정하는 일을 일관되게 하다 보면 실천할 수 있는 행동들이 점점 구체화된다.

지선이는 소위 좀 노는 아이다. 보컬 활동을 하고 일진회에서도 활동한 친구다. 엄마의 권유로 교정 치료를 받기 위해 병원을 찾았는데, 또래 아이들보다 말수가 적었으나 마음을 숨기는 법이 없는 진솔한 아이였다.

교정 치료를 받으려면 치과 병원을 오랜 기간 다녀야 한다. 1년 반에서 2년 반 동안 만남이 이루어지다 보니 의사와 환자 그리고 보호자는 서로에 대해 많은 이야기를 나눈다.

나는 진료가 진행되는 중에 반드시 환자의 만족도를 조사한다. 너무 허황한 기대를 가지고 있으면 적절히 낮추어 주기도 하지만, 바람을 표현하게 하고, 진행되는 상황을 이야기하고, 더 개선되기를 바라는 마음을 이해하고 알아주는 것이 무척 중요하다. 그런 환자의 마음을 헤아리고 경청하는 것이 환자와 의사의 신뢰 관계를 형성하는 중요한 순간이다.

마무리 단계를 앞두고 있을 때 치료 결과에 대한 이야기로 대화를 시작했다. 지선이는 결과에 대해 만족한다고 이야기했다.

"조금 있으면 수능인데 준비하느라 고생이 많겠네?"

"예. 정말 죽을 것같이 공부했어요."

"그랬구나. 정말 노력했구나. 이런 경험이 지선이에겐 두고두고 힘이 될 거야. 지선이, 멋진데. 정말 멋져!"

잠깐 사이에 지선이의 눈에 물기가 고이더니 아무런 말 없이 눈물을 흘렸다. 나도 지선이의 눈물을 보며 가슴이 먹먹해졌다. 한참을 울던 아이는 마침내 입을 열었다.

"노는 아이로 끝나고 싶지 않았어요. 1년 남겨 두고 하려니 잠도 못 자고 공부했어요. 놀던 친구들은 제가 배신했다고 그러고, 공부하는 친구들은 잠깐 공부하는 척하다 말겠지 하는 눈으로 보는 거예요."

"그랬구나. 정말 외롭게 공부했네!"

"근데 더 힘든 건 제가 이렇게 노력하는 걸 아무도 몰라주는 거예요."

다음 진료 시간에는 치료를 마치고 진로에 관해 이야기를 나누기로 했다. 준비 과제로 자신의 강점과 기억나는 이야기를 적어 오기로 했다. 지선이는 정말 이야기할 상대를 찾은 것 같아 보였다. 다시 한번 생각해 보니 그 어려운 상황에서 공부한 지선이의 집념과 성취가 남다르게 느껴졌다. 몇 달 후 지선이는 노력한 만큼 좋은 대학에 들어갔고, 자신의 강점을 잘 살려 학과를 선택했다.

이야기를 들어 주는 것, 정말 절실하게 이야기하고 싶어 하는 순간 경청하는 것이 얼마나 중요한지 돌아볼 수 있었다. 또한 좋은 질문을 하기란 참 어렵지만, 적절한 순간에 하면 큰 힘을 발휘한다는 것을 다시금 실감했다.

"다른 건 필요 없슈. 이 건만 하면 되유."

만성치주염과 치수염으로 이가 아파서 치료실에 들어온 할아버지의 첫 마디였다. 의사의 관점에서는 아프고 불편한 부위에 대한 치료를 우선적으로 진행하면서 잇몸 질환 치료, 이전 보철물 점검 등 필요한 사항들을 총체적으로 살펴보는 것이 필요하다고 여겼다.

"다른 건 필요 없슈."

노인은 한사코 같은 이야기만 했다.

이분의 말씀 뒤에 숨은 진짜 말은 무엇일까? 어떤 의도를 의사에게 전달하고 싶은가? 나는 노인을 다시 만나 상담하면서 숨은 욕구를 이해할 수 있었다. '갑자기 아내가 쓰러졌다. 너무 당황스럽고 어쩔 줄 모르겠다. 게다가 서울 아들집에서 지내려니 불편하다. 아들과 며느리 눈치가 보인다. 언제 좋아질지 모르지만 이제는 내 생활이 바뀌겠구나. 이런저런 생각만 해도 힘든 일투성인데 이까지 아프다. 정말 울고 싶은 심정이다. 빨리 아픈 걸 해결하고 아내의 병수발에만 몰두하고 싶다.' 아마도 이런 마음이었던 것 같다. 치료 계획이나 교육 등 복잡한 과정은 패스. 간단한 치료 계획과 비용이 덜 드는 보존적인 계획으로 치료를 마무리했다.

나는 노인의 당황스러운 상황에 공감했다. 노인으로선 자신의 도움 없이는 아무것도 못 할 아내가 너무 가엾기도 하고, 갑작스럽게 변한 자신의 상황이 원망스럽기도 할 터였다. 농사 규모를 줄이고, 아내의 뒷바라지를 위한 현금을 마련하는 등 구체적인 계획을 세우는 걸 알 수 있었다. 몇 달 후 아내의 통원 치료를 위해 귀경한 그의 모습을 우연히 보았다. 예전의 어두웠던 표정과 달리 환하게 웃는 성실한 도우미로 변해 있었다. 한걸음 한걸음 할머니를 부축하고 인도하는 뒷모습이 든든해 보였다.

구성원들을 코칭 리더십으로 이끈다면 조직의 긍정적 변화를 기대할 수 있을 것이다. 또한 코칭의 결과로 구성원의 가치와 비전이 조직의 목표와 일치할 때 교육의 의미가 새로워지며 조직의 생산성 향상에 기여할 것이다. 무엇보다도 CEO가 먼저 코칭 리더십을 발휘한다면 의사소통이 활발해지고 인정과 칭찬이 가득하며 항상 에너지가 충만한 일터로 조직 문화가 바뀔 것이다.

고경일

전북대학교 대학원 경영학과에서 인사관리를 전공했으며, 가족기업 후계자 역량 개발에 관한 연구로 건국대학교에서 경영학 박사 학위를 받았다. 기업은행 재직 시 기업금융지점장으로서 많은 기업의 성장을 도왔다. 퇴직 후, 컨설턴트로서 경영컨설팅에 참여하고 있으며 협성대학교 경영학과 교수로 재직 중이다.
고객의 현재됨을 인정하며, 비전을 세우고 삶의 영역을 확장하도록 돕는 것을 기뻐한다. 기업 승계 전문가로서 리더십 함양, 팀 성과 창출, 후계자 역량 개발에 강점이 있다.
영성에 탁월한 코치를 지향하며 한국코치협회 KPC이고, PCCP를 수료했다.
jamesko@uhs.ac.kr

4

지속 성장을 위한
맞춤형 코칭

Being a Coach

고경일

첫 만남, 그 가슴 떨림으로

2010년 5월, 당진을 방문했다. I사 대표와 한 달에 한 번 구내
식당에서 점심을 함께 하며 금융에 관한 전반적인 의견을 나누는 자리
였다. 그 자리에서 나이 지긋한 분을 소개받았는데, 코치협회 수석부회
장인 오용호 코치였다. 그는 거래 기업의 사장을 코칭하기 위해 방문한
참이었다.

"코칭이 무엇인가요?"

나는 호기심을 주체하지 못하고 물었다.

"고객이 정말로 원하는 것을 스스로 책임 있는 변화를 통해서 얻도록 도
와주는 일입니다. 한순간이 아니라 바람직한 모습으로 지속적인 변화를

위해 함께 하는 것이지요."

나는 평상시 기업 경영을 돕고 이로 인해 은행과 기업에 기여하기 위하여 자기 개발을 계속해 온 터라 오 코치의 설명을 듣는 순간 가슴이 설렜다. 매우 궁금해서 코칭을 알고 싶다는 다급함이 앞섰다. 마치 이상형의 연인을 만난 것처럼 가슴이 떨리면서 코칭을 더욱 알고 싶은 호기심과 욕구가 뒤섞였다.

그날 밤 오용호 코치에게 장문의 메일을 보냈다. 인적 자원 관리에 대한 관심과 이력을 소개한 뒤 코칭을 배우고 싶은 열의와 나에게 맞는 효과적인 교육 과정을 추천해 달라고 부탁했다. 코칭을 통해서 중소기업 경영을 돕고 싶다는 포부를 함께 밝혔다. 오 코치는 경영학을 전공하고 은행에서 기업 경영을 지원하는 업무를 하고 있으니 비즈니스 코치로서 강점이 있을 것이라며 기업 전문 코치 과정을 추천했다.

나는 코칭을 경험하기 위해 한국코칭센터의 '코칭 콘서트'에 참여한 이후 코칭 학습을 시작했다. 그렇게 코칭은 나에게 연인으로 다가왔으며 코칭과의 연애가 시작되었다. 3년 사이에 내 인생의 밑바탕 그림은 완전히 바뀌었다. 이젠 은행 지점장이 아니라 대학 강단에서 강연하며 코치로서 사람들을 만난다.

은행은 내 삶의 터전이었다. 30여 년 전에 행원으로 시작해서 지점장에 이르기까지 많은 업무를 추진했다. 탁월한 업무 실적으로 1호봉 승급하는 영예를 얻었으며, 서울대학교 경영대학에서 파견 연수를 받으며 금융 전문 지식을 습득하는 기회도 가졌다. 경험이 쌓이고 직급이 올라

가면서 다양한 직무를 담당했다. 어려움을 극복하고 성취하는 즐거움과 보람이 있었는가 하면 열심히 노력했지만 기대 이하의 결과 때문에 좌절하기도 했다.

나는 지점을 경영하면서 유능한 지점장이 되고 싶었다. 업무 실적 추진을 위해 직원들에게 동기를 부여하고 구성원들의 힘을 결집하기 위해 소통의 장을 만들었다. 구성원들을 나보다 월등하게 뛰어난 은행원으로 성장시키고 싶었다. 업무를 추진할 때는 은행과 거래 기업에게 상호 유익한 방법을 제시하기 위해 연구하고, 좋은 지점 문화를 만들기 위해 노력했다.

건실한 은행원의 모범이 되기 위해서 규칙적인 생활을 했으며 자기 개발은 물론 직원들의 자질 향상에도 관심과 정성을 기울였다. 그렇지만 남들과 다르게 지점장의 역할을 충실히 한다고 해서 항상 좋은 결과를 얻은 것은 아니었다.

그 원인은 무엇이었을까?

거래 기업의 실적과 경영 환경의 요인으로 치부하기에는 무엇인가 부족했다. 여러 가지 원인이 있겠으나 일단은 나의 의사 결정 과정에서 문제를 찾았다. 나는 누군가의 의견을 들으면서도 이미 마음속으로 결론을 내놓고 있었다. 상대방이 진정 원하는 속마음을 읽어 줄 생각은 하지 않고 내 잣대로 판단하고 내 방식으로 일의 진행을 결정해 버렸다.

그런데 코칭을 공부하면서 담당 책임자의 의견을 듣는 일이 점차 많아졌다. 직원들을 대하면서 꾸지람과 질책보다는 업무 추진 과정에서 배운 것과 향후 추진 계획을 듣는 비율이 높아졌다. 그러다 보니 직원들의 문제 해결 접근 방법이 개선되고 의사 결정 내용이 향상되었다. 가장 큰 변화는 실질적인 업무 처리 외에 그 일들이 어떤 의미가 있으며 어떻게 진행되어야 가장 이상적인가를 생각하는 것이었다.

고객과의 의사소통에서도 설명하고 조언하는 대신 고객의 이야기를 들으면서 고객의 판단과 생각을 인정하고 칭찬했다. 자기의 주장을 끝까지 관철시키려고 할 경우 인내심을 갖고 들어 주기만 해도 고객은 스스로 합리적인 판단을 내리곤 했다.

무엇보다 가족들이 조금씩 변해 가는 내 모습을 기뻐했다. 가족들은 경청하며 대화를 나누기 위해 다가오는 나를 무척 반겨 주었다. 심지어 아들 녀석은 자신의 말을 들어 주고 자신이 원하는 것을 알려고 하는 아빠를 좋아하게 되었다.

마침내 정년 퇴직을 했다. 은행 이름만 들어도 나도 모르게 미소를 짓던 직장이었다. 차를 타고 가다가 의견이 맞지 않아 입을 다물어 버리면 아내는 "저기 기업은행이 있네"라고 말하며 은행을 가리켰다. 그러면 나는 아내의 손끝을 바라보며 빙그레 웃을 정도였다. 그런 내 모습을 아내는 짓궂게 즐겼다.

'믿음'과 '은행'은 내 생활의 밑바탕 그림이었다. 그러나 이젠 믿음이란 터전 위에서 코칭을 받고 타인을 코칭하면서 알아 가는 코치다움이 내 인생의 밑바탕 그림이 될 것이다. 대학에서 전문 경영인을 양성하는 강의를 하고 학생들이 꿈을 실현하도록 코칭하는 교수로서 또한 기업의 경영을 돕는 코치로서의 앞날에 가슴 두근거리는 설렘과 감사가 가득하다.

길지 않은 인생을 살아오면서 내 뜻대로만 이루어진 것이 많지 않음을 깨닫는다. 특히 사람과의 관계에서는 더욱 그렇다.

학교와 직장에서 만난 사람들과의 관계를 뒤돌아볼 때 내가 원하는 사람들만 만났던가? 불가항력적인 관계 때문에 번민의 밤을 지새운 적은 없었는가? 또한 전혀 예상치 못한 만남을 통해 상상하지 못한 결과를 얻고 감격한 적은 없었는가? 그래서 우리는 흔히 인연이 있어야 만난다고 하며 인연의 소중함을 강조한다.

기독교에서는 '하나님께서 우리 인생을 예정해 놓으셨다'고 하며, 또한 그것을 믿는 나로서는 어찌 보면 코칭은 내가 선택한 길이라고 할 수 있지만, 그것도 선하신 뜻을 이루시기 위해 하나님께서 나의 인생에 예정해 놓으신 길이라는 생각을 떨쳐 버릴 수 없다. 모든 일은 그의 뜻이 결정한 대로 일하시는 이의 계획을 따라 우리가 예정을 입는(에베소서 1장 11절 상) 것처럼, 나 또한 코칭을 통해서 사람들이 더 좋은 삶을 영위하도록 도움을 주는 코치의 길을 전적으로 하나님께 의지할 것이다.

진정 원하는 일을 하게 하라

여느 때와 다름없이 아침 식사를 하는 중이었다. 갑자기 눈에 보이는 모든 것이 엄청난 속도로 빙빙 돌았다. 너무 어지러워서 구토를 하고 누웠는데도 좀처럼 가라앉지 않았다. 어찌하지 못하다가 한쪽으로 돌아눕자 조금 진정이 되는 듯했다. 그렇지만 다른 한쪽은 여전히 어지러웠다. 지점장 업무 인계를 하기로 정한 날이었다. 도저히 출근할 엄두가 나지 않아서 업무 인계를 다음 날로 미루고 집 근처에 있는 병원을 찾았다.

"스트레스 때문에 달팽이관이 충격을 받았습니다. 최근에 스트레스를 받았나요?"

의사가 내 증세를 듣고 나서 물었다.

그랬다. 이틀 전 예상은 했으나 막상 인사 발령 통보를 받자 '화'를 추스르기가 어려웠다. 누가 이번 인사 이동을 결정했지? 상사가 미워지고 직원들 탓도 하면서 좀 더 철저하지 못한 자신을 원망했다. 이제는 30여 년의 은행 생활을 정리할 시기가 되었다고 스스로 마음을 다잡고 있었지만 직장에 대한 미련은 어찌할 수 없었다.

인사 발령이 난 후 하나님께 지금의 조건에 대해 진심으로 감사의 기도를 드렸고, 주변 사람들을 이해하고 나 자신을 용납하며 마음의 위로와 평안을 구했다. 그렇지만 내 속사람은 지금의 현실을 진정으로 받아들이지 못해서 육신의 아픔으로 경고를 보낸 것이었다. 에크하르트 톨레가 『지금 이 순간을 살아라』에서 말한 것처럼 에고는 교활했다. 정말 자기 주장을 완전히 버렸는지, 그래서 마음으로부터 완전히 벗어났는지 내 몸이 나 자신을 정직하게 느끼도록 해 주었다.

정년 퇴직 예정이 결정되었을 때 나는 세 가지 분야에서 활동 계획을 구상했다. 대학에서 경영학을 강의하는 것과 선배의 컨설팅 회사에 참여해서 기업 경영에 대해 컨설팅하는 것 그리고 기업의 임직원을 코칭하면서 기업 경영을 돕는 코치 활동이었다. 신앙심과 그에 기초한 도전, 겸손, 섬김이 환경의 변화에 빠르게 적응할 수 있도록 도와주었다. 특히 코칭은 강의와 컨설팅하고는 다른 차원에서 사람을 건강하게 세워 주는 일이라는 사명감을 가졌다.

코칭 관련 서적을 탐독하며 구체적인 행동 계획을 세웠다. 우선 앤서니 라빈스의 『네 안에 잠든 거인을 깨워라 *Awaken the Giant Within*』를 읽으며 향후 내 삶의 10년 로드맵을 작성했다.

자기 개발 목표와 경제 목표 그리고 여가, 탐험 목표와 봉사 목표를 구체적으로 정하여 1년 이내에 달성할 영역과 3년 이내, 5년 이내에 이루어야 할 일들로 세분했다. 더불어 M. 스캇 펙의 『아직도 가야 할 길 *The Road less Traveled*』을 읽으며 다른 사람의 영적 성장을 도우면 도울수록 나 자신의 영적 성장도 더욱더 촉진된다는 것과 하지 못하는 것이 아니라 하지 않은 게으름의 원죄에 대해 새삼 깨달았다.

다른 회사에서 스카우트 제안을 받았으나 나는 코칭을 할 수 있는 직장을 원했다.

하나님의 은혜로 대학에서 학생들을 가르칠 수 있게 되었다. 경영학 강의에 코칭을 교수법으로 응용하며 학생 스스로 학문을 배우는 의미와 목적을 생각하고 알아 가게 한다. 진로 상담 시에도 5년 후, 10년 후의 모습을 그려 보고 부모의 꿈이 아닌 학생 자신의 비전을 설정하게 한다. 또한 그것을 이루기 위해 현재에 힘을 집중하는 방법을 학생 스스로 발견하고 구체적으로 실행하도록 지지한다. 코칭을 알지 못했다면 얼마나 더 은행 퇴직 이전의 기득권을 아쉬워하며 미련을 만지작거리고 있었을까?

나는 가장 기초적인 코칭 교육을 이수한 후 겁도 없이 코칭을 시작했다. 코칭 대화의 모델을 습득하지도 못한 상태에서 의욕만 앞세워 직원을 대상으로 코칭을 시작했다.

막상 대화가 시작되니 편안했던 자리가 어색한 공간으로 바뀌고 질문을 해야 한다는 조급함이 앞서며 효과적인 의사소통이 되지 않았다. 직원은 자신의 욕망을 열심히 설명하는데 나는 '코칭은 말하는 것이 아니라 질문'이라면서 다음 질문을 생각하느라 제대로 경청하지 못했다. 그러다 보니 어쩌다 하는 질문도 직원이 원하는 내용과 거리가 멀었다.

갈팡질팡 도저히 갈피를 잡을 수 없는 코칭이 되어 버렸다. 인정과 칭찬은 불구하고 업무 추진 회의처럼 딱딱하기가 이루 말할 수 없었다. 시간은 왜 이렇게 더디 가는지, 그럭저럭 한 시간을 채운 후에 두서없이 마무리하고 말았다.

코칭 후 나 스스로 피드백을 하는 과정에서 경청과 질문, 고객이 코칭을 받고자 하는 주제를 정하는 초점 맞추기가 제대로 되지 않았음을 알았다. 주제가 행방불명된 채 한 시간을 보낸 것이다. 직원은 코칭을 받은 것이 아니라 고난의 시간을 보낸 셈이었다. 지점장이라는 위세에 눌려 하기 싫다는 말도 못 한 것이었다. 더욱이 코칭 말미에 소감을 말할 때의 표정을 돌아보면 이루 말할 수 없이 미안했다. 코치가 코치답지 못하면 오히려 고객에게 해로울 수도 있다는 것을 깨달았다.

하지만 한번 실패했다고 주저앉을 수는 없었다.

중급 과정의 코칭 교육을 받는 중에 코치로서의 미안함과 지난번에 진 빚을 갚는 심정으로 코칭에서 실패한 직원에게 정중히 코칭 초대를 했다. 코칭 시작과 동시에 나를 내려놓고 직원의 언어에 온 에너지를 집중했다. 경청에 힘을 쏟으니 직원이 반복해서 사용하는 언어 그대로 자연스러운 질문이 이어졌다. 직원이 진정 원하는 것이 보이고 그 감정이 내 마음에 와 닿았다. 그 꿈을 이룬 모습을 상상하며 충분히 느끼고 그 이후에 더 해볼 수 있는 것들을 그려 보게 했다.

직원은 원대한 계획을 이루기 위해서 현재의 조건을 제약으로 보지 않고 자신이 할 수 있는 것과 외부의 영역으로 구분했으며, 일의 우선순위를 정하여 코칭 이후에 당장 해야 할 행동을 정했다. 전공을 살려 은행의 업무 개발과 발전에 기여하고 자신도 그 분야의 독보적인 전문가가 되겠다는 당찬 꿈이 있었다. 나는 기꺼이 인정하고 칭찬을 아끼지 않았으며 향후에 반드시 이루어진 모습을 기대한다고 격려했다.

그는 코칭 소감을 말하면서 하루하루 업무에 치여 무의미하게 지내 왔는데 이제는 직장에서의 꿈을 확실하게 정했으며 오늘 당장 해야 할 일을 시작하겠다는 결심을 털어놓았다. 코치로서만이 아니라 점포장으로서 구성원이 업무를 대하는 태도를 바꾸고 꿈을 꾸는 것 자체가 매우 감사한 일이었다.

조직에서의 코칭은 구성원 개인의 가치관 형성과 태도 변화에만 기여하는 것뿐만 아니라 조직의 발전에 미치는 영향 또한 크다.

마음을 다하지 못한 코칭은 무엇인가?

고객이 진정 원하는 것을 알아내지 못한 채 코치가 답을 미리 정해 놓고 진행하는 코칭이 아닌가 싶다. 코치가 마음을 다하지 못하면 그 코칭은 코치가 고객의 마음을 읽는 것이 아니라 고객과 코치가 제각각이 되어 형식적인 코칭으로 흘러간다.

I사의 관리자를 코칭할 때였다.

직장 생활에 흥미가 없고 건강이 악화되면서 일상 생활에서도 의욕이 저하된 고객이었다. 그런 상태다 보니 횟수가 진행되어 코칭에서 행동 계획이 정해져도 실행하지 않았다. 다음 코칭이 이루어질 수가 없었다. 진단 기법을 사용하여 코칭의 방향을 정했는데도 형식 이상으로 진행되지 못했다.

코치인 내가 코칭을 그만두어야 하는 것 아닌가 하는 회의까지 일었다. 대답도 잘하고 태도도 정중한데 겉도는 코칭이 계속되었다. 그러나 이것은 고객의 모자람이 아니었다. 현재의 고객 모습에서 존재에 대한 소중함을 나누지 못한 코치의 잘못이었다. 이전과 다른 자세로 코칭에 임했다.

고객의 신상에 관한 아픈 추억과 현재의 어려움을 들었을 때, 그 마음을 헤아려 위로하고 마음껏 토로하도록 자유로운 분위기를 형성했다. 고객의 언어를 마음을 다하여 받아들이고, 행동의 결과만 강조하는 코칭이 아니라 고객이 현재 시점에서 인정과 칭찬을 원한다는 것을 진심으로 받아들였다. 그러자 규칙적인 생활 습관, 특히 정해진 시간에 산책하는 계획을 실천했다. 그는 변해 가는 자신의 모습을 스스로 대견해하면서 가치 있는 업무를 스스로 습득하기 위해 시간과 정성을 투자했다.

"코치님은 가슴이 참 따뜻한 분이에요. 직장 생활을 하면서 처음으로 인정받고 칭찬받았어요. 덕분에 자존감을 회복했어요."

마지막 코칭이 끝나고 헤어질 때 그는 나를 포옹하며 속삭이듯 말했다. 마음을 다하니 고객이 진정으로 원하는 코칭이 이루어진 것이다.

중소기업의 지속 성장을 위한 맞춤형 코칭

중소기업 CEO들은 기업 경영의 어려움을 토로한다. 사업 초기에는 월말만 되면 자금 부족으로 전전긍긍해야 한다. 기술력이 미흡해서 상품도 제값을 받지 못한다. 어느 정도 자금력과 기술력이 확보되어 성장을 꿈꾸면 잇단 금융 위기와 환율의 위험을 그대로 떠안아야 한다. 어디 그뿐인가? 수요를 예측하고 대량 생산 체제를 구축했는데 신기술을 장착한 신제품이 출시되어 하루아침에 생산을 중단해야 한다. 기업을 경영해 보지 않고서는 그 어려움을 다 헤아릴 수가 없다.

기업의 내부 역량 부족과 외부 환경으로 인해 예측하지 못한 경영의 위기가 올 때도 있지만, 이와 관계 없이 인적 자원은 기업의 핵심 역량이며 기업 경영의 가장 중요한 자산이다. 즉 경영자는 유능한 인재를 갈 망한다. 그러나 구성원의 인력 개발과 조직의 발전은 함께 이루어져야 한다. 조직이 성장하면서 겪는 성장통을 이겨 낼 수 있는 것은 조직 구 성원의 개발을 동반할 때 가능하다.

그렇기 때문에 어느 정도 궤도에 오른 기업의 CEO들은 기업의 성장 을 함께할 인재가 부족한 것을 안타까워한다. 그렇다고 외부에서 인재 를 쉽게 확보할 수 있는 여건도 아니다. 중소기업의 부족한 근무 환경을 선뜻 수용하고 입사할 젊은이가 많지 않기 때문이다. 조직 구성원의 개 발과 성장을 촉진하는 교육 시스템을 도입해 기업 스스로 성장통을 이 겨 내야 한다.

과연 교육 시스템을 잘 구성해서 운용하면 직원의 자질은 향상될 것인 가? 많은 조직행동론자들은 그 결과에 회의적이다. 교육의 효과는 6개 월 정도이며, 그 이전에 구성원의 태도 변화가 중요하다고 말한다. 구성 원의 자질 향상을 위한 교육 시스템을 부정하는 것은 아니지만, 교육의 효과를 높이고 지속적으로 유지하려면 구성원의 태도를 변화시키는 코 칭을 도입할 것을 권한다.

구성원 전체의 코칭이 이루어지면 가장 이상적이겠으나 현실적으로 불 가능하다면, 임원과 팀장급 이상이라도 코칭을 받아 조직의 미션과 전략 을 함께하는 리더의 모습으로 변화하고, 나아가 구성원들을 코칭 리더십 으로 이끈다면 조직의 긍정적 변화를 기대할 수 있을 것이다. 또한 코칭 의 결과로 구성원의 가치와 비전이 조직의 목표와 일치할 때 교육의 의미가 새로워지며 조직의 생산성 향상에 기여할 것이다. 무엇보다도 CEO가 먼저 코칭 리더십을 발휘한다면 의사소통이 활발해지고 인정과 칭찬이 가득하며 항상 에너지가 충만한 일터로 조직 문화가 바뀔 것이다.

S사는 기술력과 자금력이 풍부한 자동차 부품 생산 업체이며, 최근의 자동차 산업 호황으로 꾸준히 성장하고 있다. 그러나 CEO는 기대 이하의 생산성과 부서 간 불협화음을 해소하기 위해 코칭을 도입했다.

구성원의 설문 조사 결과를 보니 부서 간에 깊은 갈등이 상존하고 구성원들은 각 팀장의 리더십을 신뢰하지 않았다. 우선 팀장급 이상을 대상으로 코칭을 시작했다. 코칭을 실시하며 느낀 것은 부서장들 대부분이 그동안 리더십에 대해 개별적인 피드백을 받지 못했으며, 회사가 원하는 리더십보다 자신들이 그동안 해 온 방법을 그냥 유지해 나간다는 점이었다.

우리는 이상적인 리더의 역할에 대해서 생각하고 구성원들로부터 리더십을 회복하기 위한 행동 계획을 수립하고 시행했다. 팀장의 관점에서 이끌어 가는 것이 아니라 조직과 구성원들이 원하는 관점으로 변화를 주자, 구성원들이 함께 공감하는 목표를 설정했으며 현장 중심의 간결한 의사소통이 가능해졌다. 끊임없이 업무 개선을 시도하는 리더의 모습으로 변하고자 노력하기 시작한 것이었다. 코칭 이후 팀원들이 바라보는 팀장의 평가는 긍정적으로 변했다. 그 변화를 바탕으로 회사 전체의 팀워크 형성을 위해 1박2일의 교육 과정을 진행했다. 부서 간의 갈등이 많은 부분 해소되는 것을 볼 수 있었다. 그 결과 부서장 회의 분위기가 좋아지고 생산성이 증대되었다.

골프에 입문하는 대부분의 골퍼들이 싱글을 꿈꾸듯이 코칭을 시작하는 대부분의 코치들은 마스터 코치를 꿈꾼다.

코치는 프로세스 훈련과 많은 실습을 통해서 실패의 경험을 맛보며 성장한다. 골퍼도 연습장에서 레슨과 필드의 경험이 쌓여 가며 로 핸디캡 골퍼가 되어 간다. 필드에서의 컨디션, 그린의 모양, 볼이 떨어진 장소에 따라 골프의 스윙이 달라지듯이 코칭도 고객에게 맞는 코칭을 진행해야 한다. 또한 로 핸디캡 골퍼가 되기 위해서는 많은 연습과 실전 경험이 있어야 하며 자신의 스윙에 대한 확신과 매 라운딩 이후의 복기가 필요하다. 마찬가지로 마스터 코치가 되기 위해서는 코칭 교육과 스킬 연마 그리고 코칭 경험을 쌓아 가는 것 외에 자신이 신뢰할 수 있는 자신만의 코칭이 있어야 한다.

생각만큼 골프를 치지 못하는 이유를 들자면 600개가 넘는다고 한다. 코칭의 효과가 나타나지 않는 이유 또한 많다.

대다수의 골퍼들은 라운딩 이전에 지루한 연습 기간을 갖는다. 연습장의 레슨 코치들은 저마다의 교육 과정을 갖고 있으며 기본 자세와 스윙 연습을 연마하기 위해 반복에 반복을 거듭하며 지속적인 수정을 요하는 혹독한 훈련을 시킨다.

나는 코치가 강조하는 연습 과정을 익히며 무엇 때문에 그런 동작을 취해야 하고 라운딩을 할 때 이것이 어떤 결과를 얻는지 궁금해서 레슨 코치에게 질문하곤 했다. 그런데 자세한 설명보다는 우선 숙달하는 것이 중요하며 생각보다는 몸을 먼저 만들라는 대답을 들었다.

레슨을 시작한 지 한 달쯤 되었을 때 코치가 개인 사정으로 연습장을 그만두었다. 3개월 레슨 후 필드에 나가기로 계획하고 진도를 나갔는데 불가피하게 다른 코치의 레슨을 받아야 했다. 새로운 코치는 이전의 코치와 다른 부분을 강조했다. 체중을 이동하고 그립의 힘을 빼라는 것이었지만 나에게는 갈등이 생겼다. 사실 코치는 왕초보에게 너무 많은 것을 요구함으로써 골퍼의 연습하는 즐거움을 빼앗았다.

'도대체 어떤 과정이 맞는 거지?' 나는 코치들의 자격에 의문이 생기면서 그들을 불신했다. 레슨을 받는 시간이 확실한 배움의 과정이기보다는 잔소리를 듣는 시간으로 느껴졌다. 결국 성실하게 연습하지 않았으며 골프를 잘 치는 지인들에게 귀동냥으로 얻은 지식을 더 신뢰했다.

코칭도 마찬가지다. 코치와 고객의 관계에 신뢰가 형성되지 않으면 코칭의 성과를 기대할 수 없다. 고객이 코치를 신뢰할 때 자신이 진정 원하는 코칭 주제를 정할 수 있다. 내 수준에 맞는 레슨을 받고 코치의 적절한 인정과 칭찬이 있었다면 연습에 흥미를 느껴서 훨씬 빨리 상당한 수준에 이르렀을 것이다. 코칭에서도 코치의 관점이 아니라 고객이 진정으로 원하는 코칭이 이루어져야 한다.

코칭에 입문하는 과정은 각자 동기가 다르겠지만 코칭을 알기 위해 코칭 펌에서 교육 과정을 거치는 것은 공통적이다.

코칭 연수 기관에서 코칭의 기본 과정을 배우고, 코칭 스킬 숙달을 위해서 반복하고 피드백하며 실습하는 것은 자연스럽게 코치가 되는 과정이다. 골프의 레슨 과정과도 흡사하다. 교육 과정에서 코칭의 기본 스킬을 습득하지 못한다면 코칭이 일정 수준에 이르기에는 많은 시간과 갑절의 노력이 필요하다. 싱글 골퍼가 되기 위해 부단하게 연습하고 실전을 통해 자신의 스윙을 완성해 가듯이 마스터 코치를 꿈꾼다면 코칭에 대한 연구와 코칭을 통해 자신만의 코칭을 이루어 가야 한다.

코치다운 깊이와 매력

아직은 서로 서먹서먹해하던 고등학교 입학 초기였다. 내 뒷자리에는 범상치 않은 외모에 발표할 때면 청중을 압도하는 분위기를 연출할 줄 아는 친구가 앉아 있었다. 그는 글씨를 예쁘게 썼다. 나는 볼품없는 글씨체를 교정하기 위해 노력하는 중이었기 때문에 그 친구가 무척 부러웠다.

어느 날 수업 시간에 선생님이 질문했는데 다행스럽게 내가 아는 내용이어서 쉽게 대답했다. 다음 날 아침, 내 책상 서랍에 그 친구의 예쁘게 쓴 메모가 들어 있었다. "delicate한 매력의 소유자." 글씨 때문이었는지, 아니면 칭찬 때문이었는지 모르겠지만 나는 메모를 보며 마음이 설렜다. '내가 은은하고 미묘한 매력이 있다니, 나는 너의 글씨가 얼마나 부러운데….' 나는 그 친구와 친해져서 우정을 쌓아 나갔다. 40년이 지난 지금도 그때의 추억을 떠올리면 흐뭇해진다.

사람의 마음을 끄는 코칭을 해야 한다. 마음을 얻지 못하면 고객이 속 마음을 드러내지 않는다. 매력 있는 코칭을 해야 한다.

코칭을 통해 감격해야 하고 영혼까지도 함께하는 코칭이 되어야 한다. 나는 어떤 매력이 있는 사람이 되기를 원하는가? 코칭의 어떤 매력이 나를 코칭에 빠뜨렸는가? 매력 있는 코칭은 어떤 것인가? 코칭을 하면 할수록 왜 그 매력에 더 빠지는가? 나는 고객이 상상을 초월할 만큼 변화할 수 있도록 매력적인 코치가 되고 싶다.

코칭을 시작하면 고객은 코칭에 대해 기대하고 코치 또한 고객의 변화를 위해 나름대로 최선을 다하기 위해 노력한다. 마음을 함께하고 고객의 애기를 경청함으로써 그 맥락을 통해 고객이 말하지 않은 것까지도 듣는다. 또한 고객이 생각하지 못한 강력한 질문을 함으로써 고객이 진정 원하는 방향으로 관점을 바꾸어 행동의 변화를 유도하는 즐거움이야말로 코칭의 매력이다.

예정된 코칭 과정이 끝나고 코칭의 결과로서 고객의 변화된 모습을 보면 코치의 역할은 막을 내린다. 하지만 코칭은 종료가 아니라 이후에 지속되는 진행형이다. 코칭의 효과는 고객의 변화된 행동이 습관이 되고 생활 자체가 완전히 바뀔 때까지 계속되어야 한다. 그렇다면 고객만 진행형이어야 하는가? 미욱한 나는 코치 자신도 변화하는 진행형이 되어야 한다고 생각한다. 고객과 코치 모두 현재의 모습으로 완성되는 것이 아니라 미래를 향해 계속 변화해야 하기 때문이다.

그 끝은 도대체 언제쯤 알 수 있는 것일까?

그 깊이는 코치가 느끼는 만큼 정해져 있다. 나는 일주일에 두세 번 한강변을 달린다. 오랜 기간 해 온 습관인데 좀 오래 달리면 두 시간 이상 달린다.

마라톤은 육체 운동이다. 일정 체력을 갖추어야 장시간 달리는 것이 가능하다. 나는 완주를 하기 위해 몸의 고통을 잊으려고 즐거운 기억을 떠올린다. 완주 후의 쾌감을 연상하거나 긍정적인 생각을 한다. 그래서 마라톤은 멘탈 운동이기도 하다. 나는 50대 이전에는 좀 더 빠르게, 좀 도 멀리 달리기 위해서 시간과 거리에 신경을 썼으나 50대 이후에는 무릎 관절을 보호하기 위해 멀리 달리거나 빠르게 달리는 것을 포기하고 정해진 시간에 천천히 달린다. 천천히 달리니 주변의 모습이 시야에 들어오기 시작했다.

꽃과 풀이 저마다의 위치에서 성장하는 모습을 보고 새들의 지저귐을 듣는다. 겨울이 지나 봄이 되면 어김없이 자기 자리에서 소생하는 나무와 꽃을 다시 만나는 기쁨을 맞이한다. 계절에 따라 변하는 한강둔치의 아름다운 모습을 즐긴다. 한강변을 걷는 많은 사람들의 겸손한 삶과 인생을 배우고 소망을 함께한다.

1년 전부터는 마라톤을 마무리하면서 2킬로미터 정도는 걷기로 정했다. 조금 빠르게 걷다가 속도를 늦추고 마지막 300미터를 뒷걸음으로 걷는다. 뛰다가 걸으니 얻는 것이 많아졌다. 무엇보다도 차분하게 생각하는 시간이 되었다. 하루야마 시게오는 『뇌내혁명』에서 산책 중에 명상을 하면 서너 배 효과가 좋아진다고 했는데 걸어 보니 그 말을 실감할 수 있었다. 어떻게 하면 바람직한 코치가 될 것이며 기업 경영에 도움이 될 것인가, 학생들의 꿈을 어떻게 자각시킬 것이며 그 꿈으로 학생들의 태도를 변화시키고 새로운 가치관을 형성하게 할 것인가에 대한 생각들이 다양해졌다.

매일 새벽 묵상의 시간quite time에 성경 말씀을 통해서 깨닫고 적용하는 것이 일용할 양식과 같다면 걸으면서 생각하는 것들은 특식과 같아서 묵상과 더불어 나의 삶과 영혼을 살찌운다.

달리는 방법을 바꾸고 나서 많은 것을 보고 깨닫듯이, 코칭을 통해서 고객이 원하는 가치관을 세우고 그것을 즐기도록 코칭의 깊이를 더하고 싶다. 코칭을 배우고 실습하면서 코칭의 깊이를 더해 가는 즐거움을 숫자로 표현하면 5, 전문 코치가 다른 전문 코치인 멘토 코치에게 코칭을 받으며 자신의 코칭 과정을 피드백함으로써 깨닫는 기쁨을 숫자로 표현하면 7, 멘토 코치의 현재 모습에서 코치다움을 발견하며 반드시 따라하겠다는 뿌듯함을 숫자로 표현한다면 9, 코칭할 때 코치로서만이 아니라 나의 삶 전 영역이 코치다울 때의 감격을 숫자로 표현하면 10을 넘어 무한대가 아닐까 싶다.

사실 코칭 교육을 받고 나면 바로 코치가 되는 줄 알았다.

기초 과정을 마치고 몇 차례 실습을 하면서 '이제 코치가 되는 것은 시간 문제다'라고 생각했다. 그런데 코칭 중급 과정과 심화 과정을 받으면서 나의 생각이 깨어지기 시작했다. 그것은 내가 코치답지 못함에서 비롯된 것이었는데 교육 과정 중에 '코치로서의 나'에 대해서 발견하게 되는 미진함과 해야 할 것들, 그리고 코치로서의 바른 태도 형성에 관한 것들이었다. 다양한 교육과 훈련, 실습 등을 통해 지속적으로 나아가고 있다. 하지만 아직도 그 종착점은 진행형으로 남아 있는 것이다.

많은 코치들이 각자 독특한 코칭 영역을 구축하고 왕성하게 활동한다. 나는 그들에게서 많은 것을 배웠으며 코치의 삶을 공감하고 있다. 코칭의 길에서 나에게 코치다움을 깨우쳐 준 특별한 코치 세 분이 있다. 김영순 코치는 코치의 사명감과 코칭의 숲을, 박창규 코치는 코치로서 당당함과 행함을 그리고 고현숙 코치는 나눔과 섬김을 통해 코치다움을 가르쳐 주었다.

그러면 나는 언제쯤 코치다울 수 있을까? 그 시기는 알 수 없다. 내가 어떠한 노력을 해야 시기를 당길 수 있는지도 아직은 알 수 없다. 다만 '우보천리牛步千里'처럼 하나씩 배우고 깨달으며 내 분수에 맞는 코칭의 길을 걸어갈 생각이다. 그리고 세 분의 코치처럼 코치의 사명감과 당당함 그리고 아낌없는 나눔을 닮아 간다면 언젠가 '최고의 나'로서 코치다움이 더해질 것이다.

대통령을 코칭하는
코치가 되고 싶다

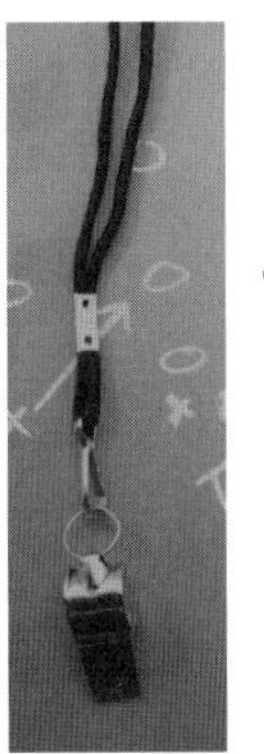

작년 8월 은행을 퇴직하고 10년 후의 내 모습을 그려 보았다. 자기 개발 측면에서 살펴본 장단기 계획이다.

영적 부분

기도 능력이 있는 사람, 하나님의 사랑이 드러나는 사람, 기도와 말씀을 통해서 은혜받고 깨달은 그대로 살아가는 사람, 순종과 희생이 있는 믿음을 감사하는 마음으로 따르는 사람이 되자.

정신 부분

매일 아침 활동을 시작하면서 나는 '오늘은 무엇을 베풀 것인가, 오늘은 무엇을 배울 것인가, 그러기 위해서 나는 무엇을 해야 하는가'를 생각한다. 변함없는 실행으로 자긍심을 높이고 최고의 '나'가 되기 위해서 꾸준히 버리고 얻는다.

코칭

마스터 코치, 직관력과 영성이 뛰어난 코치, 대통령을 코칭하는 코치, 인정과 칭찬이 남다르며 경청을 통해서 고객의 욕구를 파악하고 고객 스스로 실행 방안을 도출하도록 지지해서 성공적인 기업 경영을 돕는 탁월한 중소기업 코치, 코칭받는 사람들의 영혼을 터치하여 인생의 전환점을 주는 코치가 되고 싶다. 그 일에 보람을 느끼는 코치가 되고 싶다.

컨설팅

발표와 분석 방법이 독특한 컨설턴트로서 개선 방안을 제시할 때마다 그 기업에 최상의 해결책을 제공하는 컨설턴트를 지향한다.

강의

학생들이 진로를 결정하며, 비전을 성취할 수 있도록 돕는다.

건강

활력이 넘치고 남에게 에너지를 주는 사람이 되자. 꾸준한 운동으로 지금의 몸무게 64킬로그램, 허리 79센티미터와 체력을 유지한다. 기름진 음식보다 채식 위주로 식사하며 발효 식품을 선호하고 저녁 식사는 7시 이전에 한다. 그 이후에는 간식을 먹지 않는다.

기타

어학, 컴퓨터, 독서, 색소폰 등 자기 개발 요소를 익히고 일상이 되도록 받아들이며 직업, 경제 목표, 여가, 탐험 목표, 봉사 목표 등을 설정하고 실행하기 위해 노력한다.

1년이 지난 현재 나는 코칭 분야에서 한국코치협회의 전문 코치 자격_{Korea Professional Coach, KPC}을 취득했으며 기업 전문 코치 프로그램인 PCCP 교육 과정을 수료하고 시험에 합격했다. 기업의 임직원을 위해 활발하게 기업 코칭을 하고 있다. 그리고 새로운 비전을 10년 안에 '대통령을 코칭하는 코치'로 설정했다.

나는 코치의 도움을 받아 한걸음씩 나아가며 성장한다. 세상의 관계를 이해하기 위해 노력하고, 코치에게 코칭을 배우고 코치가 되어 누군가를 코칭한다. 그리고 질문을 시작한다. 나는 무엇을 원하는가. 나의 행동은 나의 가치에 부합하는가. 나는 왜 이 일을 선택했는가.

최선영

HR 전문기관에서 조직의 개발 및 조직문화 구축을 위한 리더십과 코칭의 프로젝트와 컨설팅 담당. 코치형 리더로서 개인의 변화와 조직 문화를 통한 조직의 변화에 대한 경험을 기반으로 훌륭한 코치로 성장하는 데 도움을 주는 파트너 코치다. 인간 중심의 사고에 기반한 성과 창출 코칭 리더십에 관심이 많으며 고객의 원하는 목표를 실현하도록 진심을 다한다. 삶의 가치와 사명, 내면의 목소리를 코칭을 통해 발견하며 행복하고 즐거운 삶을 새롭게 모색하고 실현하기 위해 노력한다.

sychoi333@gmail.com

5

조직 문화를
유연하게 가꾸는 사람들
Being a Coach

최선영

호기심을 포기하지 마세요.

행복은 나와 타인이 더불어 만드는 것이다. 행복을 위해, 더 좋은 삶을 위해 노력하는 과정은 기쁨과 슬픔, 즐거움과 아픔이 교차한다. 사람들은 미묘한 표정이나 눈빛, 몸짓 혹은 말이나 행동으로 마음을 주고받는 터라 상대방의 의도를 올바르게 이해하기 위한 배려와 정확한 소통이 절실하다. 코칭을 배우면서 비로소 나와 타인이 함께 주인공이라는 것을 인정하기 시작했다.

코칭을 알기 이전에 내가 세상의 주인공인 양 내가 모든 것을 결정한다는 착각 속에 살아왔다. 동화속의 주인공처럼 누군가 나타나서 '이렇게 하세요. 당신은 이런 쪽에 재능이 있을 것 같군요. 이렇게 하면 잘 될 거예요'라고 이끌어 준다면 얼마나 좋을까, 동화책에서 본 마법사나 요정, 수호신은 다 어디로 사라진 것일까라는 생각도 가끔 하면서 말이다.

어린 시절의 꿈과 용기와 자신감은 사라지고 이젠 직장이나 가정에서 나의 감정을 솔직하게 표현하고 말하는 것이 조심스럽다. 오히려 내 감정이나 현재 상태를 말하지 않는다. 괜한 걱정이나 오해를 살까 두려워서 자신할 일이 아니면 꽁꽁 숨겨 놓는다. 그러다 보니 감정과 마음이 서서히 굳어져 버려 적당한 타협도 선의라고 생각하며 자신에게, 타인에게 끊임없이 전달한다.

인생의 주인은 분명 나 자신인데, 그 주인공은 다른 사람들과 더불어 행복한 결말을 만들어야 하는데 때로는 주인공으로서의 지나친 에고가 서로 상처를 남기며 행복하지 않은 결말을 맺기도 한다. 우리는 자신의 가치와 신념을 어디에 빌려주고 무엇을 위해 일하며 살아가는 것일까. 나의 경우 이에 대한 해답을 코칭에서 찾을 수 있었다. 나와 상대방을 존재 그 자체로 존중하며 무한한 가능성을 인정하며 행복을 실현하도록 도와주는 코칭, 우리가 함께 행복한 삶을 만들기 위해 코칭에 대한 호기심을 가져보면 어떨까?

내가 처음 코칭을 안 것은 2002년이었다. 어느 날 사내 교육시간에 해외출장을 다녀온 CEO께서 매우 좋은 프로그램이라며 코칭을 소개했다. 코칭의 가치와 철학이 훌륭할 뿐만 아니라 유럽이나 미국에서의 성공사례가 많아 수년 후에는 코칭에 대한 관심과 수요가 많아질 테니 국내에 막 도입되고 있는 이 시점에 많은 관심을 가져 보라며 권유하셨다.

코칭을 하려면 전문코치가 있어야 하는데, HR에 관련된 석사나 박사과 정을 염두에 둔 직원들이라면 전망 있는 분야이므로 코칭에 시간과 비용을 투자하고 매진한다면 전문코치나 코칭전문가로 자리매김할 거라고 강조하며 그러기 위해서는 코칭은 학문적 접근에 앞서 코칭 하는 것이 매우 중요하므로 먼저 전문코치에 도전해 보라고 하셨다.

그 당시 국내에는 전문코치 자격을 인증하는 기관이 없었기 때문에 국제코치협회에서 인증하는 교육을 받고 이메일로 서류를 보내서 전화로 구두시험을 치르는 과정을 거쳐 국제자격을 취득해야 했다. 국제코치협회에서 인증하는 과정이 국내에는 없었으므로 해외에 나가서 교육 과정을 이수하거나 외국의 전문코치를 초빙하여 진행하는 인증 교육 과정에 참가하는 방법이 있었다. 비용도 만만치 않았을 뿐만 아니라 최소 레벨의 전문 코치에 도전하더라도 코칭 교육을 받고 코칭을 100시간 이상 축적해야 하는 등 매우 많은 에너지가 필요했다. 코칭에 대한 호기심은 많았지만 나는 아이가 매우 어려서 가정에도 신경을 써야하는 상황이라 엄두조차 내지 못했다. 무엇보다 국내에 도입되는 시점이라 코칭 사례나 자료가 많이 부족하여 코칭을 배우려는 사람들은 주말이나 평일 저녁에 소그룹 스터디 모임을 만들어 공부하거나 코칭에 도움이 되는 심리학, 뇌언어 프로그램 Neuro Lingustic Programing, NLP이나 상담, 감수성 훈련 등에 참여하는 등 많은 시간을 쏟아 부어야 했으므로 더욱 관심을 배움으로 실천하지 못했다.

그러던 2005년 강남의 한 호텔에서 열린 한 코치의 강연이 내 생각을 바꿔 놓았다. 홍콩에서 커리어우먼으로 일하던 강사가 사내 교육을 통해 코칭을 알고 접하면서 발견한 새로운 세상과 개인적인 삶의 변화, 그리고 코칭이란 무엇인가에 대한 내용이었다.

프로페셔널한 강사는 아니었다. 하지만 그녀의 진정성과 열정이 그대로 묻어나는 솔직한 강의에 깊은 인상을 받았다. 그녀가 하던 일을 뒤로하고 코치의 길로 들어서도록 인도한 코칭이란 것에 대체 무엇일까라는 관심이 일어나고 코치의 삶에 강한 호기심이 생겼다. 그 당시에 전문 코치 훈련을 받는 임원에게 궁금하여 질문을 드렸던 기억이 난다.

"코칭을 하면 어떤 점이 가장 좋은가요?"

"강의하시는 코치들의 훌륭한 점을 배워서 좋고, 코칭하거나 배우면서 만나는 각기 다른 경험과 이력을 가진 사람들의 삶에서 많은 영감을 받지. 조직에서 바라보았던 단순한 관계에서 벗어나 코칭 과정은 삶의 다양성을 인정하고 내 삶을 풍부하게 만드는 기회야. 이런 성찰과 깨달음의 시간이 재미있어. 다른 사람들의 삶을 이해하고 지금껏 나의 관점이 고정되었다는 것을 알면서 생각이 넉넉해지고 마음이 풍요로워지는 것을 느껴."

나는 고개를 끄덕이며 들었지만 코치 과정에 참가하고 나서야 임원이 말한 진정한 의미를 깨달았다.

교사, 교수, 대학생, 전업주부, 컨설턴트, 기업임원, 종교인, 경영자와 함께 교육을 받다 보니 역시 코칭 과정 그 자체가 코치로서 열린 마음을 갖게 하며, 앞으로 만날 다양한 코칭 대상자들을 이해하고 코칭을 자신

있게 진행할 수 있는 밑거름을 만드는 시간이었다.

나는 처음부터 전문 코치가 목표는 아니었다. 회사의 CEO가 코칭을 처음 소개한 이후로 코칭의 철학에 매료되어 호기심의 끈을 놓지 않고 있다가 양파 껍질을 벗기듯이 코칭을 차근차근 알아 가면서 코칭의 매력을 느낀 경우다. 간혹 코치가 되려면 어떻게 공부하는 게 좋으냐고 질문을 받는다. 나는 그럴 때마다 코치가 되고 싶은 이유를 묻는다. 코치가 되기 위해선 코치가 되고 싶은 이유, 코치의 사명과 코치의 자질이나 태도가 매우 중요하다. 그리고 코칭을 제대로 하려면 전문 훈련을 받아야만 한다.

코치의 태도와 스킬은 많은 연습과 훈련을 통해 배우고 향상되는 것이다. 코칭을 받는 사람은 제대로 숙련된 코치를 더 선호할 것이다. 그러나 전문 코치 자격 레벨, 각 레벨에 도전하기 위해 수료해야 할 다양한 인증 코칭 교육 과정, 코칭 경험이나 코칭 시간 등 필요한 조건에 대해 언급하기 시작하면 다들 당황한다.

초기에는 나도 그랬다. 가능한 한 객관적으로 판단하여 올바른 결정을 내리도록 조언한다. 전문코치를 만나거나 관련된 도서를 읽어보고 코칭 교육과정 및 세미나에도 참석하여 코칭이 자신에게 맞는 옷인가, 내가 코치의 삶에 열정과 사명을 가질 수 있는가를 확인하는 단계를 거치도록 한다. 간혹 투자수익률ROI, return on investment을 언급하면서 이해득실부터 계산하는 분들도 있다. 교육비와 교육 시간, 코칭 시간 등 전문코치가 되려면 금전적인 것은 물론 소요되는 시간과 에너지가 만만치 않은 만큼 많은 노력과 인내가 필요하므로 코칭 자체에 대한 관심, 적성보다 처음부터 투자비용과 기회비용을 조목조목 비교하는 사람들에게는 가능한 한 코칭을 권유하지 않는다. 물론 전문 코치를 직업으로 생각한다면 사전에 충분히 준비하는 것이 좋다. 그러나 가장 중요한 것은 파트너와 함께 코칭을 즐긴다는 마음의 준비다.

코치가 코칭 대상의 내면세계를 함께 하는 여정이 하루 이틀의 교육으로 가능하다면 얼마나 좋을까. 코칭을 받으면서 훌륭한 코치를 만나 참다운 코치로서 의식의 전환을 가져오기도 하며, 코치로서 다양한 고객을 만나는 것도 새로운 모험을 하는 것처럼 흥미롭고 즐거운 경험이다. 코칭을 하면할수록 더 많이 배워야 한다는 것을 절감한다. 전문 코치들이 끊임없이 배우고 연구하는 이유를 충분히 이해할 수 있다.

지난 연말, 새해를 맞으면서 국제코치협회의 코치 자격과정을 마치고 국내 · 국제 코치 자격을 각각 취득하기로 목표를 세웠다. 마흔을 맞이해 미흡했던 일들을 하나씩 마무리해서 창공을 훨훨 나는 새처럼 나 자신을 가볍고, 새롭게 정리하고 싶었다. 자격시험에 도전을 못했는데 오래전에 자격을 취득하여 전문 코치로, 사내 코치 전문가로 활동하는 동료나 후배가 많다. 그들을 보면서 부럽기도 하고 여전히 코치로 도전하고 성장하지 못하는 나 자신이 답답했다. 이미 수년전부터 코칭을 시작했지만 여러 사정으로, 바쁘다는 핑계로 코치 자격에 도전하지 못하는 터라 누군가 '코치자격이 어떻게 되세요.'라고 물어오면 뜨끔하기도 했다. 나는 2002년 이후부터 이미 주변 사람들이 코칭을 통해 코치로, 리더로 성장하는 모습과 자신이 원하는 행복한 삶을 추구하면서 긍정적인 태도로 변화하고 더 성장하고 영향력을 발휘하는 과정을 직접 지켜보면서 자연스럽게 코치가 되는 길로 들어서기로 마음먹게 된 것 같다.

처음 코칭을 한 것이 2007년인데 단지 전문코치 교육을 받았다고 누군가를 코칭하고 코치로서 영향력을 발휘한다는 게 미덥지도 않고 상대방에게 미안한 기분마저 들었다. 첫 코칭시연에서, 질문리스트를 정리하며 어떻게 멋있게 코칭할 수 있을까 고민하니 너무 부담이 되었다. 결국 기본에 충실하기로 마음먹고 실제 시연에서는 코칭을 하면서 코칭 대화모델을 따라 주요한 질문만 던졌는데 코칭 대상자가 실제로 많은 도움이 되었다고 해서 깜짝 놀랐다. 이후로는 스킬과 멋진 질문리스트보다 고객에 집중하며 대화모델에 충실하니 실력이 향상되는 것을 느낄 수 있었다.

코칭을 하면서 코치로서 완벽성을 기하고 싶고 준비된 코치의 모습을 보여주고 싶어 욕심을 부리는 경우가 있다. 교육과정이나 구두시험에서 종료 후에 피드백을 받는데 코치로서의 태도나 대화 프로세스 등 기본에 충실하는 것이 매우 중요하다는 것을 다시금 깨닫게 된다.

전문코치가 되는 훈련에서 가장 필요한 것은 코칭을 실제로 해보는 것이다. 하지만 코치로서 덜 여문 것 같아 누군가를 코칭 하는 게 미안하고, 코칭해 주고 싶은 상대가 나타나도 차마 입이 떨어지지 않았다. 한번은 앞으로 전문 코치가 되려는 여성 커리어우먼을 코칭 했는데, 그녀도 나와 같은 고민을 갖고 있었다. '클라이언트 구하기'를 주제로 수차레 코칭하다 보니 나중에는 훨씬 적극적으로 클라이언트를 구하는 노력을 보여 주었다. 코칭을 하는 동안 마치 내가 코칭을 받은 것처럼 매우 큰 도움이 되었다.

"질도 중요하지만 양도 중요해"

이렇듯 전문코치교육에서의 코칭 시연과 여러 코칭 대상자, 다양한 코칭 주제들로 코칭을 경험하면서 더 성장하고 있었다.

코칭을 하면 할수록 완벽한 코칭은 코칭 대상자와 최선을 다하여 만들어 나가는 과정임을 실감한다. 새로운 일을 시도하거나 계획하는 경우에 결정하기까지 매우 많은 공을 들이지만 막상 결정하고 나면 더욱 중요한 실행은 별로 관심을 두지 않는 경우가 많다.

코칭에서도 마찬가지로 고객과 코칭을 하다보면 대안이나 방법을 찾고 난 이후, 실행하고 적용하는 단계에서 그 결과는 대충 넘어가기를 바라는 경우가 많다. 답을 찾는 것도 중요하지만 더욱 중요한 것은 실천, 실천, 실천이다. 코치 훈련을 하면서 가장 큰 깨달음은 행동으로 실천해야 한다는 것이다.

새해가 되면 흔히 어학이나 운동, 자격증 취득을 목표로 설정하고 세부 계획을 세우는 데 전심전력을 다하지만 마음먹은 것과 달이 다른 일들을 핑계로 연기하거나 방치한다. 정말 중요한 목표였을까? 중요하였다면 왜 행동으로 옮기지 않았을까? 그럼에도 덜 중요한 일들에 더욱 매진하는 이유는 무엇일까?

나는 작년과 올해 코칭을 받으면서 목표를 세우는 데 많은 도움을 받았다. 코치의 도움으로 정말 중요한 목표를 설정하고 그 목표들을 일관되게 실행했으며, 덕분에 만족한 결과를 얻었다. 노력한 만큼 칭찬도 받고 인정도 받고, 부족한 부분은 다른 방법을 모색하도록 자극받으며 진행되는 코칭은 계속 실행할 수 있는 에너지가 되었다. 특히 목표를 세우고 실행하는 처음 한두 달 동안 격주나 월 단위로 코치와 리뷰하고 촉진하는 과정은 지금까지 작심삼일로 끝나거나 이루지 못했던 과거의 모습에서 진일보한 색다르고 재미있는 경험이었다. 여러분도 코치의 도움을 받아 원하는 목표를 세우고 실천하여 달성하는 기쁨, 그 즐거운 경험을 누려보기 바란다. 또한 코치의 인정과 칭찬은 더 큰 목표를 세우며 다음 단계로 나아가는 에너지가 되었다. 코칭을 받으면서 느끼는 코칭의 효용은 고객을 코칭 하는데 코치로서의 확신과 자신감에도 큰 도움이 되었다.

수평적 조직 문화와 코칭

어느 조직에서의 임원 교육 과정 중에 있었던 일이다. 간단한 코칭교육 후 조직 내의 일반적인 주제를 가지고 코치형 리더로서의 상사와 부하직원이 서로 역할을 바꾸어 가면서 코칭 실습을 해보기로 했다. 코칭 주제는 팀장의 리더십 향상으로 새로 부임한 팀장의 리더십 스타일 때문에 팀워크가 무너지고 가장 열심히 일하던 김 과장마저 회사

일에 태만해지자 이를 염려한 임원이 팀장을 코칭 하는 장면이다.

"이 팀장, 수고가 많네, 요즘 어떤가? 팀 분위기가 좋지 않은 것 같던데…"

"네, 문제가 약간 있습니다."

"어떤 문제가 있나?"

"네, 김 과장이 일은 열심히 안 하고 불평이 많아서 다른 팀원들에게 좋지 않은 영향을 미칩니다."

"어허, 그래? 그런 문제는 빨리 해결해야지, 불평이 많은 직원들을 잘 해결하는 방법들이 있지."

"혹시 좋은 방법이 있으신가요?"

"그럼 이렇게 해보게"

"네, 알겠습니다. 많은 도움이 될 것 같습니다"

코칭 시연이 끝난 후에 바로 피드백 하는 시간을 가졌는데 먼저 코칭 시연을 한 분들끼리 피드백을 하였다. 맨 먼저 나온 내용은 원래 코칭 목적과 어긋난 느낌이 든다는 거였다. 이후에 역할을 바꾸어 다시 동일한 주제로 코칭 하였더니 훨씬 나아진 것을 모두 알 수 있었다. 처음 코칭은 대화 내용만 살펴보면 흠잡을 데가 없다. 그러나 임원이 원래 팀장을 코칭 하려던 목적은 무엇이었을까? 팀장의 리더십 향상이라는 목적은 없어지고 김 과장의 불만처리라는 엉뚱한 방향으로 결론을 지었다. 다음 시연한 임원은 "이 팀장이 생각하는 좋은 팀은 어떤 팀인가"라는 질문을 하였다. 게다가 김 과장이 왜 그랬을까? 김 과장이 예전처럼 일을 잘 하려면 팀장이 해야 할 일은 무엇일까라고 코칭 하였다면 어떻게 결론이 났을까?

만약 임원이 코칭 질문마저 던지지 않았다면 이 대화는 어떻게 되었을까?

질문을 어떻게 하느냐에 따라 대화 내용이 달라지는 법이다. 코칭의 원래 목적을 생각했다면, 코칭 대화 프로세스가 익숙했다면 좋은 코칭을 했을 것이다. 바람직한 모습과 현재 모습의 간극을 발견하도록 이끌어야 하는데 중간 이후부터 해답을 주려는 예전의 스타일로 코칭이 이루어지고 말았다. 과거에는 어떻게 하셨냐고 질문을 드렸더니 웃으시며 팀장이든 김 과장이든 정신 차려야지, 아니면 집에 돌아가던가 라고 대답을 하셨다.

위의 사례처럼 코칭교육을 하고나서 바로 코칭리더십을 발휘하는 것이 쉽지는 않다. 하지만 짧은 코칭실습이었지만 반복되는 시연을 통해서 계속 나아짐을 알 수 있었다. 새로운 도구도 자꾸 써보고 활용하면 익숙해지듯이 코칭대화도 처음에는 서먹하지만 반복하고 노력하다보면 어느새 편안하고 익숙한 대화도구가 될 것이다.

십여 년 전에, 전통적인 위계 체제를 갖춘 조직에서 일하다가 조직문화가 전혀 다른 한국리더십센터라는 HR교육기관으로 자리를 옮겼다. 처음에는 수평적인 조직 문화에 큰 매력을 느꼈다. 그런데 시간이 흐를수록 일하는 방식과 소통하는 방식이 답답했다.

입사 첫 주였는데 입사 선배지만 경험도 부족하고 나이도 한참 어린 직원이 다가오더니 "그렇게 하시면 안 되고요, 모르면 물어보세요."라고 말해서 매우 당황스러웠다. 자존심이 상했지만 처음이라 몰라서 그럴 수도 있겠지 하며 나아지기를 기대했다. 그러나 시간이 흐를수록 기대와 달리 상사와의 관계뿐만 아니라 동료나 구성원들과의 관계에 더 신경이 쓰였다.

정반대의 조직 문화로 이동해서인지 너무 다른 업무 진행과 소통 방식에 적응하느라 무척 힘들었다. 가끔 그게 얼굴에 드러났는지 "표정이 왜 그래요"라는 말에 자괴감이 들기도 했다. 아마도 그 무렵 나는 수평 조직문화는 개인주의라고 인식한 것 같다. 그러나 코칭을 알면서 수직적인 유형의 조직만이 아니라 수평 조직도 코칭이 필요하다는 것을 절감했는데, 상호 존중과 상대방의 배려가 코칭에서 기본적으로 강조되고 있기 때문이었다. 미국이나 유럽에서 코칭이 시작된 이유 중의 하나가 아닐까 생각했다.

상사는 훌륭한 코치다

지금까지 직장 생활을 하면서 나는 운이 좋게도 정말 훌륭한 상사를 모시며 일했다. 리더로서의 성품과 역량, 자질이 훌륭한 분들이었는데 코칭을 배우시면서 더욱 더 훌륭한 롤모델이 되어 주었다.

"이 일을 더 잘 하려면 어떤 방법들이 있을까?"

"성과를 내기 위해서는 어떻게 하는 게 좋겠나?"

"자네도 행복하고 구성원들도 행복하려면 어떻게 해야겠나?"

"그렇게 했을 때 자네 팀, 회사에는 어떤 도움이 될까?"

"앞으로 어떻게 경력 관리를 할 생각인가?"

"이 회사에서의 목표, 비전, 가치는 무엇인가?"

그때는 목표를 달성하기 위해 성과를 만들어 내는 것만으로도 머리가 복잡해서 다른 것은 생각할 겨를이 없는데 상사가 왜 이런 질문을 할까 궁금했다. 시간이 지나면서 상사의 이러한 질문을 직원들에게 활용하여 자신이 원하는 것, 좋아하는 것, 꿈이나 가치에 대해 질문하였더니 처음에는 어색해하더니 점차 얼굴이 밝아지고 대화에 적극적이었다. 다음에는 이 내용들을 업무와 연결하는 질문을 하니 이전과 달리 일에 대한 생각과 태도가 변화하는 것을 알 수 있었다.

상사가 코치면 좋은 점이 뭘까?

언제가 까다로운 프로젝트가 막 시작되는 참이었다. 다른 팀의 협조가 매우 중요한데 연말 휴가 기간과 겹친 데다가 담당 SME도 바뀌면서 시작부터 삐거덕거리는 게 여러 가지 징조가 불안했다.

혹시 프로젝트가 잘못 될까하는 두려움과 멤버들의 사기 저하로 예상되는 고충에 대한 토로 및 상사의 혜안을 듣고자 답답한 마음에 임원에게 면담을 요청하였다. 그러나 원래의 면담 목적과 달리 한참이나 불평, 불만을 쏟아냈다. 그러다가 임원에게 질책이나 듣지 않을까 노심초사하는데 오히려 칭찬을 듣게 되었다.

"어려움이 참 많네요. 지난번에도 어려운 프로젝트를 성공적으로 마무리했는데 이번 프로젝트도 잘 할 수 있을 것 같은데요, 최 팀장이라면 이미 역량은 충분합니다. 잘 해낼 수 있어요. 만일 어려운 일이 있으면 말해요, 도와주겠습니다."

"네, 이번 프로젝트가 어렵다고 괜히 긴장이 되었나 봅니다. 아직 큰 어려움은 없습니다. 다만 연말이라 휴가가 많은 기간인데 휴가를 내고도 못가는 멤버들에게 격려의 말씀 한 마디 부탁드릴게요."

"아, 그럼 모두 가능한 날짜 정해서 알려 주세요, 식사 같이 하지요"

예상과 달리 임원의 인정과 격려를 듣고 나니 처음과 달리 마음이 편안해지면서 이전의 불안했던 요소들이 매우 작게 보였다. '그래, 과거의 프로젝트들도 쉽지 않은 장애요인들이 많았는데도 해냈지, 이번 프로젝트가 시기적으로 연말 휴가기간과 겹치다보니 감정적이 된 것 같아' 팀장이었지만 연말에 공휴일까지 출근하는 스케줄로 남편과 아이에 대한 미안함과 함께 나와 비슷한 입장의 멤버들에 대한 미안함에 더 어렵게 생각했던 것 같다.

상사의 인정과 격려는 나의 부정적인 사고를 긍정적인 감정으로 전환해 프로젝트를 즐겁게 시작하는 데 큰 도움이 되었다. '그래, 이 프로젝트는 또 다른 경험과 노하우를 쌓고 많은 것을 배울 수 있는 좋은 기회야'라며 더욱 열심히 하는 계기가 되었다.

확신이 없어서 주저할 때, 누군가 옆에서 등 한번 두드려 주거나 잘해

낼 거라고 한마디만 해준다면 어떻게 될까? 상사가 당신은 역량이 충분한데 무엇이 걱정인가, 왜 어렵다고 생각하는가, 과거에 비슷한 프로젝트에서는 어땠는가, 잘한 것은 무엇이고 배운 것은 무엇인가, 당신이 예상하는 어려움은 무엇인가라고 질문을 받는다면 당신은 어떤 반응을 보일 것인가? 코칭은 고객과 함께 춤을 추는 것이라는 말이 있다. 상사의 코칭은 부하직원을 춤추게 한다.

신입 사원일 때는 선배나 상사에게 칭찬받을 기회가 많지만 실무를 담당하고 몇 년이 지나 대리, 과장이 되면서부터는 칭찬받을 일이 별로 없다. 웬만한 업무 수행 능력이나 성과는 당연한 일이 되면서 크게 자랑할 만한 성과가 아니면 그냥 지나친다. 그런데 칭찬을 받을 만큼 큰 성과를 낼만 한 일들이 1년에 과연 몇 번이나 있을까? 맡은 업무가 반복되는 일이거나 지원하는 일인 경우에는 더욱 그렇다. 그런데 상사가 코칭리더십을 발휘하면 어떨까?

"일을 진행하는 데 당신만큼 열정적인 사람이 없습니다."

"당신은 처음의 목표와 방향을 잃지 않고 끝까지 완수하는 힘이 있습니다."

"당신은 내가 고객이라도 믿고 맡길 만한 사람입니다."

잘 했어, 수고 했어 라는 한 마디에도 힘이 나겠지만 진심 어린 인정과 칭찬이야말로 큰 힘이 되거니와 자신감도 높아진다. 그렇다고 코칭을 받는다 해서 인정이나 칭찬 같은 좋은 말만 듣는 것은 아니다. 처음에 목표를 정할 때부터 어떻게 할 것인지 주도적으로 생각하고 목표를 설정하고 전략이나 방법을 모색하고 구체적으로 계획을 세우게 한다.

물론 회사의 기대와 가이드라인도 함께 제시되지만, 이때 팀의 리더로서 어떤 것들을 할 수 있는지 스스로 생각하고, 목표와 결과를 확인하고, 성과와 함께 그간의 과정에 대해서도 피드백을 받는 것은 큰 도움이된다. 이때 직원이 쏟은 과정의 노력에 대한 인정과 칭찬은 큰 힘이 된다. 코칭교육을 들었는데 회사에 돌아가서 어떻게 해야 하냐며 전전긍긍하는 한 팀장이 있었다. 한 번의 교육으로 멋진 코칭을 하겠다는 환상으로 어렵게 질문 보따리를 풀어 놓지 말자. 그냥 따뜻한 눈빛, 입가의 미소 같은 자연스러운 인정만으로도 직원들은 다음 일을 시작할 에너지를 충전한다.

고통과 인내를 통해 성장한다

어떤 조직이든 코칭을 배우지 않아도 구성원들에게 권한을 위임하고 자기 개발을 유도하고 멘토나 롤모델이 되는 훌륭한 상사가 있다.

"코칭 교육을 받더니 질문을 많이 하는데 머리가 아픕니다. 처음에는 어색해서 머뭇거리다가 몇 말씀 드리려고 하면 표정이 바뀌세요, 차라리 속 시원하게 그냥 말씀하시면 좋겠어요."

코칭을 배우고 난 직후 코칭 대화를 시도하는 상사에게 조직원들은 대체적으로 이런 반응을 보인다. 그렇다면 상사 본인은 어떨까? 어느 코칭교육 과정에서 리더가 현장에서 코칭한 경험에 대한 대화내용이다.

"아, 듣기만 하려니 답답해요, 이미 저 상황에는 뻔 한 답이 있는데, 그냥 답을 알려주고 문제될 것만 주의하도록 얘기하면 빠르잖아요."

"코칭 질문을 던졌는데 대답을 잘 안 해요, 답답해, 대답하게 하려면 어떻게 해야 하나요?"

"직원들의 답이 내가 생각한 것보다 많이 못 미쳐요. 그래서 이야기를 해주었더니 속이 시원해요, 그렇다고 코칭을 배웠는데 자꾸 이야기할 수도 없고…."

답답한 마음을 하소연하는 임원에게 코치가 질문을 던졌다.

"만약 계속 과거처럼 대화를 한다면 후배들에게 어떤 발전을 기대하십니까?"

"…."

"아마도 말을 잘 듣는 직원들은 되겠지요, 요즘 젊은 친구들 아주 똑똑하지요. 치열한 경쟁을 뚫고 들어온 똑똑한 친구들을 말 잘 듣는 직원으로 만들고 싶으신가요. 새로운 것을 시도하고 만들어 내는 창의적인 인재로 만들고 싶은가요?"

그렇다면 코칭을 통해 리더십을 발휘한 조직은 어떻게 변했을까.

K사는 대표와 주요 임원들이 전문 코치 과정을 수료했다. 새로운 조직 문화를 위해 수년간 코칭을 도입한 이후의 변화된 모습에 대해 이야기를 들을 수 있었다. 개인 및 팀의 목표를 설정하는 것부터 더 주도적으로 임하게 되었다고 한다. 회의도 상사의 지시사항을 듣거나 몇몇 사람

들만 주도하던 분위기에서 코칭적 접근으로 회의방법을 개선하여 모든 직원들이 참여하게 하여 각자 사전에 회의 자료를 검토하는 등 더 효율적으로 운영하게 되었다고 했다. 업무에서는 직원들은 권한과 책임이 확장되면서 더 적극적인 태도로 일하며, 상사들은 위임하는 일이 많아져 중요한 일에 더 몰두할 수 있다는 것이다.

처음 코칭을 접하는 경우, 모든 것을 코칭 대화로 풀어야 한다고 생각하는 경향이 있다. 명령이나 지시를 해야 하는 상황도 있고, 티칭을 하거나 멘토링을 해야 하는 순간이 생기기도 한다. 코칭 대화를 해야 할 때도 있지만 일상의 업무 대화라면 코칭적 접근만으로도 큰 도움이 된다. 예를 들어 아래와 같이 긴급한 순간에는 코칭적 접근이 필요하다.

보통 조직에서 임원들에게 코칭이나 리더십을 교육할 경우, 이틀 정도 외부 교육에 보내거나 사내 강사나 외부 강사를 섭외해서 사내 교육 과정으로 진행한다. 사내에서 교육을 하면 임원들의 바쁜 일정을 감안하여 하루, 적게는 네 시간까지 축소하기도 한다. 교육 경험이 많은 훌륭한 임원이므로 코칭의 엑기스만 전수해 달라고 한다. 코칭은 간단하게 말하면 현장에서 코칭 대화 모델과 코칭스킬을 적용하여 현장에서 대화 방법을 바꾸는 것이다. 현장에서 적게는 수년에서 많게는 수십 년간 익숙한 기존의 대화법을 몇 시간만의 교육으로 바꾸는 게 가능할까? 이러한 단점을 보완하고자 추가적으로 코칭실습이나 일대일코칭을 진행하기도 한다. 그럼에도 불구하고 코칭 역량과 코칭 스킬은 어느 날 갑자기 생겨나는 것이 아님으로 지속적인 교육과 훈련이 필요하다.

코칭은 자녀와의 대화도 풍요롭게 한다

나는 동물을 매우 좋아하지만 기르는 것은 좋아하지 않는다. 직장 생활하면서 동물을 키우는 것은 엄두를 내지 못했다. 그런데 우리 집에는 몇 종의 동물이 함께 기숙한다. 기니피그 두 마리, 저빌 한 마리, 메추리 두 마리가 살고 있다. 솔직히 나나 남편이나 처음부터 그렇게 할 생각은 전혀 없었다.

어느 날 아이가 동물을 매우 좋아한다는 사실을 알았다.

"엄마, 학교 다녀와서 혼자 있으면 얼마나 힘든지 아세요?"

할머니가 계셨지만 아이에게는 친구가 필요했던 것이다. 요즘 아이들은 초등학생이라도 공부하랴, 학원 수강하랴 웬만한 성인보다 바쁜 스케줄이라 친구랑 노는 시간이 거의 없다. 동물을 키우며 혼자 있는 외로움을 달래려 하는 것이 미안하기도 했다. 우리 부부는 아이의 생각을 존중하기로 하여 크리스마스에 기니피그 한 마리를 선물해 주었다.

내가 코치로서 훈련을 받지 않았다면 한 마리도 기르지 않았을 것이다. 코칭 하는 엄마로 아이의 마음을 읽은 이상 그냥 모르는 체 할 수가 없었다. 얼마 전에는 과학 체험활동 중 메추리 키우기가 과제라 유정란을 갖고 왔다. 아이는 메추리알과 부화기를 가져와서는 수시로 들여다보기 시작했다. 그렇게 들여다 본 보람이 있었는지 며칠이 지난 후 메추리가 알을 깨고 나오는 장면을 볼 수 있었다.

새로운 생명의 탄생, 생명의 신비가 아이의 눈앞에 펼쳐지고 있었다.

다음 날 아침, 아쉽게도 부화한 두 마리 모두 죽고 말았다. 아이는 엉엉 울며 메추리 새끼를 묻어 주었다. 두 달이 지나서 우연히 유정란을 구하게 되었다. 아이와 함께 메추리 부화를 다시 시작했다.

기니피그 한 마리만 있을 때는 기니피그만 애지중지하며 집착하던 아이가 돌봐야 할 동물 친구들이 늘어나자 집착하지 않고 사랑도 골고루 나누어 준다. 친구도 그렇고 물건도 그렇다. 하나일 때는 집착하지만 많아지니 이제는 사랑을 골고루 나누어 준다.

얼마 전 코칭의 대선배와 대화하는 중에 아이의 전화를 받았다. 엉엉 우는 딸의 목소리를 처음 듣는 터라 어떻게 말을 건네야 할지 몰라서 당황스러웠다.

"어디 다쳤니?"

아이는 계속 울기만 한다.

"울기만 하면 엄마가 무슨 일인지 모르잖아"

"엄마, 표본이… 흑흑… 부서졌어! 반 친구들이 던지고 막 흔들었어. "

"정말 정성껏 만들었는데 속상했겠다."

"다 망쳤어."

"정말 속상하겠다. 애들이 왜 그랬을까?"

"몰라."

"친구들이 신기해서 그랬을까?"

"그래도….'

"복구할 방법이 없을까? 혹시 과학 선생님께 여쭈어 보면 어떨까? 방법이 있을 것 같은데…"

아이는 여전히 울었지만 마음이 훨씬 편안해진 것 같았다.

"그래, 알았어. 복구할 방법이 있나 생각해 보자. 엄마도 끝나고 얼른 들어갈게."

방학 숙제로 표본을 정성스럽게 만들어서 학교에 가져갔는데 친구들의 짓궂은 장난 때문에 망가진 모양이었다. 표본은 이미 죽은 것이라 그렇게 울 줄 몰랐는데 아이에게는 살아 있는 것처럼 소중하고 귀했나 보다.

"아이와 대화를 참 잘하네, 훌륭해."

통화가 끝나자 선배코치가 칭찬의 말씀을 하셨다.

"모르셨어요? 저 코치잖아요."

"아, 그렇지, 하하하"

귀가해서 아이의 표정을 보니 우려와 달이 평상시처럼 숙제를 하고 있었다. 괜찮으냐고 했더니 아이들이 함부로 표본을 만지는 것도 화가 났지만 난생 처음 만든 표본이 망가지는 순간 뼈가 부서진 게 너무 마음이 아팠다고, 기분이 나쁘고 속이 상해서 울음이 쏟아져 나오려는 것을 참고 얼른 교실에서 뛰어나왔다고 한다.

많이 속상했겠다고 하자 표본이 어떻게 부서졌는지, 실제 살아있는 동물이 다친 것처럼 열심히 설명한다. 코칭을 제대로 알기 전이었다면 아이의 전화에 어떻게 대응했을까? 분명히 "누가 그랬어? 엄마가 혼내 줄게"라고 말하며 나중에 집에 가서 이야기하자고 대화를 끝냈을 것이다.

아이의 일도 문제 해결하듯이 누구의 잘잘못에 초점을 두거나 원인과 결과에 더 집중했을 것이다. 그러나 지금은 아이의 감정과 생각을 먼저 헤아리려고 노력한다.

"와아, 우리 딸 대견한데, 엄마는 속이 상해서 풀 죽어 있을 줄 알았지. 선생님께 복구하는 방법이 있는지 한번 물어볼까?"

나는 아이의 속상함을 덜어 주려고 말을 건넸다.

"표본은 선생님도 고칠 수 없을 거예요"

그러고는 다시 숙제를 했다. 잠시 후 장난을 걸자 마지못해 웃더니 나중에는 먼저 장난을 걸어 왔다. 어른은 아이가 하는 모든 일에 심판자로 나서려고 하는 경향이 있다. 모든 일에는 옳고 그름만 존재하는 것처럼 말이다. 그러나 의외로 판단하지 않고 들어주기만 해도 될 때가 많다.

아이도 과정을 통해서 어른이 되어 간다. 설혹 정말 문제라 할지라도 스스로 생각하고 판단할 수 있는 틈을 주는 것이 필요하다. 아이가 커 가면서 어려운 상황이나 문제가 생겼을 때 어른처럼 스스로 해결하는 공간을 확보해 줘야 한다.

코치는 지지자이자 지원군이다

어느 날 경력직으로 입사한 지 얼마 안 되는 동료가 말을 걸어 왔다.

"팀장님, 팀장님은 왕따인 것 같아요."

"왜요?"

"다른 분들하고 어울리지 않아서요"

"왜, 그렇게 생각하세요."

"다른 분들은 업무 끝나고 영화를 보거나 식사를 함께 하며 시간을 보내잖아요. 그런데 함께 하는 것을 못 봤어요."

일할 때는 매우 집중하는 스타일이고 그날 계획한 일은 가능한 한 끝내야 직성이 풀리는 탓인지 퇴근 시간을 훨씬 넘기는 경우가 다반사였다. 일이 끝나면 아이가 너무 어려서 집에 가기 바빴다. 그러나 아이 엄마라서 빠진다는 소리는 싫어 공식 회식이나 중요한 자리는 모두 참석했지만 사적인 자리까지 참석하는 것은 쉽지 않았다.

당시에는 최선의 선택이었지만 시간이 없다보니 힘들고 어렵거나 즐거울 때 마음 편하게 터놓고 이야기할 사람이 없었다. 그냥 나의 몫이려니 생각했다. 그 즈음에 마침 직원 코칭을 지원하는 공지가 있어 기대감을 갖고 바로 신청했다. 나의 이야기를 진심으로 들어 주고 마음을 헤아려 줄 뿐만 아니라 문제해결에도 실제 도움이 되는 코치를 만났다. 코치의 존재는 등 뒤에 딱 버티고 선 든든한 지원군을 얻은 기분이었다.

"하고 싶은 일이 무엇인가요?"

"인생의 주요한 가치는 무엇이고, 사명은 무엇인가요?"

"하고 싶은 일이 가치나 사명과 어떻게 연결되나요?"

내면의 목소리에 귀 기울이게 하고 내가 정말 원하는 모습, 하고 싶은 것, 가치를 두는 것이 무엇이냐고 물어 올 때는 대답하기가 어려웠다.

코칭을 받는 것이 쉬운 것만은 아니었다. 근무시간을 피해 과외 시간에 진행되니 시간을 별도로 내는 것도 그렇거니와 성찰을 요하는 코칭질문들은 코칭이 만만하지 않다는 것을 실감하게 했다.

코칭을 받는 사람도 몰입과 노력이 필요하다. 코칭을 받으려는 목적과 의지가 분명하고 마음과 태도가 먼저 준비되어야 변화하고자 하는 자신과 제대로 마주할 수 있다. 코치와 함께 한다는 것은 매우 색다르고 즐겁고 행복한 여정이었다.

"훌륭한 코치들은 질문 하나도 대단하던데요, 사람을 한방에 확 바꾸는 질문을 하는 분들은 안 계신가요? 그런 코치님께 코칭 받고 싶어요."

누군가에겐 대수롭지 않은 말이 다른 누군가에겐 강렬한 인상을 남기는 것처럼 코치의 역량도 중요하지만 좋은 코칭 질문을 이해하고 받아들일 수 있는 태도나 역량도 중요하다. 그럴 때면 나를 코칭해 준 코치를 떠올린다. 한 분, 한 분 코치로서의 강점과 역량, 개성과 스타일이 모두 다르지만 내게 코칭을 통해 미친 영향력은 소중하고 귀한 경험이었다. 왜 코치훈련에 멘트 코칭이 포함되는지 충분히 이해가 된다. 그 분들의 코칭의 여운이 나에게 영향을 미치고 있음을 알았다. 그 여운 덕인지 어려운 결정일수록 자신에게 셀프코칭 질문을 한다.

"이것이 진정 내가 원하는 결정일까? 지금 이 결정이 한 달 후, 1년 후, 10년 후 어떤 영향을 미칠까?"

예전에는 사람들이 회사를 다니는 가장 큰 목표가 승진이나 금전적인 보상이 목표라고 생각했다. 그러나 후배들이 들어오고 그들과 코칭대화를 나누고, 코칭을 통해 다양한 사람들을 만나면서 같은 곳에서 일하더라도 저마다 꿈과 비전이 제각기 다르다는 걸 알았다.

회사에 대한 생각도 내 꿈을 이루는 데 도움이 될 만한 회사, 경력 관리에 도움이 되는 회사, 잠시 머무는 회사, 제반 조건이 좋은 회사나 성장하는 회사 등 각자의 이해관계, 관점에 따라 직장 생활을 하는 태도 또한 달랐다.

코칭적 접근이 때로는 버겁기도 하지만 상대방을 이해하고 발전하고 성장하는 방향으로 대화하는 과정에서 상호 간에 신뢰도 높아져 어느새 함께 라는 마음이 생긴다. 코칭은 리더가 가장 효과적으로 리더십을 발휘하는 도구 중의 하나이다.

내게는 사심 없이 내 말을 들어 주고, 의도와 생각을 왜곡하지 않고 자신을 있는 그대로 이해하며 인정해 주는, 가치 있는 삶을 발견하도록 도와주는 코치가 있다.

코치는 나의 멘토 코치이기도 하고, 코칭을 하는 자신이기도 하다. 나는 코치의 도움을 받아 한 걸음씩 나아가며 성장을 하고 있다. 세상을 바라보고 관계를 이해하기 위해 노력하고, 코치에게 코칭을 배우고 코치가 되어 누군가를 코칭 한다. 그리고 질문을 시작한다.

무엇을 원하는가, 행동은 자신의 가치에 부합하는가, 왜 이 일을 선택했는가.

나는 나도 모르게 균형을 최고의 가치로 추구하고 끊임없이 노력했다는 사
실을 깨달았고 또 기뻤다.

이젠 고객에게 최대한의 의식 확장을 비롯하여 최고의 목표와 습관을 지향하
게끔 당당하고 과감하게 주문할 수 있다. 코치도 확신하지 못하는 것을 고객
에게 하라고 권유할 수는 없다.

3장
지금,
여기에서
나만의 특별함을
가꾸는 코치들

들어 주는 것만으로도 많은 에너지를 확보한다. 심상을 공감해 주
는 것만으로도 눈시울을 적신다. 분위기에 휩싸여 평생 가슴앓이
하면서 담아 온 아픈 속내를 그대로 털어놓는다. 코치의 질문에 자
신도 모르는 엄청난 가능성과 잠재력을 폭발시킨다. 코칭은 이래
서 매력적인 분야다.

김상임

CJ그룹 공채사원 최초의 여성 임원으로 여성 리더들의 롤모델이 되고 있다. 식품, 외식, 유통 분야에서 업무
경력을 쌓고, 브랜드 총책임자로서 현장과 조직에 코칭 리더십을 적용하여 성과를 창출했다. 강한 추진력과
포용력을 겸비한 따뜻한 카리스마를 바탕으로 성과 지향적인 코칭을 통해 고객과 함께 성장하는 코치다. 특
히 폭넓은 인적 네트워크를 통해 다양한 시너지를 창출하고 관련 기업을 지원하며 일과 가정의 균형을 꾀하
는 리얼 라이프 코칭을 진행한다. 현재 한국코칭협회 KPC이며 PCCP 과정을 수료했다. 대학원의 리더십
과 코칭 MBA과정에 재학 중이다.
kimsangim55@naver.com

1
혼자에서
함께 하는 생활로

Being a Coach

김상임

칭찬 한번 해 주세요

나는 욕심쟁이였다. S그룹 신입 사원 시절부터 포지션에 맞는 책임과 권한을 주장했고, 부당한 평가를 참아 내지 못했다. 나의 감성과 이성에 거스르는 일들은 스스로 납득할 때까지 따지고 들었다. 내가 맡은 팀은 무엇인가 달라도 달라야 했다. 사람들에게 인정받아야 했다. 어쩌면 남성 중심 조직에서 남자들보다 무조건 잘해야 한다는 콤플렉스가 있었는지도 모른다.

그 때문에 함께 있는 사람들을 당황스럽게 하고 가슴에 상처를 남기곤 했다. 업무 진행 과정에서 동료들을 배려하고 격려하기 보다는 성과를 다그치고 모진 말로 자극했다. 남녀가 다르고 팀원들의 성향이 다름에도 불구하고 오로지 나만의 스타일과 잣대로 업무를 추진했다.

그렇게 생활하던 2006년, 외식 분야 계열사의 경영지원실장cfo이 되었다. 현장에서 실무를 경험하고 싶었던 터라 이 보직과 승진은 마음 설레고 가슴 벅찬 일이었다. 그룹에 매우 감사했다.

그러나 내가 발령받은 회사의 구성원들은 나를 반기지 않았다. 그도 그럴 것이 나의 주요 업무 경력은 기획·전략, 사업 구조 조정, 턴어라운드turn around 같은 프로젝트 진행이었다. 실제로 음료, 생활 화학, 화장품 사업을 매각하는 데 직간접적으로 관여했고, 그룹 사업 포트폴리오를 재정립하는 프로젝트를 보스턴컨설팅그룹과 함께 수행했으니 계열사에 있는 사람들에게 내가 곱지만은 않았을 것이다.

발령받은 회사의 경영 실적은 별로 좋지 않은 상태였다. 구조 조정이 이루어질 거라는 이야기가 도는 와중에 나의 이력은 환영받을 수 없는 이유가 되고도 남았다. 군 장교처럼 절도 있고 당당한 나의 이미지 때문에 더 불편했을 수도 있다. 그럼에도 불구하고 외식 업체로의 전입은 나에게 새로운 도전이었다.

"외식업은 사람 사업people business이다. 현장에 모든 답이 있다. 고객과 가장 먼저 접하는 아르바이트 사원들이 즐거워야 고객에게 즐거움을 줄 수 있다. 현장 접점 인력을 진심으로 대해야 한다. 그들이 존중받고 신바람 나는 상황이 되면 자연히 고객들에게 정성을 다한다. 인재 교육, 인성 교육, 신바람 조직 문화를 만들어야 한다."

나는 매출 신장과 이익 증대라는 연착륙soft landing을 위해서 무엇을 어떻게 할 것인지 생각하고 계획을 수립했다. 많은 노력이 필요했다. 먼저 현장으로 다가가서 말을 붙이고 사람들에게 고개를 숙이며 간극을 좁혀 나갔다. 그들은 순수하고 아주 맑은 영혼을 가지고 있었다. 외식인들은 그랬다. 그리고 몇 개월이 지난 후, 현장 인력운영 구조 혁신을 통해 고정비 부담을 줄여 나갔다. 누적 적자를 안고 있는 브랜드를 구조 조정했다. 점차 회사의 수익 구조도 개선되는 모습을 보였다.

아르바이트생들의 퇴직률은 높았다. 현장 매니저들의 리더십을 육성해야 했다. 뭔가 인력 관리를 제대로 할 수 있는 대책이 필요했다. 마침 인사팀장에게 '사내 코치 육성'을 하자는 제안을 받고 전격적으로 사내 코칭 육성 프로그램을 도입했다. 듣는 것보다는 말하기를, 의사를 타진하는 것보다 지시하는 것을, 칭찬하는 것보다는 야단치는 것을 더 좋아하던 시절이다 보니 나에게 코칭은 아주 오글오글한 교육이었다.

코칭은 사용하는 언어가 다르다. 음의 상대적인 높이 변화intonation가 다르고, 마음 씀씀이도 완전히 천사 같아야 한다. 말을 하기보다는 많이 들어 주고 비판보다는 인정하고 칭찬해야 한다. 잔소리보다는 강력한 질문을 통해 상대가 신바람이 나서 이야기하도록 해야 한다. 그들이 대안을 찾고 실행해 나가도록 도와줘야 한다. 그동안 살아온 나의 모습과는 완전히 다른 나를 만드는, 너무나 어려운 교육 과정이었다. 특히 무방비로 나를 버려야 하는, 에고ego를 버려야 하는 일이 너무나도 힘들었다. 그런데도 나는 코칭이 좋았다.

산업화 시대형 리더십만 발휘해 오던 나에게 코칭은 신선한 충격이었다. 모든 사람에게는 무한한 가능성과 잠재력이 있다는 말을 믿었고, 코칭 프로세스, 경청, 질문, 인정과 칭찬, 피드백 등을 연습했다. 또한 생활에 적용하고 경험을 하면서 많은 희열이 생겼다. 이상형의 연인을 만난 듯 코칭에 빠져들었다. 나 자신의 변화, 주변인들의 변화, 무엇보다도 내가 착해지고 선해지는 모습을 자각했다.

코치의 자격 요건과 코칭 퍼실리테이터facilitator 자격을 갖춘 2008년, 갑자기 V브랜드 사업부장으로 발령을 받았다. 하부 구성원 500명에 스태프 사원까지 합하면 1500명이 넘는 인력을 관리해야 했다.

정말 잘해 보고 싶었다. 모든 구성원을 한마음으로 묶어 보고 싶었다. 부임하자마자 80여 명의 현장 리더를 한 명씩 연상하면서 정성스럽게 작성한 편지를 발송했다. 감동 경영을 하고 싶은 마음에…. 그런데 결과는 참담했다. 딱 한 통을 답장으로 받았다. 나중에 알게 된 일이지만 충격은 나만 받은 것이 아니었다. 상사가 직접 쓴 편지를 한번도 받아 본 적이 없는 그들 또한 어떻게 반응해야 할지 몰라서 고심하다가 차일피일 시간을 보냈다고 한다.

나는 현장과의 공감 경영, 한마음 경영의 필요성을 다시금 느꼈다. 구성원들과 우리 브랜드에 대한 미션, 비전을 함께 만들기 시작했다. 중점 추진 전략을 협의하고, 신바람 조직 문화를 위해 우리가 무엇을 해야 하는지, 자신감 넘치는 리더로 성장하기 위해 우리는 무엇을 해야 하는지에 대해 토의했다. V 브랜드의 팀장, 현장의 점장, 매니저 순으로 코칭 개념, 철학, 효과성, 프로세스, 스킬 등을 교육했다. 모든 구성원이 코치로서 활동해 줄 것을 부탁했다.

그들에게도 역시 무한한 가능성이 있었다. 엄청난 잠재력이 폭발하는 순간들이 계속되었다. 무엇보다 현장 매니저들의 변화가 놀라웠다. 일 방적인 군대식 조직 체계에서 업무를 진행하던 스타일에 변화가 일어나기 시작했다. 커뮤니케이션하는 방식이 달라졌다. 조회하고 교육하는 방식이 달라졌다. 매출과 손익을 개선하는 행동 방식이 달라졌다. 진정한 주인 의식을 발휘하는 사람들이 늘어났다. 신바람 나게 일하는 모습이 보이기 시작했다. 업무 시간에 눈빛을 반짝이는 사람들이 늘어나면서 최고의 성과가 나타나기 시작했다.

현장 방문 지도 중에 오픈 상황 점검을 위해 ○○ 점을 방문했을 때였다. 매장이 엉망이었다. 고객을 맞이할 준비가 전혀 안 된 매장을 보면서 화가 치밀었다. 내일 당장 점장을 좌천해야겠다는 마음으로 엘리베이터를 타려는 순간, 점장이 닫히는 엘리베이터 문을 막으면서 한마디 건넸다.

"사업부장님, 칭찬 한번 해 주시면 안 됩니까?"

만감이 교차하는 멘트였다. 회사로 돌아오는 내내 '한번만 칭찬'이라는 말이 뇌리에서 떠나지 않았다. 사실 나는 항상 야단만 쳤다. 97% 잘했으면 당연하게 칭찬을 먼저 해 줘야 하는데 3% 부족한 부분만 보았다. 나는 칭찬보다는 지적질의 달인으로 존재하고 있었다. 코칭 교육을 하고 코치로서 활동해 달라고 강조하면서 언행 불일치의 행동을 하고 있었던 것이다.

며칠 후 나는 다시 그 점포를 찾아갔다. 열심히 칭찬거리를 찾았다. 점포 투어를 하면서 신선하고 색감 넘치고 세팅 각도까지 완벽한 샐러드 바가 눈에 확 들어왔다. 호텔 샐러드바 이상이었다.

"샐러드 바 세팅이 훌륭한데요. 주방 매니저들 감각이 참 좋아요."

나는 진심으로 칭찬했다.

그 짧은 칭찬 한마디에 ○○ 점포는 놀랍게 변화했다. 모든 관리 지수가 개선되고 조직 문화가 좋아졌다. 이직률이 개선되면서 성과도 자연히 신장되었다. 작은 칭찬 한마디가 그 점포와 구성원들에게는 새로운 전환점이 되었다. '칭찬해 주시면 안 되냐?'는 점장의 코칭 멘트는 나에게 자극을 주었고 매장을 바꾸었으며 점원들의 사기를 돌려놓았다.

점포에서 프로모션을 하면 통상적으로는 본사에서 지침이 내려가고 그 지침에 맞추어 점장이 가이드라인을 주고, 각 점포별로 운영을 한다. 그런데 K 점장은 코칭 교육을 받은 이후 현장 경영에 코칭을 도입하고 있었다.

"우리 점포가 어떻게 하면 스테이크를 많이 팔 수 있을까요?"

다양한 아이디어 중에서 스태프들 중심으로 협의해서 가장 좋은 아이디어를 선정하도록 했다. 그리고 그 아이디어를 어떻게 점포 운영에 반영할 것인지에 대한 작전도 짜게 했다. 현장의 스태프들이 생각하고 토론하고 결정하고 실행하게 했다. 결과는 대박이었다.

업무 진행을 위한 업무 지침이나 판매를 위한 행동 지침이 필요하지 않았다. 그들은 취지를 알고 아이디어 배경을 알았으며, 어떻게 실행할 것인지를 자신들이 결정했기 때문에 눈빛만 봐도 알았다. 무엇보다 점원들 스스로 점포 경영 전략을 짰다는 자긍심과 그 결과물을 실행한다는 점에서 주인 의식까지 고취되었다. 매니저 몇 명의 단순한 지침보다 스태프들의 생생한 브레인스토밍 결과가 효과를 발휘한 것이다.

사람 사업을 하는 분야에서는 코칭을 기반으로 구성원들의 잠재력을 도출하면 상상 이상의 성과를 만들어 낸다는 것을 확인했다. 리더의 작은 칭찬, 작은 코칭 활동이 우리 조직과 조직원들을 변화시키는 원천이 된다는 것을 확인했다.

"칭찬은 고래도 춤추게 한다."

칭찬에 인색했던 내가 코칭을 받아들인 이후 진심으로 칭찬을 하니 사람들은 춤추면서 많은 성과를 만들어 냈다. 나는 코칭이 주는 넉넉함과 결과에 더욱더 매료되었다

내 삶에 감사하는 코칭

우리 가족에게 나는 엄마와 아내이기보다 관리자였다. 회사에서 관리자로 생활하는 습관 탓이었는지 집에서조차 나도 모르게 회사에서 하는 대로 말하고 행동했다.

한아름 담아 온 스트레스를 가족들에게 풀어내곤 했다. 나는 외동딸로 자라 온 탓에 뭐든지 하고 싶은 것은 해내야 마음이 편안했다. 내 기준과 내 마음에 맞추어 세상이 돌아가기를 갈망하고, 그렇게 살았다. 오죽

했으면 남편이 집 한 채 더 장만해서 따로 살아 보는 것은 어떻겠냐는 제
안까지 했을까.

이러한 삶 속에 코칭이 찾아 들었다. 코치다운 엄마가 되기 위해 어색
했지만 아이들에게 다가가 대화를 시도했다.

"주현이는 무엇을 할 때 가장 즐거우니?"

딸은 의아해하는 눈초리로 바라보았다.

"엄마! 엄마가 내 친엄마, 맞아?"

나는 딸아이가 고등학교에 입학한 후 대입 설명회 한번 못 간 엄마였다.

"엄마는 내가 가출하면 누구한테 연락할 거야?"

딸이 어떻게 학교 생활을 하는지, 친구가 어떤 아이인지도 전혀 몰랐다.

"엄마는 내 친구들 엄마 중에 한 명이라도 아는 분 있어?"

초등학교 때부터 학부모들 만나는 것을 기피했다. 아이의 친구 부모를
만나서 이야기를 들어 보면 나는 정말 큰일 난 엄마라는 생각이 들었다.

결국 하나도 답변을 못 했다. 회사가 바쁘다는 이유로 입시생 엄마임
에도 불구하고 아이의 문제를 선생님과 한번도 상담하지 않았다. 속이
깊고 이해심 많은 아이니까 잘하고 있을 거라 믿었다. 항상 주도적이고
책임감 있게 생활해 주는 딸이 대견하고 자랑스러웠다. 그런데 딸이 울
음을 터뜨리며 폭발을 하고 말았다.

"나는 초등학교 때부터 항상 외로웠어. 엄마가 너무 바빠서 나 혼자
모든 일을 처리해야 했지. 뭐든 도와주는 친구들 엄마 이야기를 들으면
서 얼마나 부러워했는지 몰라. 그래도 울 엄마는 회사를 다니니까 하면

서 참았지만 너무 힘들었어. 나는 디자인을 하고 싶어. 그런데 엄마는 과외 선생 붙여 주면서 신문방송학과를 가라고 하더라. 스트레스 무지 받았어. 하루하루가 지루해. 집에서 탈출하고 싶어. 이젠 엄마가 무섭고 두려워. 나도 집에서 웃으며 살고 싶다고.”

이런 아픔을 갖고 살았다니, 하늘이 노랗게 변하고 땅이 꺼지는 기분이었다. 고등학교 2학년 2학기 때 아이의 진로를 미술로 바꾸었다. 미대를 가려면 어떤 스펙이 필요한지도 몰랐다. 엄마의 무지가 이런 용기를 만들어 냈을 것이다.

딸이 하고 싶다고 하니 무조건 바꾸었다. 딸도 놀라고 주변의 많은 분들도 이해할 수 없다는 반응을 보였다. 그도 그럴 것이 딸은 그때까지 미술 학원 근처에도 가 본 적이 없었다. 11개월 정도 실기 연습을 했다. 당연히 재수를 생각해야만 하는 상황이었다. 그런데 딸은 엄청난 경쟁률을 뚫고 산업디자인학과에 당당히 합격했다. 기적 같은 일이었다. 내 인생에서 딸의 대학 합격 소식은 무엇과도 바꿀 수 없는 아주 소중하고 기쁜 선물이었다.

또한 나는 스타크래프트 게임광인 아들의 생활을 인정할 수가 없었다. 게임을 즐기는 아들을 매일 부정하고 비난했다. 아들 또한 나에게 무조건 적대적으로 대응했다. 결국 고등학교를 다니다 체질적으로 맞지 않는 교육 시스템과 집요하고 자기 주도적인 엄마의 압박을 못 견디고 미국으로 유학을 떠나 버렸다.

한국에서는 컴퓨터 외에 아무것도 못하는 아이였다. 그런데 자유로운 영혼을 가지고 있었던 아들은 미국으로 건너가자 물 만난 고기처럼 자신의 끼를 발휘하며 멋지게 생활했다. 바이올린, 플롯, 피아노를 수준급으로 익혔고 그림도 곧잘 그렸다. 매사추세츠 주에서 진행한 금연 광고 공모에서 1등을 차지하기도 했다. 어떻게 이렇게 자신을 확장할 수 있었을까?

아들은 하나하나 이야기했다.

한국은 무조건 외워야 하지만, 미국은 인정과 칭찬이 많다. 작은 씨앗에도 물을 준다. 잘 들어 주고 질문을 해서 나를 자극시킨다. 쭉 이야기를 들어 보니 아들이 만난 미국 선생님들은 진정한 코치였던 것 같다. 아들은 이제 자신을 방목해 준 나에게 고맙다고 한다. 생각하는 범주가 넓어졌고 새로운 것에 대한 도전심이 강해졌다고 한다.

내 인생에 코칭이 들어오지 않았다면 어떻게 되었을까?

생각만 해도 아찔하다. 대기업에서 25년간 생존할 수 없었을 것이다. 사랑스러운 딸과 아들이 진정으로 원하는 꿈을 실현하지 못했을 것이다. 가정의 행복 지수 또한 매우 낮았을 것이다. 내 인생의 후반을 아름답게 만들어 준 코칭, 진정한 은인이다.

양은냄비에서 정감 있는 무쇠솥으로

이 세상에 '영원한 것은 없다'라는 말을 믿지 않았다. 최소한 나와 회사의 관계는 '영원하다'고 생각했다. 그런데 대표이사가 담담하게 건네는 이야기를 들어야 했다.

"그룹에서 퇴임 결정이 났어!"

순간 망치로 머리를 얻어맞은 듯 강한 충격에 휩싸였다.

당황하지 않고 의연한 척했다. 왠지 그래야 멋있어 보일 것 같았다. 나에게도 이런 일이 닥치는구나. 그룹의 결정을 이해하면서도 화가 치솟는 것은 어쩔 수 없었다.

워커홀릭이었던 내가 쉬는 것은 고통이었다. 어딘가 허전해서 그 무엇에도 집중할 수가 없었다. 그래도 대표는 한번 해봤어야 하는데 하고 욕심을 부렸다가 다시 허허롭게 웃기도 했다. 하루하루가 답답했다. 다시 조직 생활을 한다면 새로운 곳에서도 잘할 수 있을까? 대기업 외식 부문에서 Job 오퍼를 받고 이것저것 따져 가면서 고민을 거듭했다.

생각의 갈래들이 바람에 나부끼듯 갈피를 잡지 못했다.

사람들이 왜 등산을 즐기는지 알게 되었다. 산등성이에서 발아래 두둥 떠다니는 구름, 신선한 공기와 바람, 밤하늘에 펼쳐진 별무리의 장관, 오름과 내림의 반복에서 만들어지는 위안과 희망, 낙담과 고통 그리고 그 사이에서 단순해지는 생각과 몸. 굳이 눈을 돌리지 않아도 내 발걸음에 따라 풍경이 바뀌면서 멀어지기도 하고 가까워지기도 했다.

버려야 가벼워진다고 했던가. 한걸음 한걸음 발길을 옮기면서 지금까지 살아온 나의 애환을 산에다 흘려 버렸다. 나름 '잘살았다'라고 단정하면 어느새 후회란 사념이 내 머리를 장악하고 나를 헤집었다. '모질게

다그친 후배들, 타협하지 않아서 불편해한 선배들, 까칠해서 나를 만나는 것을 기피한 유관 부서 사람들, 엄마와 아내로서 다하지 못한 역할….' 이미 지나간 일이었지만 미흡했던 장면과 사람들이 연상되면서 나를 집요하게 괴롭혔다.

희비가 바람처럼 들고나던 날, 나는 칠흑 같은 새벽에 산 정상에 올랐다. 산새도 어림할 수 없는 어둠 속에서 해가 떠오를 만한 방향을 바라보며 기지개를 폈다. 시원한 공기가 허파를 타고 아랫배로 내려가는 느낌을 갖는 순간, 갑자기 뇌에서 소리가 들렸다.

"시끄러운 냄비!"

10여 미터 떨어진 곳에 함께 온 동료들이 자리를 잡고 있었지만 내 옆에는 아무도 없었다.

그렇다. 내 삶은 요란한 소리를 내는 양은냄비였다. 앞만 보고 달려온 시간들, 무엇이든 이기려고 했던 그 욕심들, 앞장서지 않으면 불편했던 상황들, 조직의 목표를 이루겠다는 명분 하에 부렸던 조급함들, 과도하게 걸었던 드라이브들, 퇴임 이후에도 무엇이든 해보겠다고 앞서갔던 생각들. 무엇을 위해 그랬던 것일까? 이미 환경과 여건이 바뀌었다. 새롭게 다가온 세상 앞에서 당당해야 하는데 과연 양은냄비로 이겨 낼 수 있을까?

속전속결의 달인이고, '빨리빨리'라는 부사를 입에 달고 25년 동안 살아온 습관을 어떻게 바꿀 것인가. 지금까지와는 완전히 다른 삶의 자세, 쉽게 흥분하지 않으면서 겸손하게 세상을 바라보는 여행자처럼 환경에

휘둘리지 않는 평정심이 필요했다.

양은냄비가 아니라 이제는 무쇠솥처럼 쉬 식지 않으면서 나만의 맛을 내는 그릇이 되어야 한다. 25년 동안 사회 생활을 하면서 나를 대변했던 열정, 진심, 도전, 정직, 전투력, 관심과 배려, 추진력, 성공, 에너자이저, 여성, 멀티플레이어란 단어들을 무쇠솥에 모두 집어넣고 푹 고아서 새로운 진액을 만들어 내야 한다.

가슴 설레고 벅차게 행복한 내 삶을 위해 지금과는 완전히 다른 그 무엇이 필요했다. 내가 좋아하는 것, 숨어 있는 무한한 가능성을 찾아내서 그것의 주인을 성장시키는 것, 사람들이 삶을 즐길 수 있도록 응원하고 지지하고 지원하는 것, 오지랖 넓은 나에게 어울리는 것, 그것은 바로 '코칭'이었다.

이제는 나를 위해 '나'를 중심에 놓고 사람들과 관계하고 일과 삶을 즐겨야 한다. 진심과 사랑이 넘치는 코치가 되어, 자신과 모든 사람을 사랑하는 코치가 되어 '코칭'의 바다에서 유영하기로 했다. 결정을 하고 보니 코칭은 나에게 필연이었다.

코칭계의 1세대 선배님들을 두루 찾아뵙고 자문을 구했다. 그리고 같은 입장에 있는 코치들과 활동하며 많은 자극을 받았다. 코치 대가들은 나름의 브랜딩이 확실했다. 그들의 모습을 보면서 코치의 삶에 대한 열망이 점점 강해졌다. 2011년까지 조직원을 대상으로 하는 코치였기 때문에 코칭을 진행하기엔 무난했으나 고객을 위해서, 전문 코치로 활동하기 위해선 그에 맞는 자격과 스펙이 필요했다.

먼저 한국코치협회 인증 코치 자격을 받기로 하고 KPC 인증 시험에 도전했다. 탈락의 아픔을 한 번 맛보고 당당하게 전문 코치로서 인정을 받았다. 그런데 나는 드라이하고 매사 철두철미한 성격이라 인간적인 빈틈이 별로 없었다. 감정 언어를 사용할 줄도 몰랐다. 코칭을 하는 데 전혀 도움이 안 되는 성격이었다. 이번에는 감수성 확보를 위해 코액티브 코칭 과정을 등록했다. 푼수처럼 아무 생각 없이 행동한다는 것이 나에겐 상당히 어려운 도전이었다. 노력한 효과일까? 사람들은 나에게 '푼수맘'이라는 닉네임을 붙여 주었다. 시간의 흐름 속에서 멘토 코칭과 셀프 코칭을 통해 내 성격도 부드러워지기 시작했다.

전문 코치는 결국 기업 임원 코치를 하는 경지까지 올라야 한다. 그러기 위해서는 국제 인증 코치가 되어야 하는 숙제도 동시에 풀어야 했다. PCCP 과정까지 수료했다. 호기심이 많고 욕심 많은 성격이다 보니 도형심리상담가, 뇌언어 프로그램 과정, 버크만 진단Birkman Debrifer, 참여자들group이 스스로 문제를 해결하도록 과정을 설계하고 진행을 돕는 퍼실리테이터 등 코칭을 더욱 의미 있게 하는 기술을 다양하게 배웠다. 진정한 코치로서의 삶, 코치다움을 확보하기 위해 나 자신을 갈고닦는 활동에 집중했다.

마침내 코치 명함을 들고 본격적으로 코칭을 시작했다. 디자이너, 병원장, 교수, 중소기업 사장, 청소년, 대학생, 직장 여성, 일반 주부 등 다양한 사람들과 만남을 이어 갔다.

코칭을 한다는 건 매번 느끼는 것이지만 만만하지 않은 활동이다. 코칭이 잘되었는지 잘 안 되었는지, 그 자리에서 확인되기 때문에 항상 긴장한다. 코치의 에고가 작동하고 뭔가 문제를 풀어 주려고 앞서가다 보면 고객의 에너지는 급격하게 떨어진다. 감정을 읽어 주지 않으면 고객은 마음속 깊은 이야기를 풀어내지 않는다. 그러한 장면장면을 자료 삼아 진정한 코칭을 하기 위해 연습에 연습을 거듭하고 있다. 코칭의 세계를 탐닉하면서 진정한 코치의 모습을 하나씩 만들어 가고 있다.

고객은 들어 주는 것만으로도 많은 에너지를 확보한다. 심상을 공감해 주는 것만으로도 눈시울을 적신다. 분위기에 휩싸여 평생 가슴앓이하면서 담아 온 아픈 속내를 그대로 털어놓는다. 코치의 질문에 자신도 모르는 엄청난 가능성과 잠재력을 폭발시킨다. 코칭은 이래서 매력적인 분야다.

코칭을 받은 고객이 보낸 감동의 메시지는 나를 더 코칭 세계로 밀어 넣는다.

"짬을 내서 군대 간 아들에게 편지를 썼습니다. 코칭하면서 내려놓은 게 컸나 봅니다. 머리가 맑아집니다. 마음이 편안합니다. 요즘은 시간을 쪼개 독서도 합니다."

"소중한 것은 숨겨 놓아야 한다고 생각했는데 코치님을 만난 이후 이젠 마구 풀어놓습니다. 있으면 있는 대로 없으면 없는 대로 나누길 노력합니다. 그러다 제가 소중한 존재라는 걸 알았습니다. 행복한 마음이 자라더군요."

"하루아침에 모든 게 달라질 거란 기대를 할 정도로 어린 나이는 아닌가 봅니다. 깨달았다는 것 그리고 시작했다는 것에 의미를 두고 있습니다. 근데 생각보다 더디지가 않네요. 막내가 시켜도 하지 않던 설거지를 합니다. 아내가, 엄마가 어떤 언어를 사용하느냐에 따라 가정 분위기가 어떻게 바뀌는지 실감하고 있습니다."

"내려놓을 게 많은 것 같아요. 코칭형 엄마가 된다는 것은 단순히 언어를 바꾸는 차원이 아니라 생각이, 행동이, 생활이 바뀌어야 하는 일이더군요."

모든 문제는 문제를 문제라고 인식하는 사람이 가장 잘 파악하고 있다. 그에 대한 해결책도 자신이 가장 잘 안다. 자신의 미래에 대한 꿈과 비전도 영사기 돌리듯 만들어 낸다. 코칭 시간에 합의한 약속에 대해 결과를 만들어 낸다. 타인이 제안한 답이 아니기에 실행력 있게 과제를 풀어낸다. 코칭을 하는 과정 속에서 새로운 나와 많은 가능성을 발견하는 것이다.

한번은 ○○ 병원장님을 코칭했다. 사람을 위한 의술을 펴면서 정도 경영을 실천하는 분이었다. 병원 경영은 전문 경영인이 운영하는 게 가장 효율적이라고 생각하면서도 원장의 역할이 환자의 병을 잘 치료하는 것인지, 병원을 원활하게 경영하는 것인지 구분하기 위해 끊임없이 자문하고 있었다.

원장님의 내면에 숨어 있는 경영자의 끼가 표출되고 있었다. 코칭을 받으면서 병원의 비전 미션을 수립하고, 전략을 만들고, 조직 문화를 바꾸기 위해 여러 가지 고민을 상담해 왔다. 나는 원론적인 측면에서 짧게 설명했다.

"코치님이 말씀하신 걸 어떻게 실행합니까?"

하우투how to에 대해 아무런 경험이 없는 분들에게는 코칭에서 얻는 답이 갑갑한 대안으로 표류할 수도 있다는 생각이 들었다.

비전·미션을 만드는 작업을 전 구성원들과 워크숍 형태로 진행했다. 설문지를 돌리고, 분임 토의를 하고, 또 분임 토의를 해서 최적의 미션·비전, 가치Value를 찾아냈다. 경영 전략을 수립하고 조직 문화 활성화를 어떻게 할 것이며 병원의 단점을 어떻게 개선할 것인지 방안을 도출했다.

구성원 모두가 참여한 작업에서 나는 작은 지원자 역할을 했다. 이제 원장님은 유능한 집도의이면서 병원을 성장시키기 위해 경영자로서 활동도 적극적으로 펼치고 있다. 경청하고 질문하고 칭찬하고 인정하는 리더로서, 병원의 미션·비전을 명확하게 설정하고 미래를 향해 한 방향으로 나가도록 힘을 응집하고 있다. 강한 조직 문화를 구현하기 위해 노력하고 있다.

원장님을 코칭하면서 코치가 산업이나 기업 분야에서 일한 경험이 있으면 더 효과적인 코칭을 할 거란 생각이 들었다. 프로세스와 시스템, 조직을 운용한 경험이 있다면 이를 코칭과 접목해서 고객을 성장시키는 데 더 큰 시너지를 발휘할 수도 있을 것 같았다.

중소기업 경영진을 코칭하는 경우도 마찬가지다. 중소기업의 경영자들은 사업 확장 중에 복합적인 역할을 하면서 치열하게 일한다. 그들에게 코칭만으로 회사를 재도약할 수 있다고 부추기는 것은 어불성설이다. 코칭을 하면서 프로세스나 시스템의 중요성을 강조하고, 구체적인 노하우를 교육하는 것도 의미 있는 접근 방식이라고 생각한다. 회의하는 방법, 업무를 지시하는 방법, 주간 회의를 하는 방법, 월별 실적을 공유하는 방법, 피드백하는 방법, 의견을 수렴하는 방법 등은 코치가 산업계에서 경험한 부분을 공유하는 것만으로도 업무의 효율성을 높이고 코칭 효과를 배가할 수 있었다. 코칭, 컨설팅, 멘토링, 티칭, 매니징 등을 접목하여 고객의 성장을 돕는 모델에 대해 다양하게 생각하고 실행하면 좋을 듯하다.

코치다움을 위한 비움과 채움

코칭하는 시간은 항상 긴장의 연속이다. 코칭이 끝나고 나면 많은 에너지가 소모되고 기가 빠진다. 그러나 고객과 코치가 만족할 만한 시간을 보냈다면 거기에서 오는 희열은 뭐라 표현하기 힘들 정도로 소중하고 크다.

그럼에도 불구하고 나는 아직 부족하다. 360도로 피드백을 받으면서 더욱 굳건해져야 하는 숙제가 있다. 자기 주도성이 강한 나는 무엇보다

에고를 버리는 일이 쉽지 않다.

밀어붙이기 식으로 고객을 끌고 가려는 면도 있다. 감정을 읽어 주기보다는 직무task 중심으로 고객을 이끌려고 하는 경향을 보이곤 한다. '코치다움'을 제고하기 위해서는 나를 버리는 '비움'과 내면의 소리를 잘 듣고 나를 더욱더 공고히 할 수 있는 '채움'이 필요하다.

나는 종종 혼자서 목적지도 없는 여행을 떠난다. 그리고 매일 아침마다 108배를 하면서 기도하고 명상한다. 나는 누구인가, 나의 정체성은 무엇인가, 나는 왜 존재하는가, 나에게 가장 소중한 것은 무엇인가, 나는 어떤 삶을 살고자 하는가, 지금 이 순간 무엇이 가장 중요한가, 코칭 고객과 어떤 시간을 보내고 싶은가…. 아침마다 무수한 질문을 던지면서 나를 살펴본다. 지혜의 문을 열기 위해 하지 말아야 할 것들을 버린다. 코칭 고객, 멘토, 스승에게 360도 피드백을 받아 가면서 수시로 나 자신을 담금질한다.

1. 문제를 해결해 주고자 하는 의지가 너무 강하다.
문제 해결을 위한 해결사 관점에서 접근하면 고객의 에너지가 떨어지고 실행력이 약화된다. 코칭은 고객의 강한 의지가 있는 경우에 객관적인 시각으로 진행해야 효과를 본다. _멘토 코치
2. 고객이 원한다고 해서 코칭을 하는 세션에 티칭적인 접근을 하는 것은 타당하지 않다.
고객이 가르쳐 달라는 말을 너무 올인해서 해석하는 것은 아닌지,

코치가 냉정하게 판단해 볼 필요가 있다. 티칭적인 요청이 오는 경우, 코칭으로 접근하여 그 문제 또한 고객이 스스로 답을 찾아서 실행하도록 적극적으로 지원해야 한다. _멘토 코치

3. 에너지가 넘치고 고객을 편안하게 해 주는 역량이 아주 좋다.

가끔 고객과의 분위기 맞추기 차원에서 '부산함'을 보인다. 고객 입장을 고려하지 않은 상황의 행동이나 멘트일 수 있다. _코칭 고객

4. 행동이 빠르다. 반응도 빠르고 평가도 빠르다. 그리고 질문에 대한 답변도 빠르다.

상대와의 간격을 확보하고 여유 공간을 만들면 좋을 듯하다. 여러 가지 일상의 속도를 지금의 시속 70킬로미터에서 시속 30킬로미터로 조정하면 좋겠다. _멘토 코치

5. 코칭을 하기 전에 30초 정도 침묵의 시간을 가지면서 고객과 호흡을 맞추고 함께 하라.

고객이 이야기할 때 판단하지 말고 그대로 빠져들어라. 잘한 일에 대해서는 마음을 다해 칭찬하고 의미 확장을 통해 진심으로 인정하라. 서두르지 말고 코치의 에고를 버리고 고객과 춤춰라. _멘토 코치

진심으로 전해 준 피드백 내용들을 하나하나 고치면서 비움으로 마음을 다스리고 코치다운 역량을 키운다. 그리고 감사한 마음으로 행복을 채우며 하루를 반복한다. 내 미래의 꿈을 위해 더 비우고 더 채워 나갈 것이다

나의 인생 전반부는 기업에서 씨앗을 뿌리고 열매를 영글게 했다. 인생 후반부는 코칭을 통해서 씨앗을 뿌리고 나무를 키워 과실을 풍성하게 맺고 싶다. 가치 열정, 도전, 정직, 사랑, 진정성을 토대로 나와 함께하는 사람들과 행복한 삶을 살고자 한다. 가족, 친척, 선후배를 비롯해 나와 만나는 모든 사람이 행복하게 살도록 돕고 싶다.

나는 '진정한 코치의 삶'을 살고자 한다. 25년간 축적된 경험을 기반으로 새로운 코칭 모델을 개발해서 개인뿐만 아니라 기업계, 산업계에도 기여하는 사람이 되고자 한다. 단순히 코칭에 머물지 않고 강의를 통한 티칭이나 트레이닝, 산업계 경험을 토대로 한 컨설팅, 멘토링, 프로세스와 시스템 구축을 지원하는 매니징 등에 다양한 접근을 해볼 것이다. 시너지 코치, 융복합convergence 코치라는 새로운 카테고리를 개발할 것이다.

그리고 여성들을 위해 다양한 활동을 전개하고 싶다. 경력 단절 여성들에게 새로운 삶의 기회를 생각하게 하고, 여학생들이 사회적으로 연착륙하면서 성공하여 리더가 되도록 지원하며, 좋은 부모가 되도록 이끌어 주고, 여성과 남성의 다름에서 오는 불편함을 편안하게 소통하며 리더십을 배양하게 하고 싶다. 여성이 사회에 유용한 사람으로 기여하고 봉사하며 더불어 살아가는 구성원으로 성장하는 데 큰 역할을 하고 싶다.

나는 품격 있는 코치, 진심과 사랑이 넘치는 코치, 행복의 전도사 같은 코치의 삶을 살고자 한다. 궁극적으로는 이러한 코칭과 성공 경험을 총망라하여 한국 코칭계의 반짝이는 별이 되고 싶다. 꿈은 생생하게 그릴

수록 달성도가 높다고 한다. 2020년 나는 대형 컨퍼런스에서 발제하는 주인공이고 싶다.

이런 계획을 세우다니,
정말 신기해요

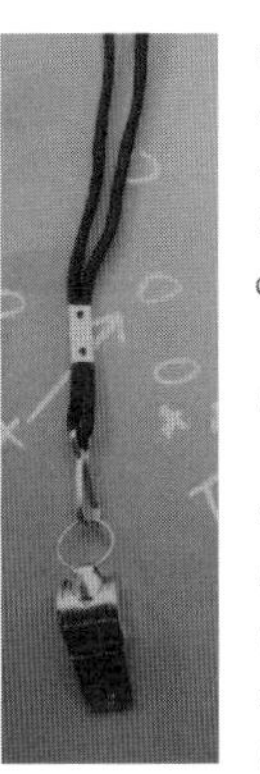

처음 코치를 받은 계기가 생각나요. 우연찮은 기회에 도형 심리 검사를 받고 신기함과 머쓱함으로 마음이 복잡했지요. 지금껏 저의 속내를 풀어놓은 것은 코치님이 처음이었습니다.

나 자신을 누군가에게 드러낸다는 것은 쑥스럽고 부끄러운 일이라 생각했어요. 그런데 말을 하다 보니 진정한 '나'에 대해 저 자신도 제대로 알지 못했기 때문에 누군가에게 풀어놓을 수 없었더라고요. 코치님과의 만남을 통해서 나 자신을 어떻게 바라보고 있었는지, 제가 흥미를 느끼는 것이 무엇인지, 무엇을 향해 지금껏 배우고 즐기며 살아왔는지 곰곰이 생각할 수 있었습니다. 살면서 이러한 문제에 대해 진지하게 고민하지 않았거든요.

성공한 사람은 항상 치열한 삶을 살았다고 생각했고, 전 그 치열함이 싫었어요. 지금은 아니더라도 언젠가 제 삶 또한 그러한 터닝포인트가 생길 것이라고 막연하게 생각했지요. 그런데 코치님과의 많은 대화를 통해 치열하다는 것이 결코 어려운 일이 아님을, 나 자신을 옥죄는 것만은 아님을 깨달았습니다. 이루고자 하는 것을 알게 된 후, 제가 정작 하고 싶은 일은 이루고자 하는 일을 이루기 위해 다가가는 과정임을 알았습니다. 남들 눈에는 치열하게 보일지 몰라도 개인에게는 이 치열한 과정이 굉장히 뿌듯하고 고마운 시간이 된다는 것도 알았습니다.

'코치'와 '멘토'는 다르다고 말씀하셨지요.

그동안 저는 성공한 누군가의 삶을 벤치마킹하고 비슷한 방식으로 살면 자연스럽게 성공할 거라고 믿었어요. 그래서 멘토를 찾아 헤맸습니다. 지금 생각해 보니 그런 강박관념이 저를 더 답답함으로 밀어 넣지 않았나 생각됩니다.

누군가 나의 이야기를 진심으로 들어 줄 때 사람은 무장해제되는 것 같아요. '코치님께 왜 이런 얘기까지 했지?'라는 생각이 든 적이 한두 번이 아니었어요. 코치님께 많은 것을 털어놓으며 마음이 한결 가벼워졌고, 내려놓은 그 자리에 새로운 것들을 채워 넣을 수 있었습니다.

저의 얘기에 진심으로 귀 기울여 주고, 울컥해 주고, 기뻐해 준 코치님 덕분에 이제는 남의 인생이 아니라 제 인생이 어떤 방향으로 나아갈지 찾은 듯합니다. 코칭을 통해 가고 싶은 섬, 가야만 하는 섬을 찾았습니다. 코치님은 저에게 나침반의 용도를 알려 주었습니다.

이제 전 그 섬에 발을 딛기 위해 항해하는 중입니다. 가다 보면 부딪혀야 하는 난관이 있을 것이고 거센 풍랑을 만나 전복될 수도 있겠죠. 하지만 코치님하고 나눈 많은 대화와 함께 한 시간을 떠올리면서 저 자신을 다져 나갈 수 있을 것 같습니다.

제가 "이런 생각을 하다니, 이렇게 구체적인 계획을 세우다니, 정말 신기해요!"라고 했지요. 성격 자체가 두루뭉수리한 편이라 지금껏 계획을 세우는 데 미흡했어요. 솔직하게 말하면 하고 싶어도 몰라서 못 한 부분이지요. 그런데 코칭을 받으면서 구체적으로 계획하는 법, 목표에 대해 과정을 설정하고 시간을 쪼개는 방법을 배웠습니다.

딱 서른이 된 나이에 코치님을 만났습니다. 이 시점에 코칭을 받은 것 또한 도움이 된 것 같아요. 20대였다면 코치님의 말씀을 받아들이지 못했을 것 같아요. 다행스럽게 코칭님과의 만남을 통해 마음과 머리 모두가 단단해지는 걸 느낍니다. 저에겐 정말 감사한 시간입니다. 여러모로 매우 감사하고 근사한 만남입니다.

– 고객의 편지

나는 코칭이 재미있다. 그리고 즐겁다. 나의 할아버지가 늘 그랬
듯이 나 또한 사람들에게 도움을 줄 수 있어서 좋고 사람들을 만나
면서 그들과 연결될 수 있어서 좋다. 나를 필요로 하는 고객을 찾
아 앞으로도 계속 코칭을 할 것이다. 또한 소질이 있는 사람들을
발굴하여 그들이 코치의 길을 가도록 격려할 것이다. 과거 어느 때
보다 감성이 요구되는 현시대에 뭉친 마음을 풀어 주고 깨달음을
선사하는 코칭이 좋다.

임인상

다국적기업의 한국 법인 CEO로서만 25년간 재직한 전문 경영인이다. 일과 삶, 현재와 미래, 비움과 채움
등의 균형을 실천하며 균형 속의 최고를 추구한다. 폭넓은 이해와 공감을 바탕으로 고객의 마음에 다가서며,
깊이 있는 식견과 통찰력을 바탕으로 고객의 변화와 성과 창출을 도와준다. '지혜 전달자'로서의 코치 역할에
특히 보람을 느낀다. 현재 다국적기업인 ASML Korea의 회장이자 PCCP과정을 수료했다.
in-sang.lim@asml.com

2

지혜를 깨닫는 시간, 코칭

Being a Coach

임인상

경청하면서 보는 새로운 관계

추운 겨울이었다. 절친 다섯 명과 부부 동반으로 자유 토론을 하기 위해 강원도 휘닉스파크에 갔다. 태어난 해가 1950년 근방이니 60줄에 들어서는 때였다.

친구들은 모두 69학번이어서 우리는 그냥 육구 친구라 부른다. 우리는 나이도 자라난 배경도 비슷하여 공통점이 많았다. 직장에서 은퇴했거나 은퇴를 앞둔 터라 은퇴 후의 삶을 어떻게 준비하고 있는지 솔직한 이야기를 나누어 보자고 의견을 모았다.

우선 건강, 재무, 취미, 관계, 직업이란 다섯 가지 주제를 선정하고 각 주제별로 정해진 담당자가 발표를 한 후, 마지막으로 우리 모두가 함께

할 수 있는 일거리 찾기에 대해 논의하기로 했다. 발표는 자기가 실제로 행하는 것만 얘기하고 듣는 사람은 듣기만 하지 어떠한 방법이 더 좋고 그르다 식의 토론은 배제하기로 했다. 발표가 끝난 후에 보충할 내용이 있으면 보충하기로 했다

일찍 저녁을 먹고 시작한 토론은 다른 사람들의 생생하고 진솔한 얘기가 매우 흥미로웠기 때문인지 새벽 4시까지 잠시도 쉬지 않고 진지하게 진행되었다. 우리는 평상시 자신에 대한 얘기를 안 하는 편이다. 그러다 보니 술 한잔 걸치는 저녁 자리에서도 정치, 사회, 경제 등 세상 돌아가는 얘기는 나누지만 친구들의 사생활이나 취미 혹은 좋아하는 것이 무엇인지는 모르고 지낸다.

돈 관리는 남편이 주로 하는지, 아니면 아내가 하는지? 재테크는 적금으로 하는지, 아니면 오피스텔을 사 놓는지? 취미 생활은 무엇인지, 어떤 것에 관심이 많은지? 은퇴 후에는 무슨 일을 할 것이며 그 준비는 하고 있는지? 부부가 같은 침대를 쓰는지, 아니면 각자 싱글 침대를 쓰는지, 그도 아니면 각방을 쓰는지? 너무 많은 일들을 서로 궁금해하면서도 터놓고 얘기를 나눠 본 적이 없었다.

나는 관계에 대한 주제를 맡았기 때문에 이를 좀 더 세분하여 부부 관계, 자식 관계, 부모 관계, 형제 관계, 친구 관계, 직장 동료나 상사 간의 관계에 대해 정리했다. 관계에 대한 자료를 정리하다 보니 자연스럽게 나의 사고방식과 습관도 함께 정리되었고 좋은 관계가 행복한 삶과 매우 밀접하게 연결되어 있음을 확인했다. 그동안 내가 살아온 삶의 방

식이 사람들과의 관계 형성에 매우 긍정적이며 효과적이라는 것도 깨달았다.

나는 비교적 행복하게 산다고 생각한다. 그 이유 중 하나는 내가 다른 사람의 말을 경청하는 좋은 습관에 있다. 경청은 상대방의 입장과 처지를 이해하는 데 많은 도움이 된다. 이것이 나의 삶을 편안하게 이끌어 가는 원동력이라는 것도 알았다.

다른 사람의 말을 잘 들어 주는 공감의 경청은 원활한 대화 분위기를 조성함으로써 설혹 초기에 문제가 있더라도 필요 이상 확대하지 않는 탁월한 효과를 발휘한다. 또한 경청을 하면 자연스럽게 상대방의 입장에서 사물을 바라본다. 결과를 앞에 두고 그 결과만으로 판단하는 것이 아니라 그 상황의 배경을 파악하고 그 상황 속에서 결과를 판단하는 것이다.

이 모임이 계기가 되어 우리는 2011년 4월에 '드림 파트너스Dream Partners Incorporation'라는 컨설팅 회사를 설립했다. 지금도 친구들이 모여 재미있게 운영하고 있다.

불편한 것을 없애는 지혜

기차에서 흡연이 허용되던 때의 일이다.

부산행 무궁화호에서 한 남자가 성냥불을 연이어 붙이고 있었다. 옆자리에 앉은 승객은 유황 냄새를 견디다 못해 성냥을 커는 일을 자제해 달라고 부탁했다.

"어머니가 굉장히 위독하다고 합니다. 왠지 이 성냥불이 꺼지면 어머님의 생명 또한 꺼질 것 같아서 전 불안합니다."

어머니가 살아 있기를 바라는 남자의 간절함을 느낀 옆자리의 승객은 남자의 심정을 헤아리고는 다른 사람들에게 성냥을 구해서 갖다 주며 성냥불을 계속 켤 수 있도록 도와주었다.

이와 같은 상황 속에서 결과를 판단하는 습관이 풍요롭고 행복한 삶을 가꾸는 가장 큰 요인이라는 것을 깨달은 뒤로 관계에 관한 나의 생각을 주변 사람들에게 알리고 도움을 주고 싶었다. 내가 잘하고, 또 관심도 있으므로 은퇴 후의 봉사로서 바람직하며 보람된 일이라 판단하고 적극적으로 그 방법을 찾아보기 시작했다.

전문 카운슬러의 길은 그 교육 과정이 길기도 하고, 또 내 경험을 잘 활용할 수 있을 것 같지 않았다. 대학원에 진학하여 심리 상담 공부를 더 해볼까 하고 학교를 알아보았으나 역시 시간적으로 나에게 적절하지 않았다. 상담 전문가로서 나의 진로에 관한 뚜렷한 방향을 잡지 못한 상태로 회사 내 멘토로서 직원들의 진로와 고민을 들어 주고 상담하는 일을 하고 있었다.

그러던 어느 날 오랜 친구이자 직장 동료였던 김정원 코치에게 체계적인 멘토링 시스템을 회사에 도입하고 싶은데 어떻게 하면 좋겠냐고 자문을 구했다. 그 한 통의 전화가 나를 코치의 길로 들어서게 했다.

김정원 코치는 30여 년 전 같은 회사에서 1년 정도 함께 근무했는데 서로 다른 직장으로 옮긴 후에도 교류하고 있었다. 자문을 구하는 나의 전화에 김정원 코치는 본인이 은퇴 후 코칭 공부를 하고 있으며 전문 코치의 길로 들어섰는데, 코칭 교육을 받아 보면 좋겠다고 했다. 그러면서 한국리더십센터의 'CEO를 위한 코칭' 강좌를 추천했다.

나는 코칭에 대한 사전 지식 없이 추천받은 강좌에 등록했다. 그때 이틀간 교육을 담당한 분이 지금 '드림코치 11'을 이끌고 있는 코칭경영원의 고현숙 대표다. 김정원 코치와의 전화 통화 그리고 고현숙 대표와의 만남은 내가 코치의 길로 들어서는 계기가 되었다. 코칭에서 많이 사용하는 표현인 '보이지 않는 손'이 작용한 셈이다.

코칭을 배우면서 많은 부분을 공감했는데 그중에서도 코치는 '지혜의 전달자'라는 표현이 매우 좋았다.

나이가 들면서 몸의 민첩성과 근력, 기억력이 자연스럽게 감퇴하지만 지혜는 더욱 빛난다고 한다. 평상시 '지혜롭게 살자'고 다짐했는데 코치가 '지혜의 전달자'라니, 이 얼마나 신나는 일인가. 돌아가신 할아버지를 다시 만난 것 같았다.

할아버지는 만주에서 사업을 하다 해방이 되던 1945년 남한으로 이주했고, 한국전쟁에 외아들을 잃었다. 함께 살게 된 할아버지는 나에게 무한한 애정과 신뢰를 주었고 살아온 세월만큼의 깊은 통찰로 보살펴 주었다. 철부지의 생각과 행동을 지긋하게 바라보며 기다려 주는 여유가 있었다. 격랑의 세월을 이겨 낸 할아버지의 지혜를 나도 모르는 사이에 전수해 주었다. 할아버지의 삶은 그 후 나의 행동과 판단의 기저에 잠복했다.

중고등학교 시절, 친구들과 자주 빵집에 들르곤 했다. 그런데 빵을 맛있게 먹고 나서 빵집을 나올 무렵이면 누가 계산할 것인지 서로 눈치를 보았다. 그 시절에는 대개 한 사람이 빵값을 다 지불했는데 돌아가면서 내는 것이 아니라 사는 사람이 계속 빵을 사고 돈을 안 내는 사람은 계속 내지 않는 일이 많았다.

"할아버지, 빵값을 안 내면 그 돈을 저금할 수 있는데 어떻게 처신하는 것이 좋아요?"

친구들 사이에 일어나는 일이 맘에 들지 않아서 여쭈어 보자, 할아버지는 인심을 잃어 가며 돈을 모으는 사람이나 인심 좋게 베푸는 사람이나 결국 재산 규모는 별 차이가 없다고 했다. 다만 베풀기를 잘하는 사람은 좋은 평판을 얻고 주변에 사람이 많다고 덧붙였다. 어떤 방법이 좋다고 단정 지어 말하지는 않았지만, 나는 이왕이면 베푸는 사람이 좋겠다는 생각이 들었다.

이는 내 인생에 큰 영향을 주었다. 그 덕택에 나는 살면서 주변 사람을 믿고 밀어 주다가 실망하기도 하고 경제적인 손해를 감수하기도 했다. 그러나 한편으론 믿고 도와주었기 때문에 생각지도 않게 큰 행운을 얻은 적도 있다.

젊은 날, 할아버지가 시골에 다녀오는 길에 작은 냇물을 건너야 했는데 갑작스러운 소나기로 물이 불어났다. 물이 줄어들 때까지 기다리자니 하세월일 것 같아 폭이 좁은 곳을 찾아 힘차게 건너뛰었지만 반대편까지 닿지 못했다. 할아버지는 한참을 물살에 휩쓸려 떠내려가다가 간신히 풀을 잡고 물에서 빠져나왔다. 옷을 말리면서 생각해 보니 왜 그렇게 무모한 결정을 했는지 후회스러웠다고 했다. 좀 기다리면 될 것을 왜 사소한 일에 목숨 걸며 서둘렀는지 모르겠다는 것이었다. 잘못되면 남은 가족들에게 평생 한이 될 수도 있는 일이었다. 나는 이 이야기를 교훈 삼아 문제가 일어나면 되도록 참고 인내하는 법을 배웠다. 할아버지는 내 인생에 많은 영향을 준 최초의 코치이자 가장 훌륭한 코치였다.

나는 시간이 지날수록 코칭의 세계에 빠져들었다.

한국리더십센터의 코칭 교육 과정 중에 CEP_{Core Essential Program} 과정이 있다. 자기 성찰을 통해 코치로서 바람직한 모습을 만들어 가는 개발 프로그램이다.

새해 계획을 차분하게 생각하다 CEP 과정 중 '자기 개발 워크북'을 자세히 필독하자는 목표를 세웠다. 총 19개의 레슨인데 그 첫 번째 레슨이 '참고 지내는 것들을 없애라'였다. 먼저 현재 참고 지내는 것 10개를 적어야 했다. 평상시 생활하면서 별로 불편한 것이 없기에 나하고는 상관없는 일이라 여기다가 한번 더 생각해 보았다.

테니스를 치고 싶은데, 겨울이면 무릎이 아파서 테니스장에 가지 못하는 점을 떠올렸다.

대학교 1학년 때부터 시작했으니 40년 가까이 쉬지 않고 테니스를 친 셈이다. 테니스 경기 중에서도 나는 운동량이 많은 단식을 좋아한다. 단식 경기는 복식과 달리 온 코트를 누비는 방향 전환이 많아 체력 소모가 심할 뿐만 아니라 무릎을 무리하게 쓴다. 그래서 테니스 후에 종종 무릎이 붓고 아팠다. 무릎의 통증을 참고 지낸다는 것을 인식하면서 곧 통증을 없애는 방법에 대해 생각했다.

그날 오후에 정형외과로 달려갔다.

검사 결과는 내가 우려한 것보다 절망적이었다. 양쪽 무릎에 칼을 대어 양다리의 뼈를 떼었다 붙이는 수술을 받아야 한다는 것이었다. 몇 달은 걷지도 못하고 침상에 있어야 한다니 기가 찰 노릇이었다.

한 번의 검사 결과로 쉽게 결정할 일이 아니라서 2차 진단을 받기 위해 다른 병원을 찾았다. 역시 상태가 나빠 인공 관절로 치환하는 수술 외에는 다른 방법이 없었다. 인공 관절도 수명이 있기 때문에 자신의 관절을 쓸 수 있는 데까지 쓰다가 견딜 수 없는 정도가 되면 수술을 하는데, 그때까지 잘 관리해 가급적 수술을 늦추는 것이 최선이었다.

그날 이후로 테니스를 그만두었다. 대신 헬스클럽에 등록하여 무릎 근육 운동을 시작했다. 그렇게 지낸 지 1년 반이 흘렀다. 지금도 땀을 흘리며 운동하는 동료들을 보면 다시 테니스를 치고 싶어진다. 일주일에 한번쯤은 괜찮을 거라는 유혹도 받는다. 그러나 한 번이 두 번이 되고 끝내는 테니스를 중단하는 과정을 경험한 이상 더 이상 유혹에 넘어가지 않는다.

CEP 과정을 공부하면서 '참고 지내는 것을 없애라'는 레슨을 가슴 깊이 체험했다. 그것이 나의 삶의 질을 얼마나 긍정적인 방향으로 인도했는지 그 위력을 느낀다. 이제는 코칭을 하면서 고객에게 자신 있게 질문한다.

"요즘 참고 지내는 일이 있나요?"

아마도 이 땅의 많은 사람들은 불편한 것이 있으면서도 '다 그렇지 뭐.' 하고 참고 지내는 일이 많을 것이다. 참지만 말고 나의 불편함을 해소하는 방법을 찾아보면 길은 반드시 있다. 만약 스스로 찾지 못했다면 코칭을 받으라고 권한다.

그래도 최고의 상태를 지향하는 코치

코치는 모름지기 고객이 변화를 통해서 성장하게끔 도와주는 퍼실리테이터다. 변화의 폭이 크면 성장의 폭도 크다. 따라서 코치는 고객의 의식을 확장하도록 과감하게 주문해야 한다. 그런데 나는 이 일이 어려웠다.

그 이유를 생각해 보니 평상시 나의 가치관이 균형 잡힌 삶을 사는 것이어서 남에게도 강하게 주문하지 못했다.

나는 살면서 최고의 나를 지향한 적이 없다. 학교 공부나 회사 경영, 좋아하는 테니스만 해도 그렇다. 상위 30% 정도면 늘 만족했다. 골프 핸디는 11 정도인데, 연습장에 가지 않는 편이다. 몇 달 치지 않다가도 서너 번 필드에 나가면 핸디가 복구되니까 그 정도에 만족했다. 70대 스코어를 유지하지 못하면 혼자 씩씩대는 사람을 볼 때마다 '그게 그렇게 중요하십니까?'라고 물어본다. 내가 더 노력하면 성적도 더 좋아지겠지만 80대면 만족한다. 매사가 이런 식이다. 10명 중에 3등만 하면 만족했다.

'나는 진정 무엇을 원하는 것일까?'

아무리 생각해 봐도 균형이었다. 가정과 직장, 가족과 친구, 경제적인 면과 사회적인 면, 건강과 시간, 과거와 현재, 현재와 미래, 채움과 비움, 끌어 줌과 밀어 줌이 조화를 이룬 삶을 추구한다. 나는 나도 모르게 균형을 최고의 가치로 추구하고 끊임없이 노력했다는 사실을 깨달았고 또 기뻤다.

나도 최고를 추구하는 게 있었던 것이다. 이젠 고객에게 최대한의 의식 확장을 비롯하여 최고의 목표와 습관을 지향하게끔 당당하고 과감하게 주문할 수 있다. 코치도 확신하지 못하는 것을 고객에게 하라고 권유할 수는 없다. 이제 나는 고객이 정말 원하는 것을 찾아 주기만 하면 된다. 그다음엔 최고의 고객이 되도록 도와줄 것이며, 필요하면 과감하게 주문할 것이다.

가끔 대학에 가서 학생들에게 강의를 한다.

지난 10년간 몸담은 회사가 네덜란드 회사여서 주로 네덜란드 경영Dutch Management에 대해 얘기하지만 강의 말미에는 삶에 대한 얘기를 한다. 그때 꼭 하는 것이 삶에 대한 비유다. 흔히 삶을 산에 오르는 일에 비유하곤 한다. 목표를 정하고 꾸준히 가다 보면 정상에 도달한다는 것이다. 산 정상에 오르는 것을 성공에 비교하여 성공하기 위해서는 목표를 정하고 꾸준히 노력하라는 것이다.

그러나 목표를 정하는 게 그리 쉬운 일은 아니다. 나는 대학에서는 조선공학을 전공했고, 대학원에서는 기계공학을 공부했다. 학위를 받고 나서는 경영자로 변신했고 이제는 코치의 삶을 살고 있다.

스티브 잡스처럼 일찍이 자신이 좋아하는 것을 찾은 사람도 있지만 대부분은 무엇을 좋아하는지 몰라 많은 시간을 방황한다. 내가 즐겨 쓰는 비유는 '인생은 사막을 횡단하는 것과 같다'는 말이다. 사막은 평평하지만 길도 없고 목표도 눈에 보이지 않는다. 그저 방향만 잡고 묵묵하게 가야 한다. 가다 보면 목표가 보이고 결국 자기가 가고자 하는 곳으로 자연스레 인도된다.

1980년대 초반 외국에서 공부를 마치고 돌아올 때, 내가 가질 수 있는 기득권을 버렸다. 학교나 연구소를 포기한 것이다. 나는 전공공부가 싫었다. 그러니 공부를 끝낸 후에 무엇을 할 것인지 계획을 세울 수가 없었다. '내가 믿을 만한 사람으로 평가받는다면 내가 좋아하는 일을 할 수 있을 것'이라는 막연한 생각을 가지고 돌아왔다. 그것이 어떤 일인지도 전혀 모르면서….

그러나 지난 30년을 돌이켜 보면 경영자로 활동한 것도, 화목한 가정을 이룬 것도, 희로애락을 나눌 수 있는 친구가 많은 것도, 내가 코칭을 하는 것도, 모두 한 방향으로 꾸준하게 살아온 것과 무관하지 않다. 인생을 비유해서 산에 오르는 것이 doing이면, 사막을 건너는 것은 being

이다. doing보다는 being이 더 진하고 힘차다. 코칭 또한 doing보다 being이다.

코칭을 배우면서 사람의 특질을 탐구하는 해리슨Harrison 진단을 배웠다. 즐기는 성과 이론Enjoyment Performance Theory은 '일에서 요구되는 업무를 즐기고, 흥미를 가지며, 관련된 작업 환경을 선호하는 경향이 있으면 그 일에서 더 높은 성과를 낳는다'는 것이고, 역설 이론Paradox Theory은 '높은 성과를 내는 데 필요한 특질은 음·양의 균형 정도를 분석해 상호보완적인 두 개의 특질이 서로 균형을 이루면서 발휘될 때 행동의 효과성이 높아진다'는 것이다. 이 두 가지 이론이 해리슨 진단의 배경이다.

나는 직접 체험하고 경험했기 때문인지 즐기는 성과 이론을 믿는다.

박사 과정 말기에 연구를 계속하는 데 회의가 생기기 시작했다. 남보다 타고난 연구 재능이 없는데 좋아하지 않는 것을 억지로 하니 성과가 있을 리 없었다. 좋아하는 테니스는 어떻게 해서라도 짬을 냈으며, 그 결과 한국 유학생들 사이에서는 1, 2위를 다투었다. 반면, 연구는 조금이라도 유혹이 생기면 중단하곤 했다. 졸업만 하면 내가 좋아하는 일을 하리라 다짐했고, 졸업 후 회사를 경영했다.

역설 이론을 접하면서 동양 철학에서 회자되는 중용中庸을 더욱 분명하게 이해할 수 있었다. 중中이 갖는 의미는 단순한 타협이 아니라 삼각형의 정점 같은 더 높은 차원을 의미한다. 패러독스 도표에 나타나는 두 가지 요소가 적당히 균형을 이루는 것이 아니라, 각각의 요소가 최고의 상태를 지향하면서도 서로 균형을 이루는 것이다. 평상시 중용의 사고

방식을 가지고 있던 나는 역설 이론을 접하고 '이거야, 내가 지향하는 것이 바로 이거야.' 하고 풀리지 않던 수수께끼를 푼 듯이 손뼉을 친 적이 있다.

나의 인생 사주가 고스란히 펼쳐진 해리슨 진단 결과를 받고 깜짝 놀랐다. 그중에서도 가슴이 뜨끔해지는 진단이 있었다. '생각이 유연하여 새로운 시도는 많이 하나, 끝맺음이 허술해서 성과를 잘 이루지 못한다.' 지난일들을 생각해 보니 일을 많이 만들기는 했는데 실속은 기대에 못 미쳤다. 야무지게 챙기기보다는 관리가 허술했고 남에게 맡겨서 처음 의도와는 다르게 일이 진행되는 경우도 있었다. 경제적으로 손해 본 적도 있어 가슴 한구석이 찔렸다. 조금 일찍 이러한 점을 파악했다면 더 조심해서 실수를 줄였을 텐데 하는 아쉬움도 있다.

나는 해리슨 진단을 좋아한다. 기본이 되는 두 가지 원리가 가슴에 와 닿는다. 그래서 해리슨 진단을 적극 권장한다. 고객의 특질이 무엇이며, 어느 정도인지 정량적 진단도 해 준다. 나는 해리슨 진단 심화 과정을 마쳤고, 주변 사람에게도 적극 소개하여 현재 20여 명의 고객에게 해석 debriefing해 주고 있다.

나는 코칭의 효과는 코치 자신의 사람 됨됨이에 좌우한다는 얘기를 믿는다. 그래서 코치는 자기의 됨됨이를 돌아보고 높은 수준을 유지하기 위하여 부단하게 노력해야 한다. 코칭을 하면서 내가 코칭을 받는 느낌이 들 때가 있다. 종종 사소한 일에 마음이 흔들릴 때마다 '그래도 내가 코친데….' 하면서 마음을 가라앉히고 감정적인 대응을 자제하여 평정을 찾곤 한다. 이것이 셀프 코칭이 아닌가 한다.

　나는 아들과 딸이 있는데 아들은 나와 많이 다르다. 그 사실을 마음속 깊이 깨달은 것은 그리 오랜 일이 아니다. 다른 사람들은 비교적 이해를 잘하면서 태어날 때부터 안 아들은 왜 그리 이해 못 하고 살았는지. 아마도 나의 에고와 선입관 때문이었던 것 같다. 아들이 나보다 더 잘되어야 하는데 나를 닮았을 것이라는…. 요즈음도 가끔 아들과 논쟁을 벌인다. 대부분 누가 옳고 그른가가 아니라 관점의 차이에서 생기는 논쟁이다. 논쟁을 하다 보면 자기 주장을 펴는 아들이 야속하다. 적당히 내 의견에 수긍하며 물러설 만도 한데 너무 심하게 따진다는 생각이 든다. 그러다 보면 아들이 말하는 태도를 문제 삼는다.

　"부모에 대한 태도가 뭐 그러냐!"

　논쟁의 본질을 벗어난 찍어 내리기 식이다. 그러다가 '내가 코친데…'라는 생각을 자연스럽게 한다. 본질에서 벗어나 감정적인 방향으로 가고 있는 나를 슬쩍 제자리로 돌려놓는다. 또한 내가 잘못했을 때 '내가 잘못 생각했다'라고 말할 수 있는 용기도 낸다.

　결혼한 아들을 빗대어 '희미한 옛사랑의 그림자'라 칭하는 지인도 있다. 아들과의 관계가 멀어졌다는 뜻일 것이다. 나는 아들을 결혼시키고 나서 아들도 얻고 딸도 얻은 기분이다. 이제는 손주까지 얻었다. 매주 아들네와 만나는데 그 시간이 매우 즐겁다. 코칭을 접한 후로는 아들 식구를 더 이해하면서 친밀해졌다. 신뢰감이 깊어짐을 느낀다. 나는 자주 '내가 코친데…'라는 말을 되새긴다. 그때마다 코치가 되기를 참 잘했다 생각한다. 코치는 모름지기 사람에게 관심이 많고 좋아해야 한다. 코치라는 직업은 나에게 참 잘 어울린다고 생각한다.

나는 반도체 산업에서 30여 년째 종사하고 있다. 반도체 분야는 전문성이 요구되기 때문에 첫발을 들여놓기가 쉽지 않지만 한번 발을 붙이면 이 분야를 떠나기도 쉽지 않다. 그래서 서로를 아주 잘 안다. 나같이 30여 년 종사한 사람은 더욱 그렇다. 이러한 특성 때문에 반도체 관련 회사에서 코칭을 실연할 기회를 수월하게 가질 수 있었다. 다만 비슷비슷한 환경에서 일하는 분들을 코칭하다 보니 좀 더 다양한 고객을 코칭해 보고 싶은 아쉬움이 있었다.

그러던 중 고현숙 대표에게 중견 코치로 구성된 스터디 그룹을 모집한다는 얘기를 듣고 지원했다. 이 그룹의 명칭은 '드림코치 11'이다. 11명의 드림코치! 이 그룹에서 내 고객들을 다른 코치들에게 소개하기도 하고, 다른 코치들의 고객을 코칭하기도 한다. 서로 도와서 배우고 함께 성장하는 것이다.

몇 개월 전, 게임 관련 회사인 I사의 중간 간부 두 명을 코칭하기 시작했다. 그간 주로 하드웨어를 다루는 회사 직원들을 코칭해 왔는데, I사는 소프트웨어 전문 회사여서 코칭이 어떻게 다를까 궁금했다.

I사의 L 과장을 코칭하기 시작하면서 5년, 10년, 30년 후 본인의 모습에 대해 묻자, 그렇게 먼 후의 일을 어떻게 알 수 있느냐며 상상이 안 된다고 했다. 그래서 질문을 바꾸어 다음 계획, 그다음 계획, 그다음 계획을 질문했다. 놀랍게도 그렇게 둘러본 계획은 돌고 돌아 지금 자기가 있

는 제자리를 향하는 것이었다. 다람쥐가 쳇바퀴에서 열심히 뛴 것과 똑같은 상황이었다. L 과장도 그 결과가 놀랍고 안타까웠는지, 삶에 대해 근본부터 다시 생각해 봐야겠다고 했다. 코칭이 어렵고 잘 안 되었다.

I사 직원 코칭은 나에게 새로운 경험이었다. 일반적으로 코칭은 고객이 정말 원하는 것을 찾고 방법을 검토하고 실행을 점검한다. 이전의 코칭에서는 이러한 과정이 비교적 순조롭게 진행되어 왔다. 자유로운 영혼이 많은 I사의 코칭은 더 많은 시간과 노력이 필요하다는 것을 깨달았다. 나 또한 자유로운 영혼을 코칭하려면 좀 더 효과적인 방법이 필요했다. MCCMaster Certified Coach가 되기까지 2,500시간의 코칭 경험을 요구하는 이유를 이해할 것 같았다. L과장의 코칭은 공식적으로 종료되었으나 한 달에 한 번씩 코칭을 계속하기로 약속했다.

나는 코칭이 재미있다. 그리고 즐겁다. 나의 할아버지가 늘 그랬듯이 사람들에게 도움을 줄 수 있어서 좋고 사람들을 만나면서 그들과 연결될 수 있어서 좋다. 나를 필요로 하는 고객을 찾아 앞으로도 계속 코칭을 할 것이다. 또한 소질이 있는 사람들을 발굴하여 그들이 코치의 길을 가도록 격려할 것이다. 과거 어느 때보다 감성이 요구되는 현시대에 뭉친 마음을 풀어 주고 깨달음을 선사하는 코칭이 좋다.

역지사지로
줄탁동기하고
외유내강하라

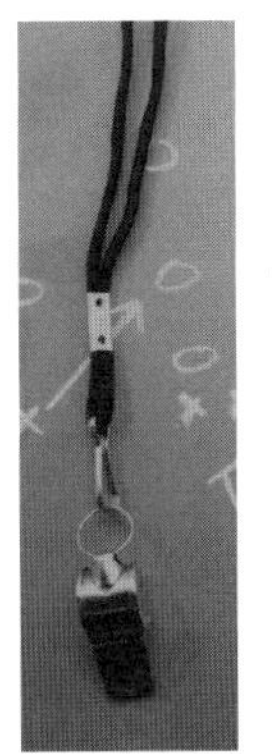

최근 반도체 관련 제조 회사인 F사의 Y임원을 5개월간 코칭했다. Y임원은 회사의 핵심 부서인 사업본부를 책임지고 있었다. 그는 사업을 성공리에 이끌었다는 자부심이 강했으며, 또한 사업부를 더한층 키우겠다는 열의가 대단했다. 코칭에도 적극적으로 임했다. 본격적인 코칭에 들어갔고, Y임원은 직원들이 주인 의식을 갖게 하고 싶다는 표현을 수차례 강조했다. 직원들이 주인 의식만 갖는다면 회사는 더 많은 성장을 할 수 있고 직원들은 그 성장의 과실을 나눠 가질 수 있으리라 믿었다.

"주인 의식이란 어떤 상태를 뜻하는 것인지요?"

나의 질문에 그는 '회사 일을 자기가 주인인 것처럼 자발적인 자세로 임하는 태도'라고 정의했다.

"자발적으로 일하려면 결정은 누가 내리는 것이 효과적인가요?"

대화를 나누는 동안 그는 주인 의식을 가지려면 직원들이 '스스로 결정'하는 환경이 필요하다는 점을 깨달았다. 사실 그는 직원들을 잘 이끌어 준다는 생각으로 업무 지시를 자세하게 내리는 편이었다. 그러나 직원들은 그의 지시가 잔소리로 느껴져 마음으로 받아들이지 못했다. 이러한 차이를 발견하고 생각을 전환하자 실행 계획 수립은 일사천리로 진행되었다. 코칭이 종료된 후에 Y임원이 느낀 점과 결심은 역지사지, 줄탁동기, 외유내강이었다.

역지사지易地思之

상대방과 처지를 바꾸어 생각한다.

코칭 교육을 통해 가장 크게 느낀 점은 질문의 방향과 방법의 문제이고, 보는 관점의 차이였다. 상대편의 관점은 자신의 관점과 다르고 그 편에서 보면 자신의 생각과 행동이 달라진다.

리더는 항상 조직 구성원과 싸우지 말고 협력해야 한다. 서로의 입장을 존중하는 관계가 될 때, 조직은 긍정의 변화가 일어난다. 직원의 얘기를 경청하고, 지시가 아닌 행동을 유발하는 협의가 중요하다. 그동안의 조직 관리는 일방적인 업무 지시, 강요와 요구가 대부분이었다.

이를 질문하는 방법과 업무 지시 방법의 변화를 통해 직원의 문제점을 이해하고, 실질적 행동을 유발할 수 있었다. 결국 인재를 통한 업무의 혁신이 이루어져야 하고, 이를 만들어 가는 과정은 관점의 차이를 극복하는 것이다. 꾸준히 경청하고 구성원이 행동할 수 있도록 분위기를 유도해야 한다.

222

줄탁동기 啐啄同機

병아리가 알에서 나오려면 새끼와 어미 닭이 안팎에서 서로 쪼아야 한다.

조직 구성원과 리더는 서로 같은 방향을 쪼아야 혁신의 큰 벽인 껍데기를 깰 수 있다. 다시 한번 공통된 목표 관리와 가치관에 의거한 경영의 중요성이 대두된다. 구성원과 리더의 공통된 목표는 가장 확실한 동기 부여가 될 것이다. 매일같이 일어나는 업무 중 문제 되는 부분을 같이 깬다면 문제는 반드시 해결될 것이다.

모든 업무를 혼자 다 할 수는 없다. 부족한 부분은 구성원과 리더가 함께 해결해야 한다. 생각을 성과로 이끄는 가장 좋은 방안은 '실행'이다. 함께 해야 한다.

외유내강 外柔內剛

겉으로 보기에는 부드러우나 내부는 꿋꿋하고 강하다.

사업본부가 가야 할 길은 우선 탄탄하고 안정된 조직을 만들어 내는 것이다. 구성원들이 적당주의를 배척하고 함께 비전을 만들어 갈 때 외유내강이 이루어진다. '중소기업이어서 어쩔 수 없어!'라는 부정적 생각보다는 '중소기업이기에 할 수 있고, 작은 조직이기에 더욱 강해질 수 있어!'라는 긍정적 생각을 현실화해야 한다.

우선 업무 권한을 위임하여 구성원들이 책임감을 가지며 사업본부가 가야 하는 방향을 공유하도록 유도해야 한다.

나쁜 습관 개선하기

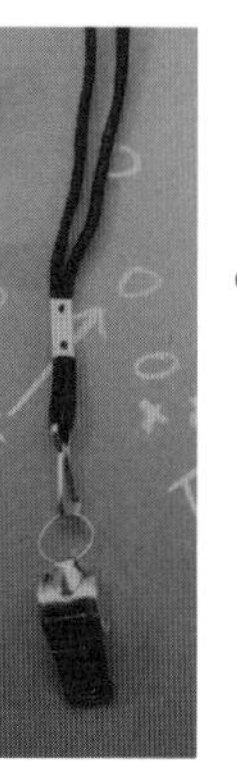

지난해 우리 회사 청주 지사에 근무하는 J차장을 코칭했다.

서로 개인적인 얘기를 함으로써 편안하고 자유로운 분위기가 조성되었을 때, "요즈음 가장 하고 싶은데 잘 안 되는 것이 무엇인가?"를 물었다. J차장은 가정 생활은 문제가 없는데 회사 생활이 단순하게 반복되다 보니 자극이 없어 자신이 발전하지 않는다고 고백했다. "어떤 발전을 원하는가?" 물었더니, 기술적으로 더 깊이 공부하여 지금보다 전문적인 일을 맡고 싶다는 것이었다. "발전을 하면 어떤 일들이 좋아지겠는가?"를 다시 물었더니, "승진도 빨리 하고 핵심 인재로 인정받아 회사에서 오래 일할 수 있지 않을까요?"라고 대답하는 것이었다.

그 말을 들으면서 J차장 내면에서 '내가 정말로 변해야겠다'는 동기 부여가 있음을 느꼈다. 그래서 "지금은 어떤 상황인가?" 하고 물으니 "매일 반복되는 쳇바퀴 생활이죠"라는 대답이 돌아왔다. 이번에는 "발전하기 위해서는 어떤 일들을 할 수 있는가?" 물었다. 그 결과 가능성 있는 일들이 여러 가지 언급되었는데, 그중에는 전문가 교육을 받는 것과 근무 장소를 청주에서 본사로 옮기는 것도 있었다.

그런데 실행 계획을 세우는 중에 한 가지 큰 장애물이 발견되었다. 일주일에 4회가 넘는 빈번한 음주 습관이었다. 우선 음주 빈도와 음주의 원인을 분석하자고 합의하여 한 달간 음주 회수, 음주량, 음주 원인을 기록하기로 했다. 분석 결과는 놀랍게도 한 달 중 25회 술을 마셨다. 그중 집안 제사, 회사 회식 등 피치 못하는 경우가 3회, 동료가 제안해서 마신 횟수가 10회, 자신이 주도한 횟수가 12회였다.

본인도 그 결과를 보고 놀랐는지, 어린 딸을 셋이나 둔 아빠로서 너무 무책임한 행동이라며 자기가 먼저 술을 먹자고 제안하는 일을 없애기로 했다. 그 후 음주 횟수가 현격히 줄어 마침내 주 2회 정도로 조절했으며 전문가 과정 교육도 신청하고 참여하는 등 자기 발전에 노력을 기울이기 시작했다.

간절한 사람은 스스로 깊게 우물을 판다. 간절한 사람은 새로운 대안과 방법에 귀를 기울이고 실행할 각오가 되어 있다. 내면의 열정으로 움직이든, 이것을 실행하지 않으면 직장에서 해고될 거란 위험을 예감하고 두려움에서 움직이든 간절한 사람은 행동한다. 생각이 변화하면서 새로운 관점을 수용하고 용기 내어 새로운 행동을 실행하면서 변화를 일으킨다.

김미나

영국 맨체스터 대학에서 경영학을 공부하고 삼성 글로벌 인턴십, 외국계 금융 기관, 컨설팅사를 거친 미국 공인회계사(AICPA)다. 조직과 프로세스를 변화시키는 것에서 사람을 변화시키는 것이 주된 포커스인 코칭 천직을 만난 행복한 사람이다. 글로벌 캐나다 코칭 회사에서, 중국 상하이와 베이징에서 코칭 리더십 업무를 수행했으며 안전 지대를 벗어나 강력한 전환를 이끌어 내는 것으로 유명한 미국의 CTI 글로벌 코액티브 코칭 과정의 글로벌 리더로 활동 중이다. 한국코칭협회 인증 코치(KPC), 국제코칭협회 프로코치(PCC) 및 코액티브 프로 인증 코치(CPCC)다. 비즈니스, 커리어, 관계 코칭 전문가로 뛰어난 퍼실리테이션 역량을 가지고 그룹 코칭을 진행한다. 강의 역시 다이내믹한 에너지로 코칭 커뮤니케이션, 비전 미션, 갈등 관리 등을 체험식으로 진행한다.

borncoach@gmail.com

3
꿈꾸는 자,
다시 태어난다

Being a Coach

김미나

꿈꾸는 사람들의 도시

결국 홍콩 행 비행기를 타고야 말았다.

한참을 망설였다. 아니, 망설였다기보다는 홍콩이 두려웠다. 내 유년의 비뚤어진 매듭이 꼬인 그곳을 마주할 용기가 나지 않았다. 그러면서도 내가 살던 집과 학교를 방문하면 왠지 내 삶의 단단한 매듭들이 풀어지고 편안해질 것이라 기대했다.

우리 가족이 홍콩으로 이주한 것은 중학교 2학년 때였다.

나는 처음 타는 비행기와 창밖에 펼쳐진 구름바다를 신기하게 바라보았다. 구름 사이로 펼쳐지는 풍경이 무척 아름다워서 가슴이 설렜다. 그러나 낯선 공간과 언어는 나에게 아픔이었다. 언어가 원활하지 못해서 친구들에게 자주 놀림을 받았다. 나는 서울의 거리와 학교, 수다를 떨던 친구들을 그리워하며 홍콩에서 다녀야 할 학교와 친구들의 관계 속으로 다가가지 못하고 주변을 빙빙 돌았다. 추억을 되새김하고 익숙했던 공간을 그리워했다. 그 후 스리랑카에서 청소년기를 보내고 영국에서 대학을 다니며 세상을 떠돌았다.

예상하지 못한 곳에서 공부를 해야 했고 다양한 사람과 문화를 접해야 했다. 새로운 것들에 대한 호기심은 어느새 적응해야 한다는 두려움으로 바뀌었다. 조급함은 마음을 번잡하게 했으며 긴장된 날의 연속이었다. 대학을 졸업한 후 사람들이 부러워하는 직장에 취업했으나 내 옷이 아니라 남의 옷을 입은 듯 여전히 불편했고 나는 이방인이었다.

홍콩은 평온하고 행복했던 나의 정상적인 삶이 꼬인 도시였다.

"제기랄, 더 멋진 어른이 되었을 거라 생각했는데….”

비행기가 공항에 착륙하자 갑자기 눈물이 난다. 특별한 이유도 없는데 눈물이 쏟아진다. 예전에 다니던 학교를 방문하고서야 눈물이 그치더니 오랜 방랑에 지친 여행자처럼 내가 살던 주택과 거리를 덤덤하게 바라보았다.

문득 홍콩 영화가 보고 싶어졌다. 나는 주윤발, 유덕화가 주연으로 나오는 영화를 무척 좋아했다. 되돌아가고 싶은 향수 때문이었을까? 기억을 더듬어서 어렵게 극장을 찾아가 본다. 중국의 괴기 영화와 할리우드 영화를 상영하고 있다. 지금 이곳엔 내가 좋아했던 주윤발도 유덕화도 없다. 친구들 또한 없다. 나는 왠지 모를 배신감 때문에 극장을 돌아선다. 화려한 네온사인이 가득한 홍콩의 밤거리를 걷는다. 스타의 거리에는 나의 눈길이 가는 곳마다 유명 연예인들의 발자국과 손자국 모형이 찍혀 있고 사인이 펼쳐진다.

'스타가 이렇게 많은데 내 인생은 뭐지?'

거리를 걸을수록 초라해지고 위축된다.

얼마나 걸었을까, 다리가 아프다. 공원 한 귀퉁이에서 벤치가 자리를 비워 놓고 기다린다. 바람은 일렁이고 주변은 고요하다. 나는 벤치에 앉아서 홍콩 섬의 화려한 야경을 망연히 바라본다. 관광객들이 왁자하게 들어와서 사진을 찍느라 부산을 떨더니 사라진다. 언제 그랬냐는 듯 공원은 지나가는 행인들의 발자국만 분주할 뿐 다시 고요하다. 나는 야경에 스며들듯 하나의 풍경으로 머무른다. 얼마나 그렇게 앉아 있었을까, 천상의 소리인 양 은은하게 들려오는 아이들의 노랫소리에 이끌린다. 노랫소리는 나의 오랜 불편함을 해소하고 상처받은 영혼을 어루만지며 편안하게 한다.

너의 고난과 유혹들

문제가 없는 곳이 어딘가?

스스로 위축되지 마라

주님께 모든 것을 기도로 맡겨라

그 누가 마음에 상처 입은 자를 치료할 수 있나

예수님밖에는 없네

Cast your burdens 중에서

내 마음은 어둠에서 네온사인 불빛 사이로 노래를 타고 자유롭게 유영한다. 노랫소리는 내 안의 자존감을 강력하게 일깨우며 명료하게 다가온다. 나는 아이들의 모습을 본다. 합창단의 노래가 끝나 갈 무렵, 아이들이 한명 한명 앞으로 나선다.

"내 이름은 존입니다. 일곱 살 때 처음으로 신발을 신었습니다. 나의 꿈은 의사입니다. 가난한 사람을 돕고 싶습니다."

"나는 데이비드입니다. 나의 꿈은 목사입니다."

"나는 드보라입니다. 나의 꿈은 선생님입니다."

아이들이 말하는 소리는 마치 내 귀를 뚫을 듯 거침이 없다. 쩌렁쩌렁한 목소리로 미래의 꿈을 외치는 아이들을 본 순간, 내 몸에 번지는 소름. 미래에 대해 의심 없는 아이들의 담대함에, 살아 있는 진정성에 전율했다.

그래, 코칭이다. 저 아이들처럼 꿈을 찾고 그 꿈을 실현하려는 사람들을 도울 수 있는 것은 코칭이다.

그렇다. 나를 매혹시키고 나를 집중하게 했던 예술가나 존경하는 사람들 또한 그랬다. 그들은 확고한 신념으로 어느 한 지점을 향해 온전하게 미쳐서 산 사람이었다. 땀을 비 오듯이 흘리면서 혼연일치된 뮤지션들, 희로애락을 표현하는 모노드라마를 10년째 하는 배우, 가볍고 우아한 춤사위를 보여 주며 무아지경에 빠진 무용가. 나는 그들을 존경했고 그들 때문에 즐거웠다.

나도 그들처럼 어딘가에 몰입하고 싶었다. 나는 그들의 행보에서 세포 하나하나를 일깨웠고 그들의 자유로운 눈빛을 동경했다.

지금 이 순간, 바로 이곳에서 내 삶을 느끼며 살아가는 일을 하고 싶었다. 그들이 흘린 땀과 열정에 감복한 나머지 어딘가에 흠뻑 빠져서 생활하기를 희망했다. 내가 좋아하고 잘할 수 있는 그 무언가를 찾기 위해 노력했다.

학교 도서관의 책을 뒤지거나 『타임』지와 잡지들을 보며 세상 돌아가는 일에 관심을 기울였고 각종 진로를 찾는 책들을 보며 나의 길을 모색했다. 우연히 신문 사설을 읽다가 '마케팅'이란 단어에 끌렸으며 기업을 치료한다는 '컨설팅'에 매력을 느꼈다.

영국에서 경영학을 공부하고 귀국해서 외국계 은행, 한국계 은행의 국제부 전문 인력으로 근무하던 중 전문가의 길을 가기로 결정했다. 미국 공인회계사 자격증을 따는 등 전문가가 되기 위한 준비를 하는 중에 금융 컨설팅 회사에 취업해 국내 은행과 증권 회사, 보험 회사에서 금융 컨설팅 프로젝트를 진행했다.

금융 업계에서 고객의 욕구를 명확하게 하고, 현상을 진단하여 미래를 바람직한 그림으로 그리고, 현실과의 차이점을 도출해서 건설적인 대안을 제시하고, 조직이 더욱더 성장하도록 돕는 일은 참 좋았다. 그러나 조직의 리스크를 관리하고 프로세스를 변화시키는 일은 동기 부여가 잘 되지 않았다.

"숫자가 바뀐다고 무엇이 좋아지지? 그저 돈을 더 잘 관리하는 것뿐인데…."

나는 사람에게 직접 변화를 줄 수 있는 일, 그 결과들이 사람들에게 어떻게 영향을 미치는지 내 눈으로 확인하는 작업을 하고 싶었다. 사람을 변화시키고 나 또한 동반성장할 수 있는 일은 무엇일까? 서로를 성장시키며 선순환할 수 있는 일은 과연 무엇일까?

작은 모습으로 다가온 인연

더 큰 꿈을 꾼다는 것은 더 큰 두려움을 수반한다. 두려움이 없는 삶은 꿈이 없는 삶인지도 모른다. 당면한 현실에 안주하거나 타협을 하는 순간 꿈을 포기한 것인지도 모른다. 그러나 꿈을 꾸기 시작하면 자연스레 두려움이 따른다. 더불어 '두려움을 어떻게 해야 하나?' '어떻게 두려움을 뛰어넘지?'라는 의문을 조심스럽게 갖는다.

아이가 걸음마를 배울 때, 걷기 이론을 배우고 나서 걷는 것은 아니다. 일단 발을 내디뎌 본다. 넘어져도 다시 일어나서 그냥 걷는다. 두려움은 마음먹기 따라서 감정 컨트롤과 시각 전환 등을 통해 여러 가지 방법으로 줄일 수 있다.

역사상 그 누구도 두려움 없이 위대한 업적을 성취한 사람은 없다. 나에게 큰 꿈이 있다면, 큰 비전이 있다면, 탁월한 유산을 남기길 원하는 내 삶에서 아무리 큰 어려움이 있다 할지라도 그 어려움 때문에 죽을 뻔할 수는 있으나 죽지는 않는다.

내가 가야 할 길은 코칭이다.

코칭이 나의 천직이라고 확신했다. 물론 그 길을 어떻게 가야 하는지는 보이지 않았다. 마음속으로 결정한 순간에 환경이 변화하는 것은 아니다. 나는 생활인으로서 돈을 벌어야 하고 매일매일 일에 허덕이며 살아야 하는 직장인이다. 이미 비전은 확실했으나 비전을 이루기 위한 현실의 벽은 견고했다.

직장 생활을 그만두고 미국으로 유학을 가야 하나, 아니면 한국에 있는 코칭 펌 직원으로 들어가는 길을 알아봐야 하나. 교육 쪽 경험이 없는 나를 누가 써 줄까. 걸림돌 하나를 넘으면 그다음 걸림돌을 만났다. 무엇부터 시작을 해야 할까? 과연 코칭으로 먹고는 살 수 있을까?

어느 날 커리어코칭동호회에서 이메일이 날아왔다. '한국코칭협회대회'가 열린다는 내용이었다.

나는 월차를 냈다. 각 분야의 사람들을 만나다 보면 무언가 실마리를 잡을 수 있을 거라는 막연한 기대와 설렘으로 코칭대회에 참가했다. 그리고 NLP의 대가이자 『네 안에 잠든 거인을 깨워라』의 저자 앤서니 라빈스를 무척이나 닮은 앤드루 와이라는 코치를 만났다.

그는 10년이 넘는 경력을 지닌 베테랑 코치였다.

180센티미터가 넘는 큰 키와 넉넉한 웃음 그리고 긍정적이고 적극적인 눈빛과 신뢰감이 넘치는 에너지를 가진 사람이었다. 그는 코칭대회 세미나실 외부에 회사를 프로모션하기 위해 테이블을 설치하고 브로셔를 가지런히 전시하면서 지나가는 사람들을 향해 미소 짓고 있었다. 그런데 한국어를 모르는지 회사의 브로셔를 흘끔거리며 그냥 지나가거나 브로셔만 가져가는 사람들을 바라보면서 우두커니 혼자 서 있었다.

나는 대화를 통해 그가 홍콩인이라는 것과 영국에서 학교를 다녔다는 공통점을 발견하고 신이 나서 코칭에 대해 궁금한 점을 질문하거나 방문한 사람들의 질문을 통역하며 잠시 도와주었다.

앤드루 와이와의 짧은 대화는 파워풀했다.

"만약 당신이 로또 복권에 당첨된다면 어떻게 하겠습니까? 당신은 그런 변화를 원합니까?"

나는 로또 복권에 당첨되는 행운이 온다면 당연히 잡을 것이고 그 돈으로 무엇을 할 것인지를 말했다.

"미나, 나는 사람들이 변화를 좋아한다고 생각합니다. 복권 당첨이란 변화를 누가 싫어하겠습니까? 단지 사람들은 변화와 수반된 불확실성 때문에 두려움을 갖고 변화를 거부합니다. 스스로 제한된 생각의 박스에서 벗어날 때 많은 것을 누릴 수 있죠."

나는 조직 생활을 하며 회사가 M&A를 겪고 직원들이 감원되는 고통 속에서 변화를 수용하고 환영하기보다 거부하는 분위기에 익숙했다. 그런데 앤드루의 말이 머리를 후려친 것처럼 강력하게 남아 '변화'에 대한 관점을 정리할 수 있었다.

강력한 코치는 짧은 대화로도 상대가 제한된 생각에서 벗어나 새로운 패러다임을 가질 수 있도록 돕는다. 질문의 질이 생각의 방향을 결정하고 대화의 질과 인생의 질을 결정한다. 앤드루는 그가 속한 코칭 회사에서 1년에 한 번 코치들을 초청하는 프로그램을 진행하니 지원하라고 권했다.

6월의 상하이는 습기가 많고 햇볕이 뜨거워 아스팔트에서 김이 아지랑이처럼 피어났다. 고층 빌딩 숲을 가로질러 1층에 구찌와 프라다, 펜디 같은 명품 매장이 있는 빌딩의 교육장으로 향했다. 도대체 얼마나 많은 돈을 벌면 가장 비싼 66플라자 빌딩에 사무실을 두고 있을까? 그들의 교육과 비즈니스 노하우가 궁금했다.

3일 동안 진행된 교육 과정에는 한국 유수의 코치와 해외에서 활동 중인 코치들이 참석했다. 한국코칭센터의 김경섭 회장님, 김영순 교수님, 한국코칭센터 고현숙 사장님 그리고 한국코칭협회 회장님, 부회장님, 이사님을 비롯해 한국의 쟁쟁한 코치들이 참석했고 미국, 호주, 이탈리아, 독일 등에서 활동하는 베테랑 코치들도 15명 정도 초청을 받았다.

이 코칭 프로그램은 상하이의 코칭 회사에서 가장 유명한 코치이자 트레이너인 사이먼 레이가 진행했다. 그는 사람들 안에 열정의 불을 일으키는 것으로 유명한데, 코치에 대한 깊은 철학과 스마트한 통찰력이 돋

보이는 코치였다.

사람을 코칭한다는 뜻의 '렌ㅅ 코칭 모델'이라는 국제코칭연맹의 인증을 받은 자체 코칭 프로그램 교육이 끝난 후 상하이에서 코칭을 통해 많은 변화를 일으킨 중국 클라이언트 회사를 방문하고 코칭 사례를 듣는 기회를 가졌다. 우리를 열렬하게 반겨 주며 그들의 직장과 리더십이 어떻게 변화했는지 마치 간증처럼 쏟아내는 이야기를 듣는 동안 코칭에 대해 가슴 벅찬 감동을 느꼈다.

교육이 끝나는 마지막 날, 앤드루를 만나 아쉬운 마음을 나누는 중에 나는 정말 코칭을 하고 싶다고 말한 뒤 어디서부터 시작해야 할지 고민이라며 조언을 구했다.

"미나, 우리 회사에 와서 일해 볼 생각은 있나요?"

"당연하죠. 나는 정말 코칭을 하고 싶어요."

나는 그의 질문을 기다리고 있었다는 듯이 빠르게 대답했다.

"근데 중국에서 일하는 것이 괜찮겠어요?"

"전 어디에서나 적응력이 빠르답니다. 고향처럼 살 자신이 있어요."

"가족들이 반대할 수도 있고 아직 미혼이어서 결혼도 걸릴 텐테…."

"가족들은 제가 내린 결정을 신뢰해 주세요. 그리고 상하이에 와서 중국 남자들을 만나면 되죠. 상하이 남자가 여자한테 굉장히 잘하는 애처가란 이야길 들었어요."

농담 반 진담 반 섞인 이야기를 주고받는데 앤드루가 내 눈을 뚫어져라 보며 정말 함께 일해 볼 생각이 있는지 진지하게 물었다.

“당연하지요. 코칭은 앞으로 내가 갈 비전이고 당신의 회사에 대해 지난 일주일간 아주 좋은 인상을 받았습니다.”

그는 나의 마음을 확인한 후 인사 담당자와 상담하겠다며 기다려 달라고 제안했다.

한국에 돌아온 후 구체적인 인터뷰가 진행되었다. 시간이 지날수록 코칭을 하겠다는 열망은 두려움으로 몰려왔다. 나는 퇴사하기로 마음을 먹고 근무 중이던 은행에 사표를 냈다.

상사는 사표를 세 번이나 돌려주었다. 가만히 있어도 임금 잘 올라가고 안정된 직장인데 왜 옮기려 하느냐며 만류했다. 그리고 네 번째 사표를 제출했을 때, 중국에 가는 것이 얼마나 큰 리스크이고 어떤 위험이 있는지 시나리오를 제시하며 조언해 주었다.

일어날 수 있는 모든 경우의 수는 다 생각해 본 것 같았다. 머리가 아파 왔다. 두려움이 점점 커지더니 어느 순간 한껏 부풀어서 곧 터질 것만 같은 풍선처럼 불안했다.

머리에서는 안정된 은행에서 근무하는 것이 합리적이라고 하는데 뜨겁게 달구어진 가슴은 지금 모험을 떠나라고 했다. 간절히 가고 싶은 길이지만 너무나 두려운, 내가 가진 것을 다 포기하고 내려놓아야 갈 수 있는 땅. 길이 없는 곳에서 길을 만들며 가야 한다는 험난함이 오히려 나를 자극했다.

유서를 쓰듯 내가 사용하던 물건들을 정리해서 지인들에게 나누어 주며 주변을 정리했다. 새로운 길을 가야 한다는 사실이 두렵기도 했으나 한편으로는 중요한 부분에만 초점을 맞추기로 했다. 먼 훗날, 나이 여든 즈음에 지금 이 순간의 결정을 나는 어떻게 말할 것인가. 지금 주어진 기회에 도전하지 않으면 후회할 것 같았다. 그래서 단 한번도 상상조차 하지 않은 나라에서, 아는 사람이 단 한명도 없는 그 땅에서 코칭을 배우기로, 코칭 전문가가 되기로 결정했다.

나는 행운아다. 행운은 아주 작은 모습으로 나에게 나타났다. 우연한 만남, 우연한 대화. 그 순간에 몰입해서 최선을 다했을 뿐인데, 이 작은 기회가 나의 길을 뚫어 주는 힘 있는 돌파구가 되었다.

상하이의 대형 빌딩인 66플라자에서 근무하다니, 꿈에 그리던 캐나다 코칭 회사에서 근무하다니. 나는 흥분하고 있었다. 꿈은 이루어진다. 내 인생에 기적이 일어난 셈이다. 기회는 준비된 자에게 온다더니 내가 준비되었을 때, 길이 열렸다. 준비되어 있었기 때문에 나는 그 기회를 분별할 수 있었다. 그리고 열정적으로 그 기회를 향해 도전했다. 열정은 나의 길잡이가 되어 길을 열어 주었다.

중국의 코칭 회사는 국제코칭협회에서 인증한 마스터 인증 코치MCC가 여섯 명 정도 있는 회사였다. 마스터 인증 코치는 2500시간 이상 1대1 유료 코칭 경험이 있어야 하고, 테스트를 거쳐 인증받는 코칭 업계에서 알아주는 베테랑 코치로 세계에서도 그 숫자가 많지 않은 시절이었다.

나의 멘토 코칭 코치인 사이먼은 마스터 인증 코치였다.

그에게 멘토 코칭을 6개월 넘게 받았다. 코칭에 대한 개념과 나의 코칭 틀을 만드는 데 중요한 계기가 되었다. 강력한 코칭의 힘과 무엇이 파워풀한 코칭인지 알았다. 생각의 전환과 재구성의 중요함도 알았다. 회사의 탁월한 MCC들과 자연스럽게 교류하면서 코칭적인 접근과 케이스 나눔을 통해 탁월한 코치들의 차이점과 코칭 리더십을 이해하는 계기가 되었다. 훗날 내가 코치로서 코칭을 할 때, 나도 모르는 사이에 그들에게 받은 영향력을 실감할 수 있었다.

기업의 사회적 책임과 코칭이라는 새로운 코칭 모델 개발 프로젝트의 매니저로 일하며 '아시아 기업의 사회적 책임 및 코칭 컨퍼런스'(중국코칭협회와 같이 기획한 Asia Coaching Corporate Social Responsibility Conference로 2007년 베이징에서 개최)의 프로젝트를 기획하고, 미국의 국제코칭협회 컨퍼런스에 참석해 회사를 프로모션했다. 또한 해외 코치와 파트너십을 개척하고 자사 국제 코칭 인증 프로그램을 확산하는 일을 하며 비즈니스 임원들을 1대1로 코칭하는 코치로서, 전문 코치를 양성하는 교육 과정의 강의자인 트레이너로 전환하도록 차근차근 교육받고 멘토 코칭을 받으며 일을 배웠다.

2006년 회사의 일원으로 참석한 ICF 컨퍼런스에서는 세계 최고 수준의 코치들이 실시간으로 코칭하는 것을 보았다. 코칭을 하며 코칭 시현을 본 것이 큰 영향을 미쳐 내 안에 녹아들었다. 탁월한 서비스를 받아 본 사람은 서비스가 무엇인지 감을 잡고 어설프게나마 그런 서비스를 지향할 수 있다.

코칭, 변혁적인 툴인가, 점진적인 툴인가

코칭은 임상이다. 운동은 이론이나 방법을 잘 안다고 해서 실제로 잘할 수 있는 것이 아니다. 몸에 익숙해져야만 실력이 늘어난다. 코칭 또한 코칭을 잘하고 싶다면 잘하는 사람의 코칭을 살펴보고 흉내 내며 나의 것으로 만들기 위해 실습해야 한다.

외국 코치들의 코칭 데모를 CD로 판매하기도 하고, 코칭 전문가 과정을 전화 수업tele class으로 진행한 것을 녹취해 둔 여러 가지 자료와 코칭 데모가 녹취된 테이프를 공유하는 프로그램들도 있다. 적극적으로 찾아서 들어 보면 코칭 실력을 배양하는 데 큰 도움이 되리라 확신한다.

또한 다양한 형태의 코칭을 받아 보기를 권한다. 코치마다 그만의 장점이 있으니 다양한 코치를 만나 보는 것이 좋다. 강력하게 도전하는 것이 강점인 코치, 독서 코칭에 유능한 코치, 성과와 시스템에 탁월한 코치, 함께 하는 공감 코칭에 익숙한 코치 등 코칭의 다양한 맛을 보고 나의 장점을 찾아 내 색깔을 만들고 내 안에 있는 또 다른 잠재력을 꺼내서 사용하는 것이다.

발전하고 싶은가? 내 인생의 롤모델을 찾아서 관찰하는 것, 좋은 코치에게 코칭받는 것과 내가 코칭받은 것을 전문 코치에게 점검받는 슈퍼비전supervision 코칭을 받아 보라고 권하고 싶다.

나는 10년 동안 이 회사에서 탁월한 코칭 전문가가 되리라 결심하며 열심히 일했다. 그것이 나의 10년 목표였다. 그런데 인생에는 내가 예상하지 못한 깜짝 놀랄 만한 일이 많았다. 회사의 폐업 그리고 여러 가지 사건들. 4년간의 중국 생활은 커다란 쓰나미를 겪으며 밝고 긍정적이기만 했던 나를 음지의 아픔과 슬픔 그리고 사람들의 깊은 고뇌를 헤아리는 사람이 되게 했다. 또한 중국 상위 1% 부자들과 그들의 리더십 현장을 보았고 500명이 넘는 코칭 회사의 시스템화된 프로세스와 조직을 경험했으며 열정이 넘치는 직원들과 함께 일한 매우 소중한 시간이었다.

“코칭을 받으면 정말 사람이 달라지나요?”

나는 “예 그리고 아닙니다”라고 대답한다.

1대1 코칭 세션은 한 시간에 걸쳐서 10회를 진행한다. 코칭 세션을 통해 인생에서 변혁을 일으킬 정도로 큰 변화를 줄 수 있는 코치라면 거리에 나가 돗자리를 깔고 “인생을 바꿔 드립니다. 인생을 구원해 드립니다”라고 외쳐도 무방하다고 생각한다.

코칭을 받으면서 인생의 큰 변화를 경험하기도 하고 점진적인 변화를 경험하기도 한다. 그런데 그 변화의 크기를 누가 측정할 것이며 증거를 어떻게 보여 줄 것인지는 애매하다. 코칭을 조직에 확산시키는 데 가장 큰 걸림돌은 투자 대비 효과를 어떻게 측정하는가이다.

코칭을 받는 고객이 있다. 그는 주변 사람들의 말을 경청하고 직원을 칭찬하기 시작했다. 이 상황에서 그 스스로에게는 이러한 변화가 인생의 기적이요 큰 변화일 수 있지만, 주변 사람들 눈에는 ‘이제 겨우 정상으로 돌아왔군’이란 평가를 받을 수도 있다. 물론 ‘우리 상사가 달라졌어요. 기적입니다'라는 평가를 받을 수도 있다.

코칭을 하다 보면 코치와 고객이 신뢰 속에게 함께 만들어 가는 관계와 프로세스를 신뢰하고 기다리고 믿어 주고 지지하는 것의 중요성을 배운다. 실제로 코칭 세션 중에는 눈에 띄는 행동의 변화가 일어나지 않다가 6개월 후에 변화가 생긴 고객이 있다.

"코치님, 오늘 '아하' 하고 깨우쳤습니다. 코칭 이후 함께 나눈 대화들이 종종 생각나면서 제 행동에 많은 영향을 미치고 있습니다."

이렇듯 고객이 표현하지 않는다면 코치가 무슨 수로 알겠는가? 그럼에도 불구하고 코칭이 이 시대의 흐름에 맞추어 사람을 변화시킬 수 있는 강력한 변화의 툴이라고 생각한다. 그런데 코칭이 누군가에게는 그 사람을 뒤흔들 정도로 인생의 터닝포인트를 만들어 내는 반면, 누군가에게는 점진적인 발전을 보이는 까닭은 무엇일까?

지난 7년간 코칭을 하며 발견한 것은 코치와 고객의 관계, 목표와 실행 환경 디자인, 코칭 스킬 등 많은 요소가 결과에 영향을 미치지만 가장 큰 요소는 '고객의 간절함과 행동력'이라는 사실이다.

간절한 사람은 스스로 깊게 우물을 판다. 간절한 사람은 새로운 대안과 방법에 귀를 기울이고 실행할 각오가 되어 있다. 내면의 열정으로 움직이든, 이것을 실행하지 않으면 직장에서 해고될 거란 위험을 예감하고 두려움에서 움직이든 간절한 사람은 행동한다. 생각이 변화하면서 새로운 관점을 수용하고 용기 내어 새로운 행동을 실행하면서 변화를 일으킨다.

누군가는 이렇게 질문한다.

"점진적으로 변화한다면 굳이 코칭을 받을 필요가 있습니까? 그냥 대충 살면 안 됩니까?"

대개 성인이 되는 스무 살 전까지는 주변 환경과 가족들의 영향을 받으며 산다. 하지만 스무 살이 넘으면 더 이상 가족의 그늘에서 살 수 없다. 이제는 스스로 삶을 선택하고, 한 가정의 가장이 되고, 커리어를 관리해야 한다. 스스로를 책임지고 가족을 책임져야 한다.

코칭은 내가 진정으로 원하는 목표를 정하고 어떤 사람이 되고 싶은지 내 안의 가치관과 신념들을 돌아보고 재구성하여 목표를 향해 행동하고 책임지도록 돕는다. 이 시대의 트렌드에 맞는 가장 효과적인 리더십 툴인 것이다.

내 삶에 변혁이 필요한 순간

중국에서 코칭을 접하고 한국에 돌아오자 뜻밖의 행운이 찾아왔다. 앞으로 국내에서 코칭 학습을 어떻게 할 것인지 상담하기 위해 한국리더십센터 고현숙 사장님을 만난 자리였다. 대화 중에 예정된 코칭 과정의 통역이 갑자기 펑크 났다며 한국 코액티브 코칭 과정의 통역을 부탁받은 것이다.

코액티브 코칭은 미국에서 가장 전통 있고 유명한 코칭 전문가 양성 프로그램으로 국내에서는 한국리더십센터에서 프로그램을 라이선스로 들여와 과정을 진행하고 있었다. 코칭 학습은 5단계로 구성되었으며, 각 단계는 두 명의 외국인 리더가 3일씩 코칭을 시현하고 체험 학습을 하는 구조로 진행되었다.

2006년 미국의 국제코칭대회에 참석했을 때 인상 깊었던 것은 코액티브 코칭 과정을 이수한 코치가 많다는 사실이었다. 이 과정에 대한 대회가 진행되면 가장 많은 코치들이 모이고 열정을 다해 교류했다. 또한 그들은 코칭의 being과 doing의 균형을 중요하게 생각하는 체험 위주의 실습 과정을 통해 코칭 스킬과 프로세스를 익히며, 이 과정을 통해 개인의 삶에도 큰 변화가 일어나는 깨달음을 얻는다. 단순히 전문 코치를 양성하는 것만이 아닌 참석자의 삶이 변화되는 것으로 널리 알려진 코칭 프로그램, 그 코칭 프로그램을 한국에서 만났다.

통역을 여러 번 하면서 얻은 장점은 미국에서 PCC(국제코치협회 프로 인증 코치로 750시간 이상 코칭한 전문가) 레벨 이상의 10년 넘는 베테랑 코치들을 만났다는 것이다. 통역을 하면서 그들을 그림자처럼 따라다녔다. 참석자들과 친밀감 있게 소통하는 방법, 에너지를 민감하게 읽는 방법 그리고 두 명의 리더가 상호작용하며 관계를 만들어 가는 방법 등의 노하우를 배우는 기회였다.

나는 어느새 그들을 닮아 가고 있었다. 지금은 나 또한 국제코칭협회에서 인증받은 PCC로서, 코액티브 전문 프로 코치CPCC로서 코액티브 코치의 글로벌 리더가 된 나를 본다. 코액티브 리더로서 당당하게 코칭을 하고 있는 것이다.

나는 운이 좋아 세계적인 코치들의 시연을 보고 그들을 옆에서 관찰할 수 있는 기회가 많았다.

1. 열정이 있다.

그들은 삶과 코칭을 통해 열정을 뿜어낸다. 전문 코치로서만이 아니라 인간적으로 매력적인 사람들이며 자신만의 삶의 스토리가 있다. 그들의 열정은, 용감하게 살아가는 방식은 고객으로서 코칭받고 싶어지는 매력이다.

2. 사람들과 빠른 속도로 친밀감을 조성한다.

그들은 기본적으로 사람을 도와주고자 하는 진정성이 있으며, 고객을 신뢰하고 놀랄 만큼 빠른 시간 안에 마음의 문을 여는 열쇠를 가지고 있다. 외모와 스타일은 지극히 평범하지만 대화를 해보면 비범하고 프로페셔널하다.

3. 말 한마디에 존재감에서 우러나오는 진실성이 있다.

그들의 말 한마디가 공명을 울리며 가슴을 터치한다. 그 안에는 진실성이 있다. 진실과 진실이 만나는 순간, 마치 마법처럼 생각의 전환 또는 깊은 깨달음이 일어난다.

4. 사람에 대한 깊은 이해와 생각의 차이를 만들 줄 안다.

그들은 깊게 경청하고 직관적이며 고객의 스토리에 속지 않는다. 고객이 자신의 패턴을 알아채도록 도와주고 다른 관점을 탐구하고 선택하도록 자극한다.

5. 용감하다.

고객에게 퇴출된다 할지라도 고객의 발전을 위해서 진실을 이야기하는 용기를 발휘한다. 무조건적인 핑크빛 무한 긍정이 아니라 땀과 피를 버무려서 그 한 사람의 최상을 포기하지 않는 치열함을 보인다.

6. 성장을 즐긴다.

고객과 자신의 성장을 중요하게 생각하고 배움을 추구하며 끊임없는 성장을 도모한다. 그들은 완벽한 사람이 아니라 코치다움을 추구하며 지속적인 성장을 위해 끊임없이 노력하는 사람이다.

어떤 고객이 코칭을 받으면서 가장 효과적인 변화를 일으킬까? 변화하고 싶으면 변화할 수 있는 환경으로 나를 내몰아야 한다. 간절하게 변화를 원하는 고객, 성실함으로 삶의 걸림돌을 뛰어넘는 고객은 코칭의 효과를 빨리 느낄 수 있다. 때로는 다른 선택지가 없다고 스스로를 몰아칠 때 간절히 행동하게 된다. 1년 동안 한번도 빠짐없이 새벽 4시 20분에 일어난 적이 있다. 다른 선택이 없다고 생각했기 때문이다. 일어나는 것만이 나의 선택이라 생각했고 행동했다. 행동은 차이를 만들어 낸다.

중국에서 돌아올 때 무언가 변혁이 필요했다. 작은 변화가 아닌 터닝포인트가 필요했다. 그래서 코액티브 코칭 과정 본사인 미국 CTICoaching

Technology Institute에서 진행하는 리더십 프로그램에 참가하기로 결정했다. 변혁 리더십으로 유명한 프로그램에 참가하는 비용과 10개월 동안 네 차례에 걸쳐 일주일씩 미국에 가야 하는 일정 때문에 결정이 쉽지는 않았다. 하지만 나를 벼랑 끝으로 내몰았다. 나는 변화가 필요했다.

CTI를 창립한 헨리와 케런 킴지하우스가 10개월 동안 이끄는 리더십 프로그램에 참여했다. 샌프란시스코 시내에서 두 시간 떨어진 곳이었는데, 울창한 세쿼이아 숲과 화창한 하늘 그리고 따뜻한 5월의 햇살이 리더십에 참여한 멤버들을 반겨 주었다.

리더십 프로그램은 코칭을 기반으로 구성했는데, 나는 매번 그 과정을 이끄는 헨리와 케런의 탁월함에 감탄했다. 짧은 시간에 어떻게 저렇게 깊은 것을 이끌어 낼 수 있을까? 어떤 상황이든지 리더십의 큰 배움으로 연결 짓는 사람에 대한 깊은 이해와 커뮤니케이션이 막힘이 없었다. 진솔하게 그들 자신의 삶을 드러내고 포기하지 않는 치열한 사랑으로 우리 팀을 이끌며 많은 것은 행동으로 보여 주는 모습에 감명을 받았다.

10개월 동안 세계 각국에서 참석한 20여 명의 참석자들은 한 그룹이 되어 여러 가지 리더 역할과 프로젝트를 공동으로 진행했다. 마치 운명 공동체처럼 서로의 약한 점과 밑바닥 모습, 강점과 최고의 모습을 다 보여 주었다. 여러 가지 공동체 활동을 통해 끈끈한 협력과 상호 책임의 공동체가 결성되었다.

프로그램 자체가 여러 가지 도전이 되는 상황과 체험 속으로 들어가게 설계되어 있어서, 이를 통해 스스로 깊게 성찰하고, 내 안의 잠재력을 끌어내고 진정한 리더로 거듭나도록 도와준다. 자신의 리더십을 한 단계 상승시키고 싶다면 그럴 수 있는 환경과 시스템 안에 들어가야 한다.

내가 코칭을 좋아하는 이유는 코칭은 실행력을 높이기 때문이다. 좋은 컨설팅 결과물이 책상 서랍으로 직행하는 것을 많이 보았다. 좋은 교육도 듣고 나서 내 삶으로 실천하지 않으면 빠른 속도로 잊힌다. 코칭은 코칭 대화와 관계를 통해 목표를 개인화시키고 스스로 동기 부여를 끌어올리고 행동하도록 한다. 배움이 한쪽 귀로 들어와서 한쪽 귀로 빠져나가는 것이 아니라 깊이 내재되어 행동하도록 자극한다.

나의 이메일 닉네임은 본코치borncoach다. 코치가 되기 위해 태어난born to be coach 사람이라는 나의 소명을 상징한다. '태어나다'라는 뜻에는 코칭을 통해 사람들이 그의 온전한 본모습으로 돌아가서 다시 태어날 수 있으면 좋겠다는 나만의 바람이 포함되어 있다.

우리는 잠재력과 가능성을 가지고 태어나지만 살아가는 동안 시각이 왜곡되면서 스스로 많은 걸림돌을 만들어 낸다. 또는 스스로 제한하여 그 밖으로 나오지 않고 헤매기도 한다. 나는 사람들이 자신의 본모습을 깊게 성찰하여 왜곡된 생각들을 새로운 관점으로 돌아보고 주도적으로 선택하도록, 상호 커뮤니케이션은 물론 내면의 대화를 원활하게 하도록 도와주고 싶다. 그들만의 비전을 찾아 가치 있는 삶이 충만하도록 기본에 충실한 코칭을 하고 싶다. 살아 있다는 생동감이 충만한 가운데 같이 성장하는 파트너가 되길 희망한다.

막상 코칭을 시작하니 코칭을 잘한다는 것이 참 멀고도 험한 길이란 생각을 하게 된다. 어느 정도 감을 잡으면서 잘한다 싶다가도 새로운 고객과 새로운 이슈 앞에선 아직 멀었다는 걸 절감한다. 겸손한 자세와 코칭 관계의 신뢰가 중요하다는 걸 배운다. 내가 씨를 뿌리는 단계인지 물을 주는 단계인지 알곡을 거두는 단계인지 모르니 코칭 관계에 최선을 다하면서 기다려 주려고 노력한다. 그들 안에 숨어 있는 보석을 찾기 위해 호기심을 가지고 같이 탐구하며 관계를 통해 성장하는 환경을 조성하려고 노력한다.

코칭은 삶의 여러 가지 모습을 깊게 바라볼 수 있는 아주 특별한 관계이자 직업이다. 고객과의 만남을 통해 스스로 답을 찾는 능력과 탁월함에 감탄하기도 하고, 정말 모를 사람의 속마음에 놀라기도 한다. 새로운 고객을 만날 때면 설렘과 호기심 그리고 두려움을 동시에 느끼곤 한다.

나를 비우고 그 자리를 사랑으로 채우고 기도하는 마음으로 고객을 만난다. 두 눈을 맞춘다. 그리고 우리는 함께 춤을 춘다. 조용한 발레나 강렬한 탱고 혹은 두근거리는 리듬을 따라가는 지르박. 눈빛과 호흡을 맞추며 온전한 신뢰로 함께 발을 내딛는다.

회사를 떠나는 회식자리에서 직원들이 나를 위해 불러준 노래는

〈스승의 은혜〉였다. 선생님이라는 꿈은 이룰 수 없었지만 후배들

에게 난 선생님이었구나 하는 자부심 때문에 부끄러움을 모른 채

나는 아이처럼 소리내어 울었다.

구자호

하나금융그룹 임원 출신으로서 조직 내 코칭을 통해 직원 육성에 탁월한 성과를 낸 경험을 보유하고 있다. 고객과 편안하게 관계를 형성하고 마음을 잘 읽어 주는 공감 코칭이 강점이다. 진정성 있는 코칭을 통해 고객의 전환을 이끌어 낸다. 버크만 진단 전문가로서 개인과 팀의 스타일을 파악하고 그에 따라 맞춤형 코칭을 한다. 한국코치협회 KPC이며 PCCP 과정을 수료했다.
koocoach@gmail.com

4
만나서 고맙습니다,
사랑합니다

Being a Coach

구자호

꿈은 사라진 것이 아니다

한 달여 동안 업무를 정리할 시간이 주어졌다. 회사 설립 직후에 합류해 업계에서 방카슈랑스 마케터 사관학교라는 말을 듣기까지 많은 걸 이루어 냈다. 쉬고 싶은데 잘되었다는 생각이 들었다. 어차피 더이상의 임기 연장은 없을 거라 예측한 일이었다. 후배들이 방으로 찾아와 울면서 격분하는데도 내 마음은 차분하기만 했다. 어떻게 할 거냐는 걱정에 나는 '쉬고 싶다'는 말만 반복했다.

아침엔 늦잠을 즐겼다. 낮에는 자전거를 타며 한강에서 놀았다. 밤이면 평상시 만나지 못한 친구들하고 수다를 떨었다. 백수가 체질이라는 생각이 들었다. 특히 저녁마다 있는 약속을 쫓아다니다 보니 '백수가 과로사한다’는 말이 실감났다. 그러던 중 친구가 백두대간을 종주하는 중이라며 지리산 구간을 함께하자는 제안을 했다.

지리산 자락에 도착해 보니 8월 초의 장맛비 때문에 입산금지령이 내려져 있었다. 결국 원래 계획한 코스 대신 노고단에서 중산리로 코스를 변경해 사흘 동안 걸었다. 북지리 구간과 백두대간 코스에서도 비가 계속 내렸다. 일주일 동안 산행하는 내내 오로지 걷는 데만 집중했다. 발바닥에는 물집이 잡히고 발톱에는 피멍이 들었다. 얼굴엔 그토록 길러 보고 싶었던 수염이 덥수룩해졌다. 50여 년 세월을 지탱해 준 내 몸이 고맙고 버텨 준 마음이 대견했다. 그제야 몸과 마음이 서로 다른 것이 아니라 하나라는 걸 느꼈다.

회사를 그만두고 얼마 뒤 외국계 보험사에서 만나자는 연락이 왔고, 한국 법인장과 아태 지역 대표를 연이어 만났다. 4개월여 만난 사람들은 나에게 많은 걸 생각하게 했다.

‘지금 하던 일을 몇 년 더 하는 게 무슨 의미가 있을까?’

‘임기가 끝나면 또 창업을 할 것인지 이직할 것인지 고민해야 할 텐데….’

어차피 직장 생활이 한정되어 있다면 조금이라도 젊을 때 새로운 경험을 하고 자리를 잡아야 한다는 데 생각이 미쳤다.

고민 끝에 내가 잘하는 일로 인생의 전반부를 보냈다면 내가 좋아하고 즐거워하는 일로 다음 후반전을 보내기로 결심했다. 사람 만나는 걸 좋아하고 질문하기를 즐기는 성향으로 볼 때 코치가 어떨까 싶었다. 게다가 어린 시절의 꿈이 나를 자극했다.

나는 친구들보다 한 살 어렸다.

부모님이 맞벌이를 했기 때문에 누나들이 학교 가면 나는 온종일 집에서 혼자 빈둥거려야 했다. 하루 이틀이지 너무나 심심했다. 누나들이 등교를 하기 위해 집을 나서면 나도 따라가겠다고 떼를 썼다. 아버지는 어린 녀석이 공부에 뜻이 있어서 그런 줄 알고 취학통지서가 나오지도 않았는데 초등학교에 보내 주었다. 성적표를 받으면 '양'과 '가'가 수두룩했다. 어린 만큼 의사 표현도 서툴렀다.

수업 시간과 쉬는 시간을 구분하지 못해서 수업 시간에 실례를 하는 경우도 종종 있었다. 소변은 그나마 괜찮았으나 대변을 보면 친구들에게 놀림을 받기도 했다. 그때마다 선생님은 나를 수돗가에 데려가서 몸을 씻기고 옷을 빨아서 입혀 주었다. 한마디로 나는 덜 떨어진 아이였다.

3학년이 되자 담임선생님은 성적이 뒤떨어지는 아이들을 모아서 방과 후에 보충 수업을 해 주었다. 당시 담임선생님은 나를 불러 놓고 부모님이 힘들게 돈을 벌어 뒷받침하니 공부를 열심히 해서 은혜에 보답해야 한다고 말했다. 그 말씀이 공부를 해야 하는 목적과 의미가 되었다.

선생님들의 자상한 보살핌과 조언은 고등학교 때 문과를 택하고 사범대학에 진학하는 꿈을 꾸게 했다. 그러나 법대나 상대 진학을 바라는 아버지의 바람과는 상반된 것이었다.

나는 아버지에게 반항하고 오랜 기간 방황해야 했다. 결국 전기 입시에서 이과를 택했다가 보기 좋게 떨어지고 말았다.

재수를 기대하던 부모님의 뜻과는 상관없이 후기 전형에서 상대를 지원해 합격했다. 하지만 공부에 뜻이 없다 보니 학교 가는 날이 드물었고 성적표를 C나 D 혹은 F로 도배했다. 이러한 방황은 군에서 전역한 직후까지 이어졌다. 대학 졸업할 학비로 차라리 장사를 하겠다고 고집을 부렸다.

그런데 막상 복학을 하고 보니 걱정이 되었다. 주변에 공부 잘하는 아이로 알려져 있는데, 제때 졸업도 못 하고 취직까지 못 하면 창피한 건 물론이고 자존심이 말이 아닐 것 같았다. 꿈도 좋지만 당장 나에게 다가오는 현실이 막막했다. 마음이 급해졌다. 목표를 정했다. 그리고 종이에 적기 시작했다.

"7년 동안 하지 못한 공부를 2년 만에 끝낸다."

"평생 다닐 직장을 구한다."

"평생을 함께할 여자를 만난다."

그 전까지 미팅 한번 못 해본 나였다. "고등학교 때 그리 공부했으면 서울대도 갔겠다"는 어머니의 말처럼 내 인생에서 가장 열심히 살았던 두 해였다.

목표를 정하고 이루어 본 경험이 직장 생활을 하면서 주어진 과제를 수행하고 새로운 목표를 모색하며 추진해 가는 열정을 유지하는 힘이 된 것 같다. 무엇인가를 스스로 세우고 이루어 본 사람의 자신감인지도 모른다. 그저 부지런히 앞만 보고 달렸다. 내 일만 열심히 하면 된다고 생각했다.

은행에서 보험사로 직장을 옮기면서 결단이 빠르고 추진력이 뛰어난 본부장이라는 평가를 받았다. 새로운 사업본부를 짧은 기간에 안정화시켰다는 칭찬을 받았다. 그러나 보험 영업이 자유로워지면서 20개가 넘는 보험사에 은행마저 창구에서 보험 영업을 하는 상황이 되자 무엇으로 승부를 걸 것인가에 대한 차별화가 필요했다. 유사한 상품과 천편일률적인 은행 창구 판매원 교육까지 모든 보험사가 같은 방식으로 고객에게 접근하고 있었다.

우리가 초점을 맞춘 건 사람이었다. 매주 한 권의 책을 읽게하고, '보고', '깨닫고', '적용한' 것을 기록하고 나누게 했다. 그리고 한 달에 한 번은 외부 강사를 초청하거나 직원 스스로 콘텐츠를 개발해서 교육을 진행했다.

최고의 실행 사례best practice와 정보를 공유했다. 정보 풀을 만들어 각자가 만든 교육 자료와 제안서를 한군데 모아 놓고 누구든지 필요한 사람은 열람하도록 했다. 개인별로 개발할 주제를 연초에 정하고 비슷한 주제별로 스터디 그룹을 결성했다. 연말엔 스터디 결과를 모아 발표회를 가졌다. 외부 교육을 받고자 하는 사람은 본인 연봉의 5% 범위 내에서 경비를 지원했다.

회사를 떠나는 마지막 회식자리에서 직원들이 나를 위해 불러 준 노래는 〈스승의 은혜〉였다. 선생님이라는 꿈은 이룰 수 없었지만 후배들에게 난 선생님이었구나 하는 자부심 때문에 부끄러움을 모른 채 나는 아

이처럼 소리 내어 울었다. 나를 돌봐 주고 건강한 삶으로 이끌어 준 초
등학교의 담임선생님들처럼 나 또한 애정과 사랑으로 누군가에게 도움
을 주는 도너가 되고 싶었다.

코치가 된다는 건
자기 변화의 연속이다

나는 직장 생활을 하는 동안 주로 신설 부서나 신규 프로젝트
를 맡아서 진행했다. 많은 부서와 커뮤니케이션을 통해 합의를 도출하
고 좋은 성과를 이끌어 내야 하는 일이었다. 그러나 업무를 진행하면서
시간이라는 변수가 끼어들면 이상과 현실 사이의 괴리 때문에 업무는
엉뚱한 방향으로 흘러가고 만다. 빠르게 결과물을 내는 것이 모든 것을
정당화했다.

본부장 초창기 시절, 신규 사업이라는 특성 때문에 빠른 의사 결정과
추진력 그리고 업무 장악력이 요구되었다. 자연히 다른 사람의 의견을
귀담아듣는 여유가 부족했다. 독단적인 데다 꼼꼼하기까지 했으니 직원
들은 숨쉬기조차 힘들었으리라.

상무로 진급하고 외부의 리더십 프로그램에 참가하면서 리더십 다면
평가를 받았다. 그 결과는 충격이었다. 나의 행동에 변화가 필요했다.
리더십 스타일을 바꾸기 위해 'CEO를 위한 비즈니스 코칭' 프로그램에

등록했다. 그 후 듣기가 시작되었다. 직원들은 부하가 아니라 고객이 되었다. 일방적인 지시가 아니라 참석자 중 가장 하위 직급의 직원부터 이야기를 시작하고, 난 가장 마지막에 무엇을 할 것인지만 이야기하는 방식으로 회의를 바꾸었다.

오히려 마음은 편해졌다. 가끔은 모래시계를 활용했다. 발언권을 가진 직원은 모래가 다 흘러내리기 전에 의사 표명을 마치도록 유도했다. 이 방법으로 아무리 의사 결정이 급한 상황에서도 다수의 직원들이 참여함으로써 독단적인 의사 결정을 방지할 수 있었다. 발언과 참여의 기회가 늘어날수록 직원들의 책임감도 커졌다.

질문이 달라지고 직원들과 1대1로 만나는 기회가 늘어났다. 그들에게 꿈을 묻고 5년 뒤, 10년 뒤의 모습을 그리게 했으며, 성과보다는 연말에 동료나 가족들에게 어떤 평가를 받고 싶은지 물었다. 1대1 만남을 통해 직원들이 서로를 알고 싶어 하고 연결되기를 원하는 욕구가 크다는 걸 알 수 있었다.

외근이 많은 영업 조직은 서로에 대해 모르거나 무관심해지기 쉽다. 연결 욕구를 해소하기 위해 매달 한 번씩 커피숍을 빌려 티미팅을 가졌다. 업무에 관련된 이야기가 아니라면 무엇이든 할 수 있었고, 친한 직원들끼리 모여 앉는 걸 막기 위해 15분 단위로 자리를 옮겼다. 소소한 관심사나 취미까지 서로 알아 가면서 팀워크는 더 두터워졌다.

새로 맡은 TM팀의 월간 영업 회의에도 변화를 주었다. 관리자들의 이슈나 고민거리를 미리 받아서 출력한 후 빨랫줄에 집게로 걸어 두었다.

먼저 오는 순서대로 문제지를 선택하여 자신의 노하우를 발표하자 문제 해결 방법이 자연스럽게 공유되었다. 날이 갈수록 우리에겐 자산이 되어 갔다. 텔레마케터와의 코칭 방식도 바꾸었다. 녹취를 듣고 나서 관리자가 자신의 생각을 피드백하는 것이 아니라 텔레마케터가 직접 세일즈 과정에서 느낀 점을 말해 강점과 보완점을 찾도록 했다. 스스로 문제를 발견하고 해결하는 방향으로 이끌어 나갔다. 텔레마케터의 생산성이 높아지면서 50%까지 올라간 이직률이 20% 아래로 떨어졌다.

직원과의 대화 노력은 이메일로 이어졌다. 한 주가 시작되는 월요일 아침이면 책을 읽고 좋았던 구절을 소개하면서 내 생각을 덧붙이거나, 때로는 시구 혹은 노래 가사를 담아 보냈다. 특별한 날에는 어린 시절의 추억이나 연애담을 적었다. 실적에 힘겨워하는 직원들을 격려하는 마음을 글로 표현하면서 그들과 소통의 끈을 놓지 않으려고 노력했다. 퇴직할 때 이 메일들을 책으로 엮어서 가까운 사람들에게 나눠 주었다.

관리자가 되면서 나름대로 좋은 조직에 대한 기준을 가지고 시작했다. HIM(힘) 있는 조직을 추구했다. H는 변화하는 시장과 고객의 욕구에 대응하기 위해 조직 구성원들이 고도로 훈련된 Highly-trained를 상징한다. I는 위에서 내려 주는 지시만 기다리는 것이 아니라 현장 상황에 능동적 주도적으로 움직이는 Empowered의 첫 글자 E를 I로 대체했다. 그리고 M은 조직의 규율이나 상사의 권위에 의해 움직이기보다는 동기 부여가 되어야 한다는 의미로 Motivated에서 가져왔다. 이러한 인식과 행동이 확장되면서 내가 생각한 조직이 되어 갔다.

코치형 리더십이 효과를 발휘하면서 실적으로 나타났고, 내가 맡은 직원의 업무 몰입도는 2년 연속 회사 평균의 40%를 웃도는 결과가 나왔다.

첫해에는 회사에 대한 충성도가 높은 영업직의 특성상 좋은 수치가 나왔다고 해석하는 이도 있었으나, 다음 해에도 계속되자 모두들 놀라는 눈치였다. 외국계 임원들은 나를 벤치마킹하기 시작했다.

DISC 검사를 받았다. 본부장 시절인 5년 전과는 전혀 다른 결과가 나왔다. 주도형D과 신중형C에서 사교형I과 안정형S이 강한 것으로 바뀌었다.

내게 맞지 않았던 옷을 시원하게 벗어던졌다. 성과가 좋게 나타나니 행동을 강화하는 계기가 되었다. 그러나 CEP 교육을 받고 내가 얼마나 부족한가를 실감했다. 이를 보완하기 위해 나는 코칭 공부를 본격적으로 했다. 이제 공부가 무의미하다는 생각이 들 즈음 고현숙 코치로부터 최상위 코칭 교육 단계인 PCCP 등록을 제안받았다. 내친김에 뿌리를 뽑자는 생각에 참가했다.

첫날부터 고난의 연속이었다. CEP까지는 동료 수강생의 피드백이 점잖고 체면 치레 형식이었다면, PCCP에서는 표현이 점잖았으나 그 내용은 신랄했다.

첫 데모 코칭 후에 느낀 좌절감과 수치심은 말로 표현할 수 없을 정도였다. '구 코치님의 성장과 발전을 위하여…'로 시작한 쟁쟁한 코치들의 한마디 한마디는 비수와 같았다. 물론 고 코치 원망도 많이 했다. 쟁쟁한 현역 코치들이 모이는 프로그램에 참가시켜 이런 수모를 당하게 하다니. 어린 시절 젖은 바지를 입고 홀로 집으로 돌아가던 모습이 오버랩

되었다.

박창규 코치는 이런 내가 애처로워 보였는지 일요일에 여덟 시간씩 비디오 촬영을 하면서 멘토 코칭을 해 주었다. 주변 코치들의 도움과 지지 속에서 열심히 따라잡으려고 노력한 덕분인지 한 번에 졸업 시험을 통과하고 무사히 과정을 마쳤다. 학창 시절에 열심히 하지 않은 공부가 역설적으로 직장 생활을 하면서 독서하고 공부하는 습관을 만들어 주었다.

코칭을 할수록 나 스스로 부족함을 느낀다. 그럴 때마다 필요한 교육을 받거나 관련 서적으로 보충한다. 더불어 함께 스터디 그룹을 만들어 동료 코치들과 공부한다. 공감의 스킬이 부족하여 '감수성 훈련'에 참가하고 고객에 대한 이해를 위해 진단지 디브리핑debriefing 과정을 밟았다. 경험을 공유하고 피드백하는 스터디 그룹인 드림코치 11도 공부의 한 방법이다. 오랜 직장 생활로 인한 좌뇌식 코칭 경향을 보완하기 위해 NLP 공부도 시작했다. 리더들을 코칭하는 것 외에 리더를 코치로 만드는 사명을 세운 다음에는 퍼실리테이터 과정을 수료했다. 코치로서 기본이 흔들릴 땐 기본 교육 과정에 참가하여 초심을 잃지 않으려고 마음을 추스른다.

무엇보다 큰 가르침은 고객에게 나온다. 다양한 고객과의 만남을 통해 삶을 공부하다 보면 스스로 겸손해지고 인간의 무한한 가능성에 대한 경외감이 생긴다. 좋은 코치가 된다는 것은 자기 연마의 연속이다. 좋아하는 공부를 하면서 좋아하는 일을 한다는 것이 얼마나 즐겁고 행복한 일인가.

고맙습니다, 사랑합니다

여기까지 혼자 힘으로 오려면 어려웠을 것이다. 코칭의 길로 이끌어 준 고현숙 코치, 롤모델이자 멘토인 박창규 코치 그리고 함께 공부했거나 지금도 만남을 통해 가르침을 주는 동료 코치들 덕분에 지금의 내가 있다.

PCCP 과정은 도전이자 너무나 힘든 시간이었다. 그 가운데서 메일을 통해 그리고 차 한잔을 통해 내가 보지 못한 것을 보는 거울이 되어 주고 용기를 잃지 않도록 나의 강점을 알게 해 준 이가 동문수학한 김명주 코치다. 그는 질문할 때 한 박자 늦추는 여유와 적절한 질문 타이밍 그리고 호기심을 가지라는 조언을 주었다.

코칭을 받는 것도 좋지만 코칭 교육에 들어가서 이슈를 해결하고 그를 통해 편안함을 느끼고 평정심을 찾는 경우도 있다. 새로 부임한 최고경영자와의 갈등이 최고조일 때 코액티브 코칭 1단계에 참가했다.

언제나 그렇듯이 코칭 시연에서 실제 겪고 있는 문제를 코칭 이슈로 내놓았다. 고객 한 사람을 여럿이 코칭하는 샌드박스_sandbox_를 통해 대안을 찾았으나, 함께 코칭해 준 분들은 나로 인해 매우 심각해졌다. 나에 대한 공감의 정도가 코칭의 단계를 넘어서서 코치가 헤어나지 못하는 정도에 이른 것이다. 그때 리더를 맡은 김영순 코치님이 나를 안아 주면서 하신 말씀이 아직도 귀에 선하다.

"구 코치가 그렇게 힘든 줄은 정말 몰랐어. 많이 힘들었구나."

오랜만에 엄마 같은 품에 안겨서 눈물을 흘렸다. 그동안의 힘든 과정들이 눈 녹듯 사라졌다.

오랜 직장 생활을 통한 학습의 결과와 타고난 성향으로 인해 나는 좌뇌식 사고와 행동 접근 방식이 발달했다. 그런 내게 우뇌식 접근을 유도한 이가 감수성 훈련으로 이끌어 준 남관희 코치다. 그 후 강사 양성 과정에서 만난 방성규 목사는 대화 모델과 프로세스 위주의 코칭을 진행하는 내게 탄탄한 이론과 실습 위주의 수업을 통해서 NLP라는 또 다른 세상을 보여 주었다.

코칭 교육을 갓 이수한, 아직은 걸음마 단계인 초보 코치에게 기꺼이 고객이 되어 주고 훈련 대상이 되어 준 고객들에게 한편으론 부끄럽고 한편으론 무한한 감사를 느낀다.

정봉헌 팀장은 코칭을 통해 리더로서 시야를 넓히고 가족, 특히 아들을 여유 있게 바라보고 기다려 줄 수 있었다는 내용의 코치 추천서를 보내 왔다. 박정아 팀장은 업무 이슈 외에 팀원 개개인의 성장과 발전에 관심이 생기면서 다름을 인정하는 자세를 갖게 되었다는 변화 내용을 추천서에 써 주었다. 허덕이며 코칭 과정을 이끈 초보 코치에게는 과한 칭찬이지만 사실은 큰 용기가 되었다.

코치들의 모임에 가면 사람들이 모두 선하다는 것과 나 역시 선해진다는 기분이 든다. 남을 헐뜯는 것은 상상할 수 없다. 함께 있는 사람을 배려한다. 타인의 이야기를 들어 주는 인내심이 있으며 칭찬하고 인정하는 모습을 일상에서 보게 된다. 진정으로 사람을 사랑하는 마음이 느껴진다. 한마디로 코치는 개인 기초를 잘 갖춘 사람이다. 삶의 자세 그 자체가 모범이다.

"밖에서만 코칭하지 말고 집에서도 좀 해봐요."

아내가 자주 하는 말이다.

회사에서는 자상한 부장님, 집에서는 무뚝뚝한 남편이라는 설정의 광고처럼 나 역시 돈 벌어 온다는 마초적인 자부심 때문에 집에서는 그다지 좋은 남편이 아니었다. 아내는 내가 직장을 그만둔 후 나의 변화를 지켜보고 응원해 준 최고의 지지자다. 내심 나의 재취업을 기대하기도 했지만 코치의 길을 가는 나를 누구보다 지지한다. 예전보다 수입이 넉넉하지 않은데도 바뀐 환경에 맞춰서 살림을 잘 이끌어 간다.

미안한 마음에 고마움을 더해 든든하기까지 하다. 제대 후 복학하면서 설정한 3대 목표 중 하나였던 여자이니 그 당시의 결정은 지금 생각해도 최선이었다. 고맙다. 아내가 고맙다. 이젠 아내의 말을 건성으로 듣지 않는다. 가급적 끝까지 눈을 맞추고 고개를 끄덕이며 듣는다. 가끔 "그랬구나" "재미있었겠다"고 하면서 아내의 말에 추임새를 넣는다. 아내는 신나게 자신의 생각을 풀어 나간다. 예전에 들었던 이야기나 뻔히 아는 우스갯소리도 처음 듣는 것처럼 들어 준다. 아내의 잔소리도 그 의도를 이해하니 오히려 내 마음이 편안해진다. 부부 싸움은 서로의 선한 의도를 놓친 채 겉으로 나타난 말이나 감정만 가지고 대립하다 일어나는 것 같다.

대학 졸업반인 아들은 나의 코칭을 거부했다. 취업할 자신이 있다고 큰소리를 쳤다. 그러나 첫 번째 지원한 회사에서 불합격 통지를 받고는 점점 자신감을 잃어 가더니 끝내는 내게 코칭을 부탁했다.

이과생인 아이는 외우는 걸 싫어한다. 세련된 표현을 구사하는 문과 출신 경쟁자에 대한 콤플렉스도 갖고 있었다. 나는 아들에게 자신이 채용자라면 어떤 사람을 뽑을 것인가를 물었다. 진정성이라는 데 의견을 모았다. 그리고 채용자의 질문은 다양할 뿐만 아니라 어느 방향에서 들어올지 모르니, 어떤 질문에도 대응할 수 있도록 장점과 역량을 부분별로 하나하나 파악해 나갔다. 질문을 받으면 질문의 요지를 잠시 해석한 다음 각 부분을 엮어서 대답해야 일관성과 스토리가 있는 사람으로 비춰질 수 있다는 대안이 나왔다. 그리고 롤 플레이. 다행스럽게 아이는 외국계 제약 회사에서 인턴으로 일하고 있다. 본인의 변화 필요성을 인지한 고객은 코칭 효과가 배가된다는 진리를 아들을 통해서 다시 한번 느꼈다.

둘째인 딸은 언제 어디서나 최선을 다하는 참 예쁜 아이다. 경영학을 전공하는데 교환 학생으로 EDHEC를 다녀오기 전까지는 진로에 대해 많은 고민을 했다. 그런데 낯선 이국에서 홀로 생활하면서 부모와 가족의 소중함과 공부가 자신의 삶에 어떤 의미가 있는지 깨달은 것 같다.

더 고마운 것은 자립심과 셀프 리더십까지 키워 온 것이다. 이전에는 손쉽게 돈을 벌 수 있는 과외 아르바이트를 했으나 요즘은 노동을 제대로 체험해 보겠다고 새벽 5시에 나가서 밤늦도록 일하고 돌아온다. 딸을 보면 대견하면서도 애처롭다. 딸바보라고 할지 모르지만 매우 코처

블coachable한 편이다. 그러나 역설적으로 코칭이 필요 없다는 생각이다. 요즘은 마케팅 서적을 추천해 주면 딸이 파워포인트를 통해 요약하는 것으로 코칭을 대신한다.

내게도 코칭이 필요하다.

나는 코칭 주제를 규칙적인 생활로 정했다. 코칭 약속을 고객의 시간에 맞추다 보니 내 시간은 관리가 되지 않는 편이다. 할 일이 있으면 밤을 새기도 하고 이른 아침에 집을 나서기도 한다. 그러다 보니 집에 있을 때는 흔히 늦잠을 잔다. 운동을 하는 날보다 하지 않는 날이 더 많다. 사 놓고 읽지 않은 책이 수북하다. 예전부터 사용하던 플래너를 이용해 보기도 하지만 쉬운 일은 아니다. 그래도 명색이 다른 사람들의 학습과 성장을 돕는다는 코치가 자기 관리를 하지 않는다면 부끄러운 일 아닌가. 나에게 코칭 질문을 던져 본다.

'당신은 어떤 코치가 되고 싶은가?'

'개인 기초가 탄탄하고 고객에게 떳떳한 코치인가?'

얼마 전부터 딸아이의 아르바이트 출근 시간에 맞춰서 아침형 인간을 실천하고 있다.

일과 삶의 균형은 라이프 코칭에서 많이 다루는 주제다. 현대인에게 절실한 부분이다. 건강을 잃은 뒤에야 그 소중함을 깨닫듯이 일에 빠져 있을 때는 가족의 귀중함을 모른다. 내가 무엇을 진정으로 좋아하는지 모르고 지낸다. 이제야 가족의 눈높이에서 행동하려니 쉽지만은 않다. 그러나 늦었다고 생각할 때가 가장 빠름을 나는 안다.

돌이켜보면 아버지와의 갈등은 내가 당신의 살아온 인생과 입장을 조금만 더 이해하고 내 꿈을 이해시키려는 노력을 했더라면 충분히 해결되었을 것이다. 아버지는 합리적이라는 평을 듣는 분이었고 집안의 일을 중재하거나 해결할 때는 항상 아버지가 그 중심에 있었다. 다른 이들의 말을 먼저 듣고 난 뒤에 간결한 몇 마디로 핵심에 접근하고 일을 풀어 나갔다.

성적표를 본 아버지는 꾸지람 대신에 행동 발달 사항에서 '가'를 찾아 내 칭찬했다. 나의 긍정적인 면과 가능성을 본 것이다. 평상시에는 말씀이 드물지만 항상 자식을 믿어 주었다.

"남자는 무릇 좋은 일이든 나쁜 일이든 얼굴에 티가 나면 안 된다."

고종이 영친왕을 일본에 볼모로 보내면서 했던 이야기를 아버지는 자주 들려주었다. 나는 감정 표현을 절제하라는 그 말이 너무 싫었다. 그러나 나이가 들면서 절제의 중요성을 조금씩 느끼게 되었다. 지금은 절제가 내 삶의 주요 가치관이다.

NLP를 공부하고 궁극적인 미래의 셀프 이미지를 '부는 바람에 유연한 대나무'로 정하면서 관점 바꾸기reframing를 할 수 있었다.

우리 시대 어머니들의 희생이 사랑의 표상이듯이 내 어머니 역시 가족을 위해 헌신했다.

살림이 조금 넉넉해졌을 때는 아버지 병구완을 하느라 고생했다. 병원에 있는 시간이 많았던 어머니는 우리와 대화를 나눌 시간이 많지 않았다. 먼저 말씀하시는 경우가 많지 않았고 한 마디를 해도 필요한 말씀만

하신 분이다. 아버지와 마찬가지로 자식에 대한 믿음이 강했고 자식의 변화와 성장을 가까이서 혹은 멀리서 지켜보았다. 자식이 어긋나지만 않는다면 항상 지지하고 기다려 주었다.

우리 형제 모두가 옆길로 새지 않고 여기까지 올 수 있었던 건 이런 부모님의 뒷모습을 보고 자랐기 때문이다. 아버지의 경청과 간결한 말씀, 긍정성, 사람에 대한 신뢰 그리고 어머니의 지지와 응원, 기다림은 내게 코치의 바탕을 만들어 준 큰 가르침이다.

가족은 부담이 아니라
사랑입니다

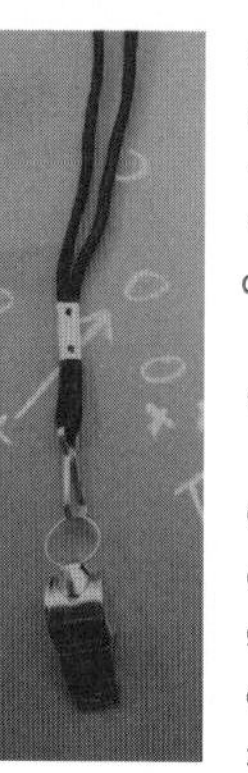

가족이라기보다는 자녀 문제입니다. 제가 말을 잘 못 했네요. 문제라는 표현보다는 관계, 사랑이라 표현하고 싶군요.

하마터면 돌이킬 수 없는 강을 건널 수도 있었던 것 같아 아찔해집니다. 저는 엄격하고 보수적입니다. 아이들에게 공부만 강조하고 내가 원하는 모습대로 성장해 주길 바란 것 같습니다. 지금 되돌아보면 대단히 위험한 욕심이었습니다. 코치님을 일찍 만나지 못했다면 제 인생에서 가장 큰 실수를 할 뻔했어요.

이미 때는 너무 늦었다고 생각했습니다. 코칭을 통해 생각을 바꾸고 묵언의 행동 그리고 관심과 배려로 무조건 기다려야 했습니다. 믿고 기다리니 아이가 변화하더군요. 사실 코칭 전에는 아이가 제발 고등학교라도 졸업하기를 바랐지요. 그런데 이젠 아들이 스스로 컴퓨터를 치우고 미래의 꿈을 말하고 있습니다. 우리 아이 인생에서 가장 멋진 결단이 지금 시작되었다고 생각합니다. 아직 완전한 것은 아니지만 천천히 변해 가는 아들의 모습이 또 하나의 즐거움으로 다가옵니다.

구 코치님의 코칭 덕택에 지금 매우 행복합니다. 그리고 가족은 부담이 아니라 사랑이라는 멘트가 절실히 가슴속으로 다가왔습니다. 3개월간의 코칭으로 가족에게 많은 희망과 미소를 안겨 준 구 코치님에게 고마운 마음을 전합니다.

—정봉헌 드림

혼을 사르는 코칭

정신없이 빠져든 매혹, 드림코치 11

자리를 함께 한 사람들의 소개가 끝나자 사무실 안의 기운이 서서히 팽팽하게 긴장되었다.

"모임의 목적을 어떻게 설정하면 좋겠습니까?"

"그럼 모임을 언제까지 유지하면 좋을까요?"

"어젠더를 말씀해 주시겠어요?"

"각 어젠더별로 시간 배분을 어떻게 할까요?"

"그라운드 룰을 정해 볼까요?"

여섯 시간 동안 진지한 토론이 이루어지고 모임의 명칭을 결정되자 모이는 횟수와 역할 분담이 숨가쁘게 결정되었다.

전문 코치들이 모여서 일을 함께 해보지 않겠느냐는 고현숙 코치의 제안으로 참석한 자리였는데 코칭이 새로운 의미로 다가온 날이었다.

우리는 매번 모임에서 구성원의 근황을 공유한다. 지금 이 순간에 이루어진 자신의 모습을 들여다보고 개별적인 생각을 정리할 기회를 갖는다. 이러한 시간을 통해 자신이 접하지 않은 다른 부분의 실상을 잠깐이나마 맛보고, 다른 사람의 활동, 성과를 인지함으로써 자신의 생활과 생각에 자극을 주거나 격려할 수 있는 기제로 삼는다. 만약 몸과 정신이 침체되었다면 침체에서 벗어날 수 있는 에너지를 공급받는 것이다.

코칭에 대해 다양한 시각을 갖는 기회이기도 하다. 회원들은 각자 다른 과정이나 경로를 통해 전문 코치가 되었기 때문에 자신이 배운 코칭 과정에서 특별한 부분을 공유함으로써 자발적이고 적극적인 참여를 하게 된다.

코칭을 진행하다 보면 지금 이루어지는 코칭이 올바르게 진행되고 있는지 의문을 종종 갖게 된다. 코칭이 올바르게 진행되는 것인지 확신이 서지 않는 경우가 종종 있는데, 이럴 때 회원들끼리 사례를 공유하고 조언을 구하고 다양한 피드백을 받으면서 대부분의 의문을 해소하고 자신감을 획득한다.

이러한 활동은 데모 코칭의 형태로 행해질 수도 있고, 각자 진행하는 코칭 사례를 공유하는 걸로 행해질 수도 있다. 회원이 코칭을 진행하다가 생긴 의문에 대해 조언을 받거나 피드백을 요청할 수도 있다. 직접적인 코칭은 아니지만 매스터마인드mastermind 그룹 활동이나 유사한 동기부여와 성취를 위한 그룹 활동을 하기도 한다.

코칭을 하다 보면 코치에게 코칭 스타일이 생긴다. 스타일이 있다는 것은 긍정적일 수도 있고 부정적일 수도 있는데, 드림코치 11은 모임을 통해 코칭 시연이나 실습 과정에서 반복된 코칭 스타일 혹은 회원의 습관을 객관적으로 보는 기회를 가진다. 이때 자신의 습관과 스타일을 더 강화할 것인지 자신의 코칭에 다른 요소를 더할 것인지에 대해서 새로운 선택을 하기도 한다.

또한 다른 코치들을 접하면서 자신의 부족한 부분을 보완하기 위해 적극적으로 참여한다. 상당수의 구성원들이 성격 진단, NLP, 그룹 코칭 등의 과정에 함께 참여하면서 발전의 즐거움을 공유하고 있다.

'안다는 것'의 두려움과 설렘

드림코치 11의 구성원은 다양한 목표를 가지고 있다. 어떤 사람은 누군가에게 인생 전체에 걸쳐 정신적인 멘토가 되기를 원하고, 어떤 사람은 삭막한 금융 업계에 인간적인 경영 환경을 조성하는 것이 목표다. 어떤 사람은 건강을 유지하는 데 편안한 환경을 만들기 위해 노력하고, 어떤 사람은 대학에서 코칭이 학문으로 자리 잡기를 희망한다. 그리고 어떤 사람은 여성들이 좀 더 행복하고 자유로운 삶을 성취하는 데 코칭이 도움이 되었으면 한다. 이들은 코칭이라는 공통 분모를 가지고 배우면서 다양한 시각을 접하며 삶을 풍부하게 가꿔 나간다.

언제나 자신만만한 임인상 코치는 마치 마실 나온 사람처럼 주변 코치들과 유쾌하게 인사를 나눈다. 활기 있는 모습이 항상 흥겹다. 마주 앉은 구자호 코치는 한때, 한성질 했을 것 같은 열정적인 외모다. 그러나 한없이 자신을 낮추고 겸손하며 다른 코치들을 챙긴다. 사투리가 남아 있는 열정맨 고경일 코치는 이제 대학에서 학생을 가르친다. 신앙과 코칭 이야기가 나오면 두 눈이 반짝거리며 아름답게 빛난다. 블링블링이라고 자칭하는 김미나 코치는 간혹 뿌잉뿌잉을 아이스 브레이킹으로 날리며 주변 사람을 당황스럽게 한다. 하지만 넘치는 끼와 빛나는 총기는 부러움의 대상이다. 만삭의 몸으로 참여한 윤지영 코치는 늘 겸손하고 자상한 성품이 돋보인다. 먼저 준비하고 상대의 불편함을 헤아리는 섬세한 배려 덕택에 모임이 매끄럽게 진행된다. 싱글거리는 까도남 전수용 코치의 눈매는 언제나 선하다. 그런 그가 대상을 분석하기 시작하면 가슴이 서늘하도록 냉철하다. 그러면서 넓은 인맥을 숨기고 있다. 최선영 코치는 동료와 후배를 위해 노력하는 헌신과 진정성이 말투만큼 진솔하다. 그가 있는 곳은 절대 모임이 깨지지 않는다. 모임 불깨 김성수 코치. 그는 점잖은 말투와는 다르게 아이패드가 포인트다. 턱을 어루만지며 아이패드에 글을 쓰는 그는 한없이 조용하다. 그러나 일을 추진할 때면 정교하고 열정적이다. 그는 일관되고 진화할 줄 안다. 화려한 이력의 김상임 코치. 첫 이미지는 진중하고 무거웠다. 그런 그의 변신은 정말 놀랍다. 하루가 다르게 성장하고 날마다 즐거움으로 고객과 새로 태어난다. 그의 진화는 모든 코치들에게 큰 자극이 되었다. 그리고 고부일 코치. 나는 왜 이 자리에 있을까? 이들과 함께 무슨 일들을 할까? 기대 반 후회 반. 마지막으로 드림코치 11의 산파인 고현숙 코치가 있다. 고현숙 코치는 명실상부한 '코치들의 코치'다. 드림코치 11의 구성원들을 코칭했거나, 코치의 세계로 입문하는 계기를 준 가이드다.

드림코치 11은 전문 코치와 의사, 대학 교수 그리고 금융업과 웹 비즈니스, 일반 제조 업체에서 임원으로 활동한 이력을 가진 사람들로 구성된 독특한 모임이다. 1년여 전, 모임에 처음 나왔을 때는 구성원들의 경력이 화려하고 직업별 특성이 상이해서 팀워크를 만드는 데 방해가 되지 않을까 걱정했다. 그러나 모임이 잦아지면서 비즈니스 기회가 확대되는 것을 경험하고 각자 다른 배움과 정보를 공유하며 구성원의 개성을 존중하고 성과와 행복 그리고 다양한 욕구를 이해했다.

고민과 두려움을 회원들이 함께 공유하자 모임에서 새로운 에너지가 일어났다. 그 에너지는 회원들을 화합하게 했으며 무엇이든 할 수 있다는 자신감으로 나타났다. 우리가 지니고 있는 잠재력이 엄청나다는 것을 인지했다. 함께 하면서 우리가 세상에서 해야 할 일들이 보이기 시작했다.

코칭을 협업으로
새로운 비즈니스를 개발하라

드림코치 11은 영업, 마케팅, 코칭을 자발적으로 수행하고 진행하는 모임이다. 코칭뿐만 아니라 워크숍, 리더십과 코칭 강의, 경영학 강의, 개인 특성과 성격 진단, 그룹 코칭 등 다양한 서비스를 제공한다. 회원들의 다양한 직업 현장 경험과 강력한 사회 네트워크를 통해 새로운 비즈니스를 창출하고 있다.

드림코치 11에서는 이렇게 참여자가 확보한 비즈니스에 대해 같이 검토하고 각자가 보유한 리소스를 공유한다. 다수의 코치가 참여해야 할 비즈니스인 경우에는 가장 적합한 프로파일 코치들이 참여하여 실제로 코칭 비즈니스를 수행한다.

이런 코칭 비즈니스를 수행함으로써 그간 개인 네트워크를 통해 코칭을 해 온 참여 코치들이 연고가 없는 기업이나 기관에서 코칭하는 기회를 갖는다. 코칭 비즈니스는 문자 그대로 비즈니스의 효율성이 코칭만큼 중요하므로 참여한 코치들은 이 과정에서 성과 관리, 단계별 피드백, 개인 진단, 코칭 인식도 제고 활동, 계약 관리, 기업 보고 등 코칭과 관련된 다양한 활동을 실제로 수행하는 기회를 만든다.

드림코치 11이 출범하고 한 달이 채 되지 않아 첫 프로젝트를 수주했다. 천안에 위치한 중견 건설 업체였다. 지방에 위치한 데다 추운 겨울 날씨에도 불구하고 구자호, 김미나 코치가 사명감과 자부심을 가지고 선뜻

나서서 첫 주자로 임무를 맡았다. 두 코치가 코칭의 인식을 높이고 성과를 제대로 거둘 경우, 고객사의 임원진은 물론 계열사로 코칭을 확대할 수 있는 기회였다.

고속버스를 탈 때마다 선발대로 나선 두 명의 코치는 이른 아침의 출정을 자랑하듯 스마트폰으로 버스 티켓을 촬영해서 드림코치 11의 회원들에게 확인 샷을 날렸고, 1등 코치의 주문mantra이 되어 달라는 의미에서 출발 시간을 조정하면서까지 1번 좌석을 확보하는 열의를 보였다.

코칭을 받을 대상은 사내에서 각 직급별로 추천된 세 사람이었는데 코칭을 처음 접한 상태였다. 코칭이 시작되자 처음에는 과정이 익숙하지 않은 탓인지 코칭받는 것을 어려워하던 고객들이 코칭 횟수가 거듭될수록 마음을 열고 스스로 변화에 대한 의지를 다져 나갔다. 이후 코칭이 원활해지면서 '재미있다' '왜 이런 걸 이때까지 몰랐지?'라는 반응으로 바뀌었다.

첫 프로젝트는 코칭과 티칭 또는 컨설팅의 경계를 넘나들면서 회원들에게 진정한 코치의 역할을 인식하게 했다. 세션이 끝날 때마다 코칭 내용을 공유하고 피드백을 받으면서 코칭에 참가한 코치뿐만 아니라 다른 코치들의 역량도 하루하루가 다르게 성장했다. 놓친 것이 있으면 함께 찾고 새로운 시도는 같이 기뻐하면서 모두가 한몸이 되어 갔다. 첫 프로젝트를 통해 혼자가 아닌 함께 팀으로 움직일 때 더 큰 힘을 발휘한다는 것을 발견할 수 있었다.

360도 피드백 코칭을 진행하며 은행, 제조업, 서비스업, 인터넷 비즈니스 등 다양한 분야에서 경험이 있는 코치들의 강점을 분석하여 조직 진단과 리더십 강화, 팀 빌딩team building을 위한 상당한 효용성을 찾아낼 수 있었다.

그러나 대다수의 회원들은 타인을 설득하는 것을 난감해했고 부탁하는 것이 서툴렀다. 영업을 어떻게 해야 할지 몰라서 허둥거려야 했다. 회원들에게 가장 어려운 부분이 영업이었다. 그나마 다행인 것은 시장의 치열한 경쟁에서 생활한 경험 때문인지 전수용, 임인상 코치가 탁월한 영업력을 보여 주었다. 덕분에 반도체 부품 제조 회사인 FST에서 코칭 프로젝트를 수주했다. 이 프로젝트는 임인상, 이백용, 김미나, 김상임 코치가 진행했다.

피코칭 대상자들이 모두 모여서 코칭의 개요, 철학, 효과, 스킬에 대해 소개하는 시간을 가졌고 김미나 코치의 멋진 코칭 시연 세션을 가졌다. 코치와 피코칭가 파트너를 정하고 코칭 일정을 잡으면서 코칭이 시작되었다. 분위기는 무엇인가 이루어지는 듯한데 어딘지 어색하고 낯설어했다. 코칭을 받는 분들의 태도는 냉담하고 이건 뭐 하는 거야 하는 의구심이 가득한 표정이었다. 그런 와중에도 코칭은 진행되었고 시간이 지날수록 코칭에 매료되는 사람들이 늘어나면서 개개인의 변화와 더불어 조직 전체에서 변화가 일어났다. 이 회사는 부사장, 임원진만 진행한 것이 아니라 팀장급까지 코칭을 받았다. 조직의 핵심 인력들과 코칭을 하다 보니 조직 문화가 자연스럽게 변화하는 계기가 되었다.

"조직의 핵심 인력을 동시에 진행하다 보니 코칭 시간에 부여받은 숙제를 수행하는 데 신속함이 있다. 리더들이 솔선해서 코칭을 받으니까 팔로워들 또한 진행하기가 수월했다."

아울러 코칭을 진행하는 중에 다양한 교육 활동을 병행한 것도 상당히 유효했다. 이백용 코치의 성격 유형 파악을 통한 팀워크 강화, 전문 코칭 교육 병행 등 임원 중심의 1대1 코칭에서 벗어나 조직 단위의 체계적인 코칭 접근, 부대 교육 진행, 최고경영층의 지대한 관심과 지지 등 모든 요소가 하모니를 이루면서 이상적인 결과를 낳았다.

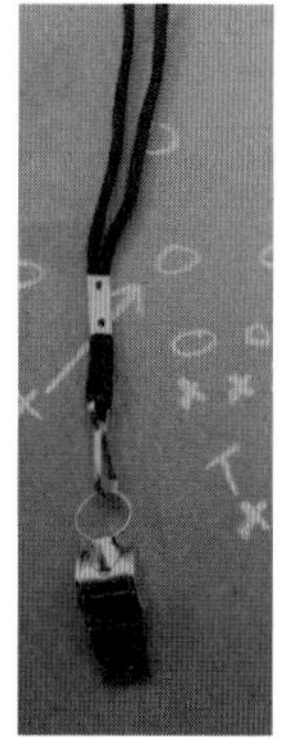

부록

전문 코치가 되는 길

윤지영

LG전자와 한국코칭센터에서 인사와 코칭 관련 업무를 담당했으며, 현재 코칭경영원에서 주요 대기업의 경영자 코칭 프로젝트 개발 및 컨설팅을 맡고 있다. 또한 전문 코치 과정을 이수하고 실제 코칭을 하고 있는 코치로서 경력 단절 여성과 직장인들의 커리어 개발과 리더십 코칭에 관심을 가지고 있다.

caniyoon@gmail.com

1. 코칭의 전문 분야

코칭에 대한 수요가 늘어나면서 코칭은 전문 분야별로 세분화되는 추세이다. 그러나 기본적으로 가장 크게는 받는 대상과 분야에 따라 비즈니스 코칭과 개인(라이프) 코칭으로 나뉜다. 개인 코칭은 개인의 다양한 관심사에 따른 1:1 개인 코칭 서비스를 제공하며, 코칭 받는 고객이 코칭료를 지불한다. 이슈는 삶의 전반에 대한 것으로서, 고객의 일, 커리어, 자기개발 등 거의 전분야로 확장될 수 있다. 비즈니스 코칭 혹은 기업 코칭은 기업이나 공공단체 등 조직에서 그 구성원의 개발과 성과 향상을 목표로 코칭을 의뢰함에 따라 시작된다. 그 조직이 계약에 따른 코칭료를 지불한다.

이슈는 리더십 개발, 성과 향상, 조직 변화 등 조직의 전 영역이 포함되고, 종종 고객의 자기관리, 가족, 건강 등 라이프 이슈를 다루는 경우도 있다. 비즈니스 코칭은 외부의 전문코치들이 코칭 서비스를 제공하는 익스터널 코칭External Coaching과 조직 내에 있는 코치들에 의한 인터널 코칭Internal Coaching으로 분류할 수 있다. 이러한 큰 카테고리 아래로 세부적으로 살펴보면 조직개발 코칭, 리더십 코칭, CEO 코칭, 세일즈 코칭, 신규 사업 코칭, 팀 코칭, 커리어 코칭, 가족 코칭, 은퇴 코칭, 청소년 코칭, 건강 관리 코칭, 문제 해결 코칭, 시간 관리 코칭, 전략 코칭, 커뮤니케이션 코칭, 글쓰기 코칭, 목표 관리 코칭 등 다양하게 전문화되고 있다.

2. 코치의 자격 조건

코칭의 인증자격보다 더 중요한 것은 코칭의 바른 직업 정신과 윤리에 입각하여, 자질과 역량을 갖추는 것이다. 전 세계 직업코치들의 비영리 연합체인 국제코치연맹ICF, www.coachfederation.org과 한국 내 직업코치들의 연합체인 사단법인 한국코치협회(www.kcoach.or.kr)에서 직업으로서의 코칭의 정의와 함께 코치로서 갖추어야 할 윤리와 핵심 역량에 대해 확인할 수 있다. 한국코치협회는 코치로서 갖추어야 할 윤리를 다음과 같이 정의하고 있다.

첫째, 코치는 개인적인 차원뿐 아니라 공공과 사회의 이익도 우선으로 한다.

둘째, 코치는 승승의 원칙에 의거하여 개인, 조직, 기관, 단체와 협력한다.

셋째, 코치는 지속적인 성장을 위해 학습한다.

넷째, 코치는 신의 성실성의 원칙에 의거하여 행동한다.

이와 같은 코치의 윤리 규정과 더불어 한국코치협회는 국제코치연맹의 정의에 따라 코치들이 필수적으로 갖추어야 할 요소로 11가지 핵심 코칭 역량을 제시하고 있다. 11가지 핵심 코칭 역량은 ICF 인증, 한국코치협의의 인증의 기초로도 사용되고 있는데 이를 간단히 살펴보면 다음과 같다. "기초 세우기Setting The Foundation"는 윤리지침과 직업기준 충족,

코칭 관계에 합의하는 역량이고 "관계의 공동구축Co-Creating The relationship" 은 고객과의 신뢰와 친분 쌓기, 코치로서의 존재감 확립 역량이다. "효 과적으로 의사소통하기Communicating Effectively"는 적극적으로 경청하기와 효과적인 질문하기 그리고 직접적인 커뮤니케이션 역량이고 "학습촉진 과 효과적인 목표달성Facilitating Learning and Results"은 의식 확대하기와 행동 설계하기 그리고 계획수립과 목표설정, 진행상황과 책임에 대한 역량을 포함한다.

핵심 역량에 대한 정의와 보다 구체적인 관련 행동은 한국코치협회 홈 페이지에서 확인할 수 있다.

한국코치협회와 국제코치연맹은 직업적인 코치들의 질적 수준을 유 지, 강화하고 코칭을 확산하기 위하여 인증자격제도를 운영하고 있다.

인증자격을 갖춘 코치라는 것은 고객에게 코치로서 윤리를 준수하고 일정 수준 이상의 훈련과 역량을 갖추었음을 신뢰할 수 있도록 하므로, 어느 분야의 코치를 하든 인증코치 자격증이 필요하다고 할 수 있다.

또한 다른 코치들과의 네트워크 관계를 가지고 지속적으로 학습 성장 하는 데 도움이 된다. 인증 코치 자격을 취득하기 위해서는 일정시간 이 상의 코칭교육 이수와 코칭실습을 갖춘 후 일정 양식의 서류를 제출해 야 하며, 시험을 치러야 한다.

국내코치자격증

(사)한국코치협회KCA: Korea Coach Association에서는 KACKorea Associate Coach, KPCKorea Professional Coach, KSCKorea Supervisor Coach 3종류의 국내 코치 자격증을 수여하고 있다. 코치 인증 시험 절차는 서류 심사, 필기 시험, 실습 시험 순으로 진행되며, 자격증 종류에 따른 ACPK 기준(한국코치협회가 인증하는 프로그램의 졸업생들이 지원할 수 있는 방법)의 주요 응시 조건은 다음과 같다.

종류	조건(ACPK 지원 기준)	
	교육 시간	코칭 실습
KAC	20	50(무료+유료+멘토 코칭 받은 시간)
KPC	40	100(무료+유료 20+멘토 코칭 받은 시간)
KSC	100	500(무료+유료 300+멘토 코칭 받은 시간)

국제코치자격증

국제코치연맹(ICF: International Coach Federation)에서는 ACC(Associate Certified Coach), PCC(Professional Certified Coach), MCC(Master Certified Coach) 3종류의 국제 코치 자격증을 수여하고 있다. ICF 인증코치자격

중 지원방법은 국제코치연맹이 우수 프로그램으로 선정한 인증 프로그램(ICF Accredited Coach Training Programs) 졸업생들이 지원할 수 있는 ACTP 지원방법과 포트폴리오 지원방법이 있다. ACTP 리스트는 국제코치연맹 홈페이지에서 찾아볼 수 있다. 자격증 종류에 따라 코칭 실습 시간과 그 외 부가적으로 시험을 보아야 하고, 추천서, 멘토 코칭을 받아야만 한다. ACTP 방법으로 지원하기 위해서는 ACTP 프로그램을 완전히 이수해야만 가능한데, 주요 응시 조건을 살펴보면 다음과 같다.

종류	조건조건(ACTP 지원 기준)	
	교육 시간	코칭 실습 시간 및 조건
ACC	60	100(유료 75 이상, 8명 이상의 고객)
PCC	125	750(유료 675 이상, 25명 이상의 고객)
MCC	200	2,500(유료 2,250시간 이상, 35명 이상의 고객)

응시 조건에 대한 세부사항 확인 및 지원서양식 다운로드는 국제코치연맹ICF 홈페이지에서 가능하다. www.coachfederation.org

3. 코칭에 대한 FAQ

Q. 코칭이란 무엇입니까?

미국의 세계 최대 글로벌 코치양성전문기관인 CCU(Corporate Coach University)는 코칭을 아래와 같이 정의하고 있다. "코칭은 코치와 발전하려고 하는 의지가 있는 개인이 잠재능력을 최대한 개발하고, 발견 프로세스를 통해 목표 설정, 전략적인 행동, 그리고 매우 뛰어난 결과의 성취를 가능하게 해주는 강력하면서도 협력적인 관계이다." 즉, 코칭이란 코치가 코칭을 받는 사람에게 직업적 또는 개인적인 성과를 향상시키고, 삶의 질을 높이는 데 도움을 주는 지속적인 파트너십이다. 코치는 경청하고 관찰하는 데 있어서 고도로 훈련을 받은 사람이며, 개개인의 특성에 맞게 그들의 필요에 접근해가는 방법에 숙련된 사람들이다. 코치는 사람들이 스스로 전략과 해결책을 도출하도록 한다.

Q. 코칭의 기본 철학을 말씀해주시겠어요?

코칭의 기본 철학은 간단하다. 사람은 누구나 가능성과 잠재 능력을 갖고 있다는 것이다. 그리고 자신이 원하는 것을 찾고 있으며, 코치와 함께 함으로써 이를 더 쉽고 빨리 찾을 수 있다는 것이다. 자신이 그토록 고민하던 문제가 무심코 던진 친구의 말 한 마디나 책의 한 귀절에서 실마리를 얻어 풀렸던 기억을 가지고 있을 것이다.

이것은 자신의 시각에만 고착되어 있던 것이 다양한 해결의 가능성을 찾게 된 경우이다. 코칭도 이와 같은 이치이다. 우리는 파트너가 있어서 경청해주고, 적절한 질문을 통해 다양한 시각을 열어주고, 스스로 탐색하며 정리해 나아갈 때 좀 더 창조적일 수 있다.

Q. 코칭대화는 일반 대화와는 다른, 뭔가 특별한 것이 있나요?

코칭대화는 일반 대화와 세 가지 면에서 다르다고 볼 수 있다.

첫째, 철저히 코칭의 철학 위에 서있다. 코칭대화의 의도는 상대방의 성장과 성과의 향상이라는 두 축을 항상 염두에 두고 있다.

둘째, 코칭대화는 구조화된 대화이다. 이것이 일반적인 친한 친구와의 대화와 다른 점이다. 구조와 방향성을 가지고 있는 대화이기에 성과에 직접적인 영향을 미치게 된다.

셋째, 핵심 대화기술인 경청과 질문, 메시징, 인정 및 축하 기술이 잘 조화된 대화와 커뮤니케이션의 예술이라고 할 수 있다. 코치는 이러한 기술에 대한 훈련을 받고 많은 연습을 거친 사람을 말한다.

Q. 컨설팅, 카운셀링, 멘토링과 코칭은 어떻게 다른가요?

코칭은 이러한 분야들과 만나고 중첩되는 지점도 있다. 그러나 분명한 차이를 살펴보면 아래와 같다.

컨설팅

코치는 컨설팅에서처럼 진단하고 해결책을 제시하지 않는다. 코치는 코치 받는 사람이 스킬업하거나 변화, 또는 목표를 달성할 수 있도록 촉진

시키는 역할을 한다. 컨설팅적 해결이 필요한 경우 코칭은 함께 파트너십을 이루어 문제를 해결해 나간다. 컨설팅이 해결책을 제시하는 것이 목적이라면, 코칭은 그 해결책을 스스로 발견하게 하고 추후 그 해결책을 스스로 재생산할 수 있도록 프로세스를 공유하고, 그 능력을 갖도록 하는 것이 목적이다. 컨설팅이 무엇what에 집중하는 반면, 코칭은 누구who에 집중하는 것이다.

카운셀링, 테라피

코치는 문제를 해결하기 위해 한 사람의 과거를 여행하거나, 당시의 행동에 대해 지나치게 연구하지 않는다. 코치는 그러한 것들을 코치 받는 사람의 몫으로 남겨두고 단지 그들이 그 사실을 깨달을 수 있도록 도와주며, 그들이 한걸음 앞으로 나가 개인적, 직업적 목표들을 달성할 수 있도록 돕는다. 카운셀링이나 테라피가 과거 지향적인 면이 많은 반면, 코칭은 철저히 미래 지향적이다. 코칭 철학에서도 언급하였지만, 코칭의 대상은 치료의 대상이 아니다.

멘토링

멘토링이 최근 비즈니스 분야에 본격 진출하면서 좀 더 구조화되고, 수평화 되는 경향이 있다. 이는 코칭의 형태와 매우 유사하다고 할 수 있다. 그러나 여전히 차이점은 멘토링은 멘토와 멘티의 관계에서 있어서 수직적이며, 상호간의 인격적 개입이 더 깊이 일어난다는 점이다. 코칭은 수평적 파트너십이며, 깊숙한 개입이 있을 필요가 없다.

Q. 스포츠에서 말하는 '코치'와는 어떤 차이가 있나요?

팀워크를 중시하고 목표 지향적이며 최선을 다한다는 면에서 비슷한 점이 있다. 그러나 코칭은 경쟁이나 승패의 패러다임에 기반을 두어서 움직이지 않는 것이 다르다. 코칭은 코칭을 받는 사람의 기술과 성과를 향상시키는 데 오직 목표가 있지 상대방을 제압하는 데에 있지 않다. 이것은 승-승의 패러다임이다. 또 하나는 스포츠 코치가 대부분의 답을 가지고 있는 반면에 조직에서의 코칭은 모든 사람이 스스로 답을 찾도록 돕는 리더십에 관한 것이라는 점이다. 하지만, 스포츠 코치가 코칭 어프로치를 사용하는 것은 별개의 문제이다. 히딩크 감독은 선수들의 가능성을 발견하고 개발하도록 격려, 지원하고 적절한 질문을 통해 생각하는 축구, 스스로 기술을 향상시키는 축구를 구사하였던 뛰어난 '코치'라고 할 수 있다.

Q. 누구나 코치가 될 수 있나요?

우리의 일상 모든 대화에 코칭은 적용이 가능하다. 단, 전문직으로서의 코치 활동을 꿈꾼다면 전문적인 교육을 이수하고, 코칭 실습을 통해 부단히 실력을 키워야 한다. 그리고 코치로서의 전문 영역, 니치를 찾아 자신만의 브랜드를 구축하고, 다른 코치들과의 다양한 네트워크를 통해 배움의 기회를 나누며 함께 성장하는 것도 전문코치로서의 역량을 키워 나가는 데 많은 도움이 된다.

—출처 : 한국코치협회